EXERCÍCIOS PARA
não errar mais

ns
LUIZ ANTONIO
SACCONI

EXERCÍCIOS PARA
não errar mais

APRENDA PORTUGUÊS PRÁTICO SOZINHO

Com respostas ou soluções comentadas

16.ª edição

© 2022 - Luiz Antonio Sacconi
Direitos em língua portuguesa para o Brasil:
Matrix Editora
www.matrixeditora.com.br
❶/MatrixEditora | ◎ @matrixeditora | ◎ /matrixeditora

Diretor editorial
Paulo Tadeu

Capa, projeto gráfico e diagramação
Patricia Delgado da Costa

Revisão
Cida Medeiros

CIP-BRASIL - CATALOGAÇÃO NA PUBLICAÇÃO
SINDICATO NACIONAL DOS EDITORES DE LIVROS, RJ

Sacconi, Luiz Antonio
Exercícios para não errar mais / Luiz Antonio Sacconi. - 16. ed. - São Paulo: Matrix, 2022.
224 p.; 23 cm.

ISBN 978-65-5616-273-7

1. Língua portuguesa. 2. Língua portuguesa - Problemas, questões, exercícios. I. Título.

22-79586   CDD: 469.076
                      CDU: 821.134.3'36(076)

Meri Gleice Rodrigues de Souza - Bibliotecária - CRB-7/6439

APRESENTAÇÃO

Esta obra, já em avançada edição, tem a finalidade de provocar o leitor a conhecer melhor nossa língua, aprendendo de forma simples, prática, agradável e direta, sem rodeios.

São milhares de exercícios, propositadamente mesclados e às vezes até repetidos, com o objetivo de proporcionar o melhor aprendizado possível, sem cansar ou enfastiar, porque os exercícios abordam apenas questões do português prático, este mesmo do nosso dia a dia.

Programada para ser útil a qualquer pessoa que deseja ampliar seus conhecimentos de português, esta obra é também de grande valia a alunos de qualquer curso e a candidatos a qualquer tipo de concurso, pois aprende-se sem necessidade de professor, já que todas as respostas, explicações ou soluções se encontram no final de cada módulo.

Mãos à obra. Esperamos que sua atuação seja a melhor possível e que os resultados advindos do seu trabalho ajudem não só a aprimorar seus conhecimentos para a vida cotidiana, no vivo relacionamento social do mundo moderno, mas também a melhorar o seu desempenho na vida escolar ou profissional.

Algumas respostas suas podem até ser dadas oralmente, sem necessidade de rasurar muito o livro. Responde-se e posteriormente confere-se no item Soluções.

Sugiro fazer um módulo apenas por dia, para haver maior fixação do que foi aprendido, sem embaralhamentos.

Quaisquer sugestões ou reparos seus serão sempre muito bem-vindos.

Luiz Antonio Sacconi

MÓDULO 1

1. As frases abaixo podem estar ou não de acordo com a norma padrão. Ao encontrar os possíveis senões, "corrija-as":

a) Essas mulheres são más, mais não são vingativas.
b) Essas crianças estão mau acostumadas.
c) Fazem muitos anos que saí da escola.
d) Desde de 1990 ela vive sozinha.
e) Ela mora à Praça da Paz, e não à Rua do Juízo Final.
f) Pegou fogo o prédio situado à Avenida da República.
g) Faz quarenta anos que acabou as touradas.
h) Acabou as aulas! Começou as férias! Viva as férias!
i) Nunca houveram tantos casos de corrupção como naquele governo.
j) Pode haver muitos sobreviventes sob os escombros.

2. Leia as frases abaixo em voz alta, atentando principalmente para a pronúncia das palavras em destaque:

a) O **cerebelo** é a parte do cérebro que possui metade dos neurônios.
b) A **cabala** é uma doutrina mística judaica.
c) O café está **morno**, e a água também está **morna**.
d) Pisei numa **poça** d'água e me sujei.
e) Havia não só uma **pegada**, mas duas **pegadas** ali.
f) As tartarugas têm vida **longeva**.
g) É famosa a **longevidade** das tartarugas.
h) **Elaine** limpa o **suor** do rosto com um lenço.
i) **Gislaine** nasceu em **Roraima**.
j) O **chofer** veio em **companhia** do irmão.

3. Acentue as palavras somente quando absolutamente necessário:

a) Itu b) Morumbi c) item d) itens e) solido f) consul g) consules h) pensil i) penseis j) taro

4. Ponha no plural a palavra em destaque, fazendo todas as alterações necessárias:

a) Existe **interesse** da empresa nessa negociação.
b) Quanto **arroz-doce** sobrou?
c) Havia muito **buraco** na estrada.
d) Pode haver muita **criança** passando fome ali.
e) Será que já houve **terremoto** naquele país?

5. Só corrija as palavras erradas:

a) rodísio b) paralizar c) vazio d) esvaziar e) extravasar f) toxicidade
g) friorento h) previlégio i) previlegiar j) protusão

6. Complete as frases com um ou uma, conforme convier:

a) Recebi ... telefonema dela.
b) Quanto está custando ... grama de ouro?
c) Comprou ... patinete para ir à escola.
d) O jogador sofreu ... entorse no joelho.
e) Tive ... pernoite muito ruim nesse acampamento.

7. Só corrija as palavras erradas:

a) enfisema b) empresa c) quiz d) quizer e) buzina f) colisão
g) coalizão h) radiatividade i) hidravião j) chimpanzé

8. Acentue as palavras somente quando absolutamente necessário:

a) caqui b) atlas c) atras d) ves e) vez f) talvez g) heroi h) heroico
i) nu j) cru

9. Substitua o que está em destaque por pronomes adequados:

a) Elisa convidou **Luís** para um passeio, mas **Luís** não aceitou o convite **de Elisa**.
b) O jogo nos rouba tempo e dinheiro; **o dinheiro**, talvez o recuperemos; **o tempo**, jamais.
c) Gula e temperança são antônimos; **temperança** é virtude; **gula**, vício.
d) O fumo e o álcool são nocivos à saúde; **o álcool** embrutece; **o fumo** envenena.
e) Essa garota fala **com ela** mesma.

EXERCÍCIOS PARA *não errar mais*

10. Complete as frases, usando os elementos gramaticais necessários a cada uma delas:
a) O acidente ... eu vi não foi o mesmo ... você viu.
b) O filme ... assisti não foi o mesmo ... você assistiu.
c) A mulher ... você chegou não é nossa convidada.
d) A mulher ... você chora não merece nenhuma lágrima.
e) A rua ... moro está sendo asfaltada.

SOLUÇÕES

1. a) Essas mulheres são más, **mas** não são vingativas. (A palavra que equivale a *porém* é **mas**, e não "mais", que é contrário de *menos*.)
b) Essas crianças estão **mal** acostumadas. (O contrário de *bem* é **mal**, e não "mau", que é contrário de *bom*.)
c) **Faz** muitos anos que saí da escola. (O verbo *fazer*, em orações que indicam tempo, é invariável.)
d) **Desde 1990** ela vive sozinha. (Quem usa desde "de" tem problema...)
e) Ela mora **na** Praça da Paz, e não **na** Rua do Juízo Final. (**Morar** exige **em**.)
f) Pegou fogo o prédio situado **na** Avenida da República. (**Situado** exige **em**.)
g) Faz quarenta anos que **acabaram** as touradas. (Aqui é questão apenas de conhecer apenas um pouco de análise sintática e ver que o sujeito está no plural; se o sujeito está no plural, o verbo vai ao plural.)
h) **Acabaram** as aulas! **Começaram** as férias! **Vivam** as férias! (Sujeito no plural, verbo no plural, nos três casos.)
i) Nunca **houve** tantos casos de corrupção como naquele governo. (O verbo *haver* é invariável quando significa *acontecer*.)
j) Frase correta; o verbo **haver**, impessoal, transmite a sua impessoalidade a seu auxiliar, que, portanto, fica no singular.

2. a) O **cerebêlo** é a parte do cérebro que possui metade dos neurônios.
b) A **cabála** é uma doutrina mística judaica. (A prosódia *cabalá* é hebraica.)
c) O café está **môrno**, e a água também está **mórna**.
d) Pisei numa **pôça** d'água e me sujei.
e) Havia não só uma **pegáda**, mas duas **pegádas** ali. (Os "adevogados" costumam dizer "pégada", "pégadas".)
f) As tartarugas têm vida **longéva**.
g) É famosa a **longevidade** das tartarugas. (O **e** da segunda sílaba agora é fechado, diferente, portanto, da palavra primitiva.)
h) **Elâine** limpa o **suór** do rosto com um lenço. (No Nordeste se diz "Eláine".)
i) **Gislâine** nasceu em **Rorâima**. (No Nordeste se diz "Gisláine" e no Brasil muita gente diz "Roráima", fazendo uma confusão dos diabos. O caso está sobejamente explicado no **Dicionário de erros, dúvidas, dificuldades e curiosidades da língua portuguesa**.)
j) O **chofér** veio em **companhia** do irmão. (O **nh** de **companhia** soa tanto quanto o de *companheiro* e de *acompanhar*, palavras da mesma família. Mas – ao que parece – muita gente gosta de má "compania"...)

3. a) Itu b) Morumbi c) item d) itens **e)** sólido **f)** cônsul **g)** cônsules **h)** pênsil i) penseis **j)** tarô (Palavras oxítonas (*Itu, Morumbi*, etc.) terminadas em -*u* ou em -*i*, antecedidas de consoante, não recebem acento. Palavras paroxítonas (*item, itens*) terminadas em -*m* ou em -*ns* não se acentuam (*nuvem, nuvens; jovem, jovens*, etc.). **Sólido**, assim como **cônsules**, é palavra proparoxítona, e todas as proparoxítonas são acentuadas; **cônsul** é paroxítona terminada em **-l**, assim como **pênsil**; **penseis** é forma verbal de *pensar*, portanto não tem acento; **tarô** é oxítona terminada em **-o**, assim como *cipó*.)

4. a) **Existem interesses** da empresa nessa negociação. [Sujeito no plural (interesses), verbo no plural.]
b) **Quantos arrozes-doces sobraram**? (Mesmo caso anterior.)
c) Havia **muitos buracos** na estrada. (O verbo *haver*, quando significa *existir*, não varia, fica sempre na 3.ª pessoa do singular.)
d) Pode haver **muitas crianças** passando fome ali. (O verbo *haver*, quando significa *existir*, não varia, e seu auxiliar também.)
e) Será que já houve **terremotos** naquele país? (O verbo *haver* é invariável quando significa *acontecer*.)

5. a) rodízio **b)** paralisar c) vazio d) esvaziar e) extravasar f) toxicidade g) friorento **h)** privilégio **i)** privilegiar **j)** prot**r**usão

6. a) Recebi **um** telefonema dela.
b) Quanto está custando **um** grama de ouro?
c) Comprou **uma** patinete* para ir à escola.
d) O jogador sofreu **uma** entorse no joelho.
e) Tive **um** pernoite muito ruim nesse acampamento.
*Patinete** sempre foi substantivo feminino; a 6.ª ed. do VOLP, no entanto, nos apareceu agora classificando-a como dos dois gêneros.)

7. a) enfisema b) empresa **c)** qui**s** **d)** qui**s**er e) buzina
f) colisão g) coalizão h) radiatividade* i) hidravião** j) chimpanzé***
**Radiatividade* e *radioatividade* são formas variantes.
***Hidravião* e *hidroavião* são formas variantes.
****Chimpanzé* e chipanzé são formas variantes, mas prefere-se a primeira.

8. a) caqui b) atlas **c)** atr**á**s d) vês e) vez f) talvez **g)** her**ói** h) heroico i) nu j) cru

9. a) Elisa convidou-**o** para um passeio, mas **ele** não aceitou o convite **dela**.
b) O jogo nos rouba tempo e dinheiro; **este**, talvez o recuperemos; **aquele**, jamais. (**Este** se usa para o nome mais próximo; **aquele**, para o mais distante.)
c) Gula e temperança são antônimos; **esta** é virtude; **aquela**, vício.
d) O fumo e o álcool são nocivos à saúde; **este** embrutece; **aquele** envenena.
e) Essa garota fala **consigo** mesma.

10. a) O acidente **que** eu vi não foi o mesmo **que** você viu. (O v. **ver** é transitivo direto, portanto só se usa o pronome relativo **que**.)
b) O filme **a que** assisti não foi o mesmo **a que** você assistiu. (o verbo *assistir*, no sentido de *presenciar, ver*, usa-se com a preposição **a**: assiste-se **a** um filme, **a** um programa, **a** um jogo, etc.; a preposição tem, então, de aparecer antes do **que**.)
c) A mulher **com quem** você chegou não é nossa convidada. (Quem chega, chega **com** alguém; usa-se **quem** agora, e não "que", por tratar-se de pessoa.)

d) A mulher **por quem** você chora não merece nenhuma lágrima. (Quem chora, chora **por** alguém; v. a letra *c*.)
e) A rua **em que** moro está sendo asfaltada. (Quem mora, mora **em** algum lugar.)

MÓDULO 2

1. Nenhuma das frases de jornalistas abaixo está de acordo com a língua padrão. "Corrija-as":

a) O Palmeiras aceitou pagar uma parte do valor que o jogador tinha direito em caso de rescisão contratual, mas o montante é mantido em sigilo por ambos lados. *(Lance, 01/02/2022, por ocasião da rescisão de contrato de um jogador da S.E. Palmeiras.)*
b) Segundo a modelo, o *rapper* Chris Brown teria a drogado durante uma festa em Miami. *(Portal Ig Gente, 28/01/2022.)*
c) Reservado, Roberto Carlos não costuma comentar detalhes de sua vida pessoal. No entanto, ao longo dos anos, foi possível juntar as peças do quebra-cabeças sobre um dos maiores tabus da vida do artista: o acidente em que perdeu parte da perna direita, aos seis anos. *(Jornalista do UOL, 1.º/12/2021.)*
d) O físico teórico alemão Albert Einstein fez uma visita guiada a um disco voador depois que ele havia caído em Roswell, no Novo México, EUA. O criador da teoria da relatividade também teria acompanhado a autópsia do corpo de um alienígena. Os relatos são de Shirley Wright, sua ex-assistente, que teria o acompanhado em uma viagem ultrassecreta. *(Diário do Nordeste, 08/10/2021.)*
e) Gorila africana famosa por *selfie* morre nos braços de guarda que cuidou dela por 14 anos. *(Diário do Nordeste, 08/10/2021.)*

2. Leia as frases abaixo em voz alta, atentando principalmente para a pronúncia das palavras em destaque:

a) Espero que **Êmerson** não **perca** a esperança.
b) A **perda** de esperança é própria dos fracos.
c) Houve **perda** total do veículo acidentado.
d) Um **recém**-nascido se tornou **refém** dos terroristas **bagdalis**.
e) Só nesta rua há três prontos-**socorros**.
f) Cuidado, que isso é altamente **tóxico**!
g) Na Somália, conheci lindas garotas **somalis**.
h) Em Bangladesh, não conheci nenhuma atleta **bengali**.
i) O árbitro foi rigoroso ao **máximo**.
j) O processo de envelhecimento é **inexorável**.

3. Acentue as palavras somente quando absolutamente necessário:

a) noz b) nos c) move-lo d) novelo e) Luis f) fluor g) isopor h) Andronico i) Estevão j) Pamela

4. Use no plural o que está em destaque, fazendo as alterações necessárias:

a) Por falta de homens me fizeram a mim **juiz**.
b) Debaixo da árvore sentia-**me** protegido.
c) Foi outra **coisa** que o matou.
d) **Hóspede** constante nunca é bem-vindo.
e) Trata-se de **problema** difícil de solucionar.

5. Só corrija as palavras que eventualmente possam estar erradas:

a) asa b) brasa c) para-queda d) para-lama e) para-raio f) conta-gota g) losângulo h) asterístico i) maizena j) vizinho

6. Abrevie corretamente, usando algarismos:

a) cem páginas b) duzentas folhas c) eram dez horas d) mil reais e) oitenta quilômetros por hora

7. Passe para o singular tudo o que for possível:

a) Dois paraquedas não abriram.
b) Estamos com fortes dores nas costas.
c) O prédio tinha dois para-raios.
d) Tomamos apenas dois chopes.
e) Pedi à secretária dois clipes emprestados.

8. Complete as frases de forma coerente, usando uma só palavra:

a) alimento que causa sede é um alimento ...
b) objeto que desprende calor é um objeto ...
c) máquina que não falha é máquina ...
d) povo que adora um só deus é povo ...
e) rapaz que começa a ter pelos é rapaz ...

9. Complete as frases com onde ou aonde, conforme convier:

a) ... vocês foram? ... vocês estão?
b) ... você quer chegar?
c) Indo por aqui, chegaremos ...?
d) ... posso sentar-me?
e) ... posso colocar minhas roupas?
f) ... você vai toda chique?

g) Gostaria de estar ... você está.
h) Gostaria de ir ... você vai.
i) ... já se viu uma coisa dessas?!
j) Veja ... ainda podemos chegar, com tanta tecnologia!

10. Complete as frases com há **ou** a, **conforme convier:**

a) Daqui ... alguns anos estaremos em Marte.
b) Estamos ... poucos anos trabalhando aqui.
c) Estamos ... poucos anos de chegarmos a Marte.
d) Estamos ... dois meses do vencimento desta duplicata.
e) Estamos ... dois meses aguardando o pagamento desta duplicata.
f) Elisabete chegou ... alguns minutos.
g) A duplicata será paga daqui ... pouco.
h) O início da fabricação da cerveja remonta ... mais de seis mil anos.
i) Estamos ... quantos quilômetros de chegar?
j) Ele só viaja ... duzentos quilômetros por hora.

SOLUÇÕES

1. a) O Palmeiras aceitou pagar uma parte do valor **a** que o jogador tinha direito em caso de rescisão contratual, mas o montante é mantido em sigilo por ambos **os** lados. (Quem tem direito, tem direito **a** alguma coisa; **ambos** exige artigo, antes de substantivo.)
b) Segundo a modelo, o *rapper* Chris Brown **tê-la-ia** drogado durante uma festa em Miami. (Futuro do pretérito com pronome oblíquo exige mesóclise, se não há fator de próclise.)
c) Reservado, Roberto Carlos não costuma comentar detalhes de sua vida pessoal. No entanto, ao longo dos anos, foi possível juntar as peças do quebra-**cabeça** sobre um dos maiores tabus da vida do artista: o acidente em que perdeu parte da perna direita, aos seis anos. (No singular, usa-se quebra-**cabeça**; no plural é que se usa quebra-**cabeças**.)
d) O físico teórico alemão Albert Einstein fez uma visita guiada a um disco voador depois que ele havia caído em Roswell, no Novo México, EUA. O criador da teoria da relatividade também teria acompanhado a autópsia do corpo de um alienígena. Os relatos são de Shirley Wright, sua ex-assistente, que **o** teria acompanhado em uma viagem ultrassecreta. (O pronome átono fica antes do verbo quando há fator de próclise, no caso o pronome relativo *que*.)
e) Gorila africana famosa por *selfie* morre nos braços de guarda que cuidou dela por 14 anos. (Gorila é substantivo epiceno: *o gorila macho, o gorila fêmea*; portanto, gorila "africana famosa", assim como "a" gorila, não existe.)

2. a) **Êmerson** [(com **E** fechado; repare no acento; **pêrca** (não se usa neste caso "perda")]. A pronúncia *pérca* é a recomendada oficialmente, mas **pêrca** tem a seu favor o fato de estar consagrada.
b) **pêrda** (não se usa neste caso "perca", que é apenas verbo, e não substantivo).
c) **pêrda** (mesmo caso anterior).
d) **recém**-nascido (como o acento agudo indica, a palavra é oxítona; não se usa "récem" nem "réfem"; **bagdális** é nome oxítono, e não paroxítono; portanto, não existe "bagdális").

e) **socórros**.
f) **tóxico** (tóksico)
g) **somalis** (trata-se de nome oxítono, a exemplo de **bagdalis**, mas a mídia brasileira só usa "somális").
h) **bengali** (trata-se também de nome oxítono).
i) **máximo** (**mássimo**, embora até dicionário por aí indique "máksimo").
j) **inexorável** (**inezorável**, embora despreparados vivam com "ineksorável" na boca).

3. a) noz   b) nos (o pronome átono não recebe acento: estão **nos** espiando)   c) movê-lo
d) novelo   e) Luís (Luiz, com z, não tem acento.)   f) fl**ú**or   g) isopor   h) Andronico
i)Est**ê**vão   j) P**â**mela

4. a) Por falta de homens **nos** fizeram a nós **juízes**.
b) Debaixo da árvore **sentíamo-nos** protegido**s**.
c) **Foram outras coisas** que o **mataram**.
d) **Hóspedes constantes** nunca são bem-vindo**s**.
e) Trata-se de **problemas difíceis** de solucionar. (O verbo **tratar** não tem sujeito; não tendo sujeito, fica no singular.)

5. a) asa   b) brasa   c) **paraquedas**   d) para-lama   e) para-raio**s**   f) conta-gota**s**   g) **losango**
h) **asterisco**   i) maisena   j) vizinho

6. a) 100 **págs.** ou 100 **pp.**   b) 200 **fls.**   c) eram 10**h** (sempre junto do número)
d) **1 000** reais ou **1.000** reais   e) 80**km/h** (sempre junto do número e de preferência sempre com minúsculas)

7. a) Um paraquedas não abriu.
b) Estou com forte dor nas costas.
c) O prédio tinha um para-raios.
d) Tomei apenas um chope.
e) Pedi à secretária um clipe emprestado.

8. a) alimento que causa sede é um alimento **dispsético**
b) objeto que desprende calor é um objeto **exotérmico**
c) máquina que não falha é máquina **infalível**
d) povo que adora um só deus é povo **monoteísta**
e) rapaz que começa a ter pelos é rapaz **púbere**

9. a) **Aonde** vocês foram? **Onde** vocês estão? (**Aonde** se usa com verbos e expressões que dão ideia de movimento; do contrário, usa-se **onde**.)
b) **Aonde** você quer chegar? (Quem chega, chega **a** algum lugar.)
c) Indo por aqui, chegaremos **aonde**?
d) **Onde** posso sentar-me?
e) **Onde** posso colocar minhas roupas?
f) **Aonde** você vai toda chique?
g) Gostaria de estar **onde** você está.
h) Gostaria de ir **aonde** você vai.
i) **Onde** já se viu uma coisa dessas?!
j) Veja **aonde** ainda podemos chegar, com tanta tecnologia!

EXERCÍCIOS PARA *não errar mais* 15

10. a) Daqui **a** alguns anos estaremos em Marte.
b) Estamos **há** poucos anos trabalhando aqui. (Sempre que equivaler a *faz*, usa-se **há**; do contrário, **a**.)
c) Estamos **a** poucos anos de chegarmos a Marte.
d) Estamos **a** dois meses do vencimento desta duplicata.
e) Estamos **há** dois meses aguardando o pagamento desta duplicata.
f) Elisabete chegou **há** alguns minutos.
g) A duplicata será paga daqui **a** pouco.
h) O início da fabricação da cerveja remonta **a** mais de seis mil anos. (Neste caso, a preposição é pedida pelo verbo.)
i) Estamos **a** quantos quilômetros de chegar?
j) Ele só viaja **a** duzentos quilômetros por hora.

MÓDULO 3

1. Só corrija as palavras que eventualmente possam estar erradas:

a) jabuticaba   b) pretexto   c) opróbio   d) misto   e) garage   f) chilique   g) pichação   h) agilitar   i) infarto   j) pretencioso

2. Acentue as palavras somente quando absolutamente necessário:

a) reune   b) reuni   c) gentis   d) javalis   e) colori   f) angu   g) refis   h) trofeu   i) polen   j) polens

3. Substitua o que está em destaque por um único adjetivo equivalente:

a) A advertência **de Moisés** aos judeus.
b) Manchas **das unhas** e estrias **das nádegas**.
c) O estudo **do significado** das palavras.
d) O estudo **do som** das palavras.
e) Os lados **da barriga** e **das costas** dos animais.
f) Amputação **de braço** e ferimento na região **da nuca**.
g) Houve tremores **de terra** no Nordeste.
h) Professor **que ensina indo de um lado a outro**.
i) O estudo **da morfologia e da sintaxe**.
j) Comprimido **que causa sono**.

4. Complete as frases alternadamente com as formas dos verbos haver **e** fazer**:**

a) Jeni achava que não ... razões para tanta demora.

b) Juçara diz que já ... dez anos que não chove por aqui.
c) Ontem não ... tantas mortes quanto hoje.
d) Hoje ... exatamente três anos que choveu granizo aqui.
e) As revistas que ... na mesa não eram minhas.
f) Durante o verão, naquele tempo, ... dias lindíssimos!
g) No passado ... guerras e mais guerras na Europa.
h) Naquele tempo ... noites lindas em São Paulo.
i) As reclamações que ... feito surtiram efeito, disseram eles.
j) ... dois meses que não vejo Ifigênia.

5. As frases abaixo podem estar ou não de acordo com a norma padrão. Ao encontrar os possíveis senões, "corrija-as":

a) Não estou ao par desse assunto.
b) Prefiro mil vezes assistir futebol do que assistir basquete.
c) Sei que só em São Paulo existe mais de duas milhões de pessoas que torcem para o Palmeiras.
d) Rosa não quis vim na minha festa. Porque será?
e) Comemoraremos a vitória com uma champanha francesa.
f) O prefeito carioca mostrou as milhares de latinhas de cerveja que os garis retiraram da praia.

6. Complete as frases com o pronome adequado:

a) Não se esqueça de levar ... todos os documentos!
b) Os pais saíram e deixaram as crianças ..., mas estamos preocupados.
c) Cada um de nós traz ..., no íntimo, muitos segredos.
d) Posso contar ... na minha festa?
e) Havendo lugar no ônibus, levamo-lo ...

7. Complete as frases com o particípio conveniente do verbo em destaque:

a) **aceitar**. Ela já tinha ... o convite.
b) **pegar**. Ele já tinha ... o dinheiro.
c) **abrir**. Juçara tinha ... a janela.
d) **pegar**. Eles já haviam ... papel e caneta.
e) **pegar**. Um cão foi ... ontem na rua.
f) **gastar**. Muito dinheiro foi ... nessa obra.
g) **chegar**. Eu tinha ... tarde da noite aquele dia.
h) **falar**. Eu teria ... a verdade, se você me pedisse.
i) **trazer**. Eu teria ... dinheiro, se você me alertasse.
j) **entregar**. O carteiro já tinha ... toda a correspondência.

EXERCÍCIOS PARA *não errar mais*

8. Complete com a forma adequada do verbo em destaque:

a) **requerer**. Estou em dúvida: não sei se ... minha aposentadoria.
b) **reaver**. Já ... todo o dinheiro que perdi no jogo.
c) **vir**. Hortênsia, nós ... aqui agora para cumprimentá-la.
d) **reaver**. Eles me pagarão somente quando ... o dinheiro que gastaram.
e) **perfazer**. Se alguém ... o percurso em meia hora, ganharia a prova.

9. Na frase Fui a São Paulo, **substitua** São Paulo **primeiro por** Mato Grosso **e depois por** Mato Grosso do Sul.

10. Complete de forma coerente, usando uma única palavra:

a) Políticos que não se corrompem são políticos ...
b) Pena que não prescreve é pena ...
c) Causa que não se defende é causa ...
d) Palavras que não se dizem são palavras ...
e) Sons que não se percebem são sons ...
f) Problemas que não têm solução são problemas ...
g) Obras que não se podem fazer são obras ...
h) Flores que não murcham são flores ...
i) Carro que não se deve vender ou que não está à venda é carro ...
j) Carro que não se pode vender, porque ninguém aceita, é carro ...

SOLUÇÕES

1. a) jabuticaba b) pretexto **c)** opróbrio d) misto **e)** garagem f) chilique g) pichação h) agilitar* i) infarto** **j)** pretensioso
*É a forma rigorosamente portuguesa, e não *agilizar*, que foi criada pelo povo, porque existe maior número de verbos formados com -*izar* do que com -*itar*. *Agilitar* deveria ser tão corrente e popular quanto *debilitar, facilitar* e *habilitar*.)
***Infarto, enfarte, infarte* e *enfarto* são, todas quatro, formas variantes.

2. a) re**ú**ne (O **u** é a segunda vogal tônica do hiato, por isso se acentua, assim como *baú, jaú*, etc.) b) reuni (Oxítona em -*i* ou em -*u*, antecedida de consoante não se acentua, a exemplo de *tupi, caqui*, etc.) c) gentis (Idem) d) javalis (Idem) e) colori (Idem) f) angu (Idem) g) refis (Idem) h) trof**é**u (Acentua-se oxítona terminada em -*eu* aberto.) i) p**ó**len j) polens (Palavras paroxítonas terminadas em -*en* se acentuam, mas não as em -*ens* (v. *itens, jovens*, etc.)

3. a) A advertência **mosaica** aos judeus.
b) Manchas **ungueais** e estrias **glúteas**.
c) O estudo **semântico** das palavras.
d) O estudo **fônico** (ou **fonético**) das palavras.
e) Os lados **ventral** e **dorsal** dos animais.
f) Amputação **braquial** e ferimento na região **occipital**.
g) Houve tremores **telúricos** no Nordeste.

h) Professor **peripatético**.
i) O estudo **morfossintático**.
j) Comprimido **soporífero**.

4. a) Jeni achava que não **havia** razões para tanta demora. (*Haver* = *existir*, portanto não varia.)
b) Juçara diz que já **faz** dez anos que não chove por aqui. (*Fazer* em oração temporal não varia.)
c) Ontem não **houve** tantas mortes quanto hoje. (*Haver* = *acontecer*, portanto não varia.)
d) Hoje **faz** exatamente três anos que choveu granizo aqui.
e) As revistas que **havia** na mesa não eram minhas.
f) Durante o verão, naquele tempo, **fazia** (ou **fez**) dias lindíssimos!
g) No passado **houve** guerras e mais guerras na Europa.
h) Naquele tempo **fazia** noites lindas em São Paulo.
i) As reclamações que **haviam** feito surtiram efeito, disseram eles. [Quando há tempo composto (*haver feito*), o verbo *haver* varia.]
j) **Faz** dois meses que não vejo Ifigênia.

5. a) Não estou **a** par desse assunto. (**A** par = ciente.)
b) **Prefiro assistir a** futebol **a** assistir **a** basquete. (*Preferir* não admite modificadores e rege **a**; *assistir* por *ver* é transitivo indireto.)
c) Sei que só em São Paulo existe**m** mais de **dois** milhões de pessoas que torcem **pelo** Palmeiras. (*Milhão* é palavra masculina; quem torce, torce *por*, e não "para".)
d) Rosa não quis vi**r à** minha festa. **Por que** será? (*Vir* é verbo principal de uma locução (*querer vir*), portanto se usa o infinitivo; em frase interrogativa se usa *por que*, em duas palavras.)
e) Comemoraremos a vitória com **um** champanha. (*Champanha* é palavra masculina, e todo champanha é francês; elimine-se a redundância!)
f) O prefeito carioca mostrou **os** milhares de latinhas de cerveja que os garis retiraram da praia. (*Milhar* é palavra masculina, mas a mídia brasileira insiste em usá-la como feminina.)

6. a) Não se esqueça de levar **consigo** todos os documentos!
b) Os pais saíram e deixaram as crianças **conosco**, mas estamos preocupados.
c) Cada um de nós traz **consigo**, no íntimo, muitos segredos.
d) Posso contar **contigo** na minha festa?
e) Havendo lugar no ônibus, levamo-lo **conosco** (ou **comigo**).

7. a) **aceitar**. Ela já tinha **aceitado** o convite. (Com *ter* e *haver* não se usa "aceito".)
b) **pegar**. Ele já tinha **pegado** o dinheiro. (Com *ter* e *haver* só se usa pegado, e não "pego".)
c) **abrir**. Juçara tinha **aberto** a janela. (A forma *abrido* caiu em desuso.)
d) **pegar**. Eles já haviam **pegado** papel e caneta.
e) **pegar**. Um cão foi **pego** ontem na rua. (Com *ser* e *estar* se usa *pego*, mas *pegado* também se aceita.)
f) **gastar**. Muito dinheiro foi **gasto** nessa obra. (Com ser e estar, usa-se apenas *gasto*, e não "gastado".)
g) **chegar**. Eu tinha **chegado** tarde da noite aquele dia. (Não existe o particípio "chego".)
h) **falar**. Eu teria **falado** a verdade, se você me pedisse. (Não existe o particípio "falo".)
i) **trazer**. Eu teria **trazido** dinheiro, se você me alertasse. (Não existe o particípio "trago".)
j) **entregar**. O carteiro já tinha **entregado** toda a correspondência. (Com *ter* e *haver* se usa *entregado*, e não "entregue".)

8. a) **requerer**. Estou em dúvida: não sei se **requeiro** minha aposentadoria.
b) **reaver**. Já **reouve** todo o dinheiro que perdi no jogo.
c) **vir**. Hortênsia, nós **vimos** aqui agora para cumprimentá-la.
d) **reaver**. Eles me pagarão somente quando **reouverem** o dinheiro que gastaram.
e) **perfazer**. Se alguém **perfizesse** o percurso em meia hora, ganharia a prova.

9. Fui a Mato Grosso. Fui a**o** Mato Grosso do Sul.
(Só *Mato Grosso do Sul* exige artigo.)

10. a) Políticos que não se corrompem são políticos **incorruptíveis**.
b) Pena que não prescreve é pena **imprescritível**.
c) Causa que não se defende é causa **indefensável**.
d) Palavras que não se dizem são palavras **indizíveis**.
e) Sons que não se percebem são sons **imperceptíveis**.
f) Problemas que não têm solução são problemas **insolúveis**.
g) Obras que não se podem fazer são obras **infactíveis**.
h) Flores que não murcham são flores **imarcescíveis**.
i) Carro que não se deve vender ou que não está à venda é carro **invendável**.
j) Carro que não se pode vender, porque ninguém aceita, é carro **invendível**.

MÓDULO 4

1. Complete as frases com tem ou com têm, conforme convier:

a) Lurdes ... filhos na escola, mas suas irmãs ... filhas na escola.
b) Será que ela ... tanto amor por você quanto eu?
c) Você acha que alguém ... tanto dinheiro assim?
d) Os que ... muito dinheiro a ele se apegam.
e) Benditos aqueles que ... coragem na vida!

2. Corrija o que estiver errado:

a) Tivemos vultuosas despesas com esse acidente.
b) Só apus minha assinatura ao abaixo-assinado porque você mo pediu.
c) Marisa está com viajem marcada para Nova Iorque, mas ela não sabe de sua viagem.
d) Foi muito curta minha estadia nesse hotel.
e) Informamos-lhes que não há verba para esse empreendimento.
f) O Papa queria passar desapercebido da população, ao sair para passear em Roma.
g) A cessão do território do Acre ao Brasil por parte da Bolívia foi feita mediante paga.
h) Nunca vi você tachar alguém de ignorante.

i) Hortênsia taxou seu aluno de muito inteligente.
j) Órfãos de pai não têm progenitor.

3. Complete os espaços com coletivos adequados:

a) Teresa ganhou um ... de flores e uma ... de cebolas.
b) Matou-se uma ... de porcos para a festa.
c) Nunca vi uma ... de gafanhotos como essa.
d) O cantor recebeu uma ... de vaias.
e) Foi a Cuba uma verdadeira ... de notáveis jornalistas brasileiros.

4. Corrija só as palavras erradas:

a) marcha-ré   b) conje   c) esfiha   d) mimimi   e) kibe   f) poleiro
g) freada   h) receioso   i) tizil   j) disintiria

5. Substitua o que está em destaque por um único adjetivo de sentido equivalente:

a) massa **da cabeça**
b) festas **de casamento**
c) atos **de pirata**
d) sombras **da tarde**
e) canto **da morte**
f) hábitos **de raposa**
g) bolo **de fezes**
h) ilha **de lago**
i) zona **de gelo**
j) mudança **de sentido**

6. Complete as frases de forma conveniente, atentando sempre para a norma padrão:

a) Iremos ... Piraçununga, e não ... Mojimirim.
b) Dei um pulo ... farmácia mais próxima.
c) Quem consegue trepar ... uma árvore dessas, também consegue trepar ... um poste daqueles.
d) Ninguém saiu ... chuva, mas muitos ficaram ... sereno.
e) Fiquei aguardando-a meia hora ... sol.
f) Quem fica muito tempo ... vento pode adoecer.
g) O ônibus da escola passa ... porta de casa.
h) Erramos o caminho e fomos ter ... um beco sem saída.
i) Se você for por aí, vai dar ... uma favela.
j) Nunca tive ódio ... ninguém, nem mesmo ... políticos de sujo passado.

7. Na frase O presidente se levantou hoje com o pé esquerdo, **substitua** O presidente **primeiro por** Eu, **depois por** Tu, **depois por** Nós **e, finalmente, por** Ela e eu.

8. Leia as frases em voz alta, atentando para as palavras em destaque:

a) Eu **trouxe** o dinheiro junto com o **fluido** do isqueiro.
b) A entrada era **gratuita**, mas ninguém entrava **gratuitamente**.
c) O povo precisa aprender a **distinguir** os bons dos maus políticos.
d) Os bombeiros logo **extinguiram** o fogo.
e) O cheiro de cigarro **impregna** na roupa, nos cabelos, em tudo, e isso o **indigna**.

9. Complete as frases, tomando por base este modelo: Encontrei um amigo e o trouxe até casa.

a) Encontrei alguns amigos e ...
b) Encontramos uma amiga e ...
c) Encontraram uns amigos e ...
d) Encontraram umas amigas e ...
e) Encontrei algumas amigas e ...

10. Leia convenientemente:

a) ano I da era cristã
b) século III a.C.
c) Papa Pio XI
d) Colégio Pio X
e) Bento IX

SOLUÇÕES

1. a) Lurdes **tem** filhos na escola, mas suas irmãs **têm** filhas na escola.
b) Será que ela **tem** tanto amor por você quanto eu?
c) Você acha que alguém **tem** tanto dinheiro assim?
d) Os que **têm** muito dinheiro a ele se apegam.
e) Benditos aqueles que **têm** coragem na vida!

2. a) Tivemos **vultosas** despesas com esse acidente.
b) Só apus minha assinatura ao abaixo-assinado porque você mo pediu. (Frase correta; mo = me + o.)
c) Marisa está com **viagem** marcada para Nova Iorque, mas ela não sabe de sua viagem.
d) Foi muito curta minha **estada** nesse hotel.
e) Informamos-lhes que não há verba para esse empreendimento. (Frase correta: o *s* final da 1.ª pessoa do plural permanece antes de *lhe* ou *lhes*.)
f) O Papa queria passar **despercebido** da população, ao sair para **passear** em Roma.
g) A cessão do território do Acre ao Brasil por parte da Bolívia foi feita mediante paga. (Frase correta; cessão, substantivo de *ceder*.)
h) Nunca vi você tachar alguém de ignorante. (Frase correta; *tachar* só se usa em sentido pejorativo.)

i) Hortênsia taxou seu aluno de muito inteligente. (Frase correta; *taxar* se usa em sentido meliorativo e também em sentido pejorativo.)
j) Órfãos de pai não têm **genitor**. (Genitor é pai; progenitor é avô.)

3. a) Teresa ganhou um **buquê** de flores e uma **réstia** de cebolas.
b) Matou-se uma **vara** de porcos para a festa.
c) Nunca vi uma **nuvem** de gafanhotos como essa.
d) O cantor recebeu uma **saraivada** de vaias.
e) Foi a Cuba uma verdadeira **plêiade** de notáveis jornalistas brasileiros.

4. a) marcha à ré **b) cônjuge** **c) esfirra** **d) mi-mi-mi** **e) quibe** f) poleiro
g) freada **h) receoso** i) tiziu **j) disenteria**

5. a) massa **encefálica**
b) festas **matrimoniais**
c) atos **predatórios**
d) sombras **crepusculares**
e) canto **fúnebre**
f) hábitos **vulpinos**
g) bolo **fecal**
h) ilha **lacustre**
i) zona **glacial**
j) mudança **semântica**

6. a) Iremos **a** Piraçununga, e não **a** Mojimirim.
b) Dei um pulo **à** farmácia mais próxima.
c) Quem consegue trepar **a** uma árvore dessas, também consegue trepar **a** um poste daqueles.
d) Ninguém saiu **à** chuva, mas muitos ficaram **ao** sereno.
e) Fiquei aguardando-a meia hora **ao** sol.
f) Quem fica muito tempo **ao** vento pode adoecer.
g) O ônibus da escola passa **à** porta de casa.
h) Erramos o caminho e fomos ter **a** um beco sem saída.
i) Se você for por aí, vai dar **a** uma favela.
j) Nunca tive ódio **a** ninguém, nem mesmo **a** políticos de sujo passado.

7. Eu me levantei hoje com o pé esquerdo.
Tu te levantaste hoje com o pé esquerdo.
Nós nos levantamos hoje com o pé esquerdo.
Ela e eu nos levantamos hoje com o pé esquerdo.

8. a) Eu **trouxe** o dinheiro junto com o **fluido** do isqueiro. (Evite dizer "trusse" por trouxe e "fluído" por fluido.)
b) A entrada era **gratuita**, mas ninguém entrava **gratuitamente**. (Sempre *túi*; evite dizer "gratuíta" e "gratuítamente"!)
c) O povo precisa aprender a **distinguir** os bons dos maus políticos. (O *u* não soa: *distinghir*.)
d) Os bombeiros logo **extinguiram** o fogo. (O *u* não soa: *extinghiram*.)
e) O cheiro de cigarro **impregna** na roupa, nos cabelos, em tudo, e isso o **indigna**. (Evite usar "impreguina" e "indiguina"; prefira *imprégna, indígna*. E assim também com *designar, estagnar, impugnar* e *repugnar*.)

9. a) Encontrei alguns amigos e **os trouxe até casa**.
b) Encontramos uma amiga e **a trouxe até casa**.
c) Encontraram uns amigos e **os trouxeram até casa**.

EXERCÍCIOS PARA *não errar mais* 23

d) Encontraram umas amigas e **as trouxeram até casa**.
e) Encontrei algumas amigas e **as trouxe até casa**.

10. a) ano **primeiro** da era cristã
b) século **terceiro antes de Cristo**
c) Papa Pio **onze**
d) Colégio Pio **décimo**
e) Bento **nono**

MÓDULO 5

1. Só corrija as palavras erradas:

a) xadrez   b) pexote   c) penico   d) pinicar   e) idônio   f) catálago
g) diálago   h) jus   i) rolimã   j) cochicho

2. Substitua o que está em destaque por um único adjetivo de sentido equivalente:

a) alimento **de proteína**
b) produção **de limão**
c) amor **de irmão**
d) objeto **que é de outrem**
e) águas **da chuva**
f) vida **de monge**
g) silêncio **de túmulo**
h) luzes **de estrelas**
i) poder **de aquisição**
j) águas **de rio**

3. Complete as frases com o coletivo adequado a cada caso:

a) No ... daquele rio existem duas ilhas habitadas.
b) Dois ótimos craques de bola fazem parte do ... desse clube de futebol.
c) Naquele ... havia muitas fotos antigas da cidade.
d) A ... ficou reduzida somente a três camelos.
e) Os turistas se encantaram com a ... de macacos do zoológico.
f) O possante trator arrancou em meia hora um ... de árvores enfileiradas.
g) Gostava tanto de provérbios, que acabou formando uma ...
h) A cidade vizinha encheu um ônibus de maltrapilhos e enviou a ... para cá.
i) Que se diga a verdade: o Congresso é composto por um ... de interesseiros, de gente que só pensa em si.
j) Até quando nós, brasileiros, teremos de suportar esse ... de infelicidades?

4. Só acentue as palavras quando absolutamente necessário:

a) duplex b) triplex c) paxa d) xale e) chale f) aligator g) aligatores h) requiem i) textil j) interim

5. Reescreva estas frases, usando o pronome cujo (ou variações: cuja, cujos, cujas), fazendo todas as alterações necessárias:

a) O professor à casa do qual fomos é muito jovem.
b) O professor na casa do qual estivemos é aposentado.
c) O professor do qual conheci os alunos é competente.
d) Há plantas silvestres das sementes das quais os pássaros se alimentam.
e) São muitos os animais da carne dos quais o homem se alimenta.
f) Não devemos menosprezar o homem dos serviços do qual necessitamos.
g) São pouquíssimos os homens na companhia dos quais nos sentimos bem.
h) Jeni é a pessoa nas mãos da qual depositamos todas as nossas esperanças.
i) Manuel é a pessoa na competência da qual duvidamos.
j) Selma é uma pessoa pelas atitudes da qual nos responsabilizamos.

6. Reescreva estas frases, passando tudo o que for possível para o singular:

a) As empresas concederam férias coletivas a seus quadros de funcionários.
b) As crianças que esqueceram os óculos ficaram com muitas dores de cabeça.
c) Os homens tomaram dois chopes, as mulheres comeram três pastéis, as crianças chuparam quatro dropes de hortelã, mascaram cinco chicletes, e as secretárias acabaram ganhando dois clipes.
d) Eram vitrais, e não para-brisas estilhaçados.
e) Os obuses atingiram o guarda-costas nas costas.
f) Nossas férias foram curtas, mas estavam ótimas!
g) Quem vai resolver esses quebra-cabeças da nossa economia?
h) Esses casais comemoraram suas bodas de prata na Europa.
i) Apresentamos nossos pêsames às famílias enlutadas.
j) Como dormimos mal, levantamo-nos com olheiras.

7. Complete convenientemente estas frases:

a) Quando o rapaz se viu ... o pai da moça, começou ... tremer, ... sentir calafrios.
b) Obedeça sempre ... sinais de trânsito, obedeça sempre ... sinalização!
c) O pai não perdoou ... filho até hoje, e este nunca mais perdoou ... mãe.
d) Quem esperou que o pai ... perdoasse, enganou-se; quanto ... mãe, o filho disse que nunca ... perdoaria.
e) ..., Quéfren e Mique.... foram os três maiores faraós.

EXERCÍCIOS PARA não errar mais

8. Reescreva estas frases, usando no plural o que está em destaque:

a) **Momento** havia que **eu** já me levantava da cama apavorado.
b) **Dia** há por aqui em que falta muita **coisa**: água, luz, boa vontade, tudo.
c) Veja a alegria dessa gente: trata-se de **turista** estrangeiro.
d) Falta um **minuto** para bater o sinal de saída.
e) Faz uma **semana** que isso aconteceu; já se sabe que não foi nenhum **coitadinho** o autor da brincadeira.

9. Complete as frases com as formas adequadas do verbo haver:

a) ... muitas reclamações ontem durante o desfile.
b) ... muitos animais na pista, por isso é que aconteciam tantos acidentes.
c) No século passado ... duas guerras mundiais. Quantas ... neste século?
d) Não ... reuniões na empresa a que eu não comparecia.
e) Não ... reuniões na empresa a que não compareci.

10. Reescreva estas frases, colocando no plural o que está em destaque:

a) Quando o **aluno** se despediu dizendo "muito obrigado por tudo" ao velho professor, notou-se bastante **cochicho** na sala.
b) Você não é nenhum **joão-ninguém**, por isso não aceite nenhuma **desculpa** desse **cara de pau**!
c) No fundo, o senhor é **igualzinho** a seu **irmão**, a quem sempre critica.
d) O que significa aquele **farolzinho** aceso lá adiante?
e) Não cheguei a ver o **casalzinho** de namorados se beijando.

SOLUÇÕES

1. a) xadrez   b) pexote   c) penico   d) pinicar   e) idôneo   f) catálogo   g) diálogo   h) jus   i) rolimã   j) cochicho

2. a) alimento **protéico**
b) produção **cítrica**
c) amor **fraternal** (ou **fraterno**)
d) objeto **alheio**
e) águas **pluviais**
f) vida **monástica**
g) silêncio **tumular**
h) luzes **estelares**
i) poder **aquisitivo**
j) águas **fluviais**

3. a) No **arquipélago** daquele rio existem duas ilhas habitadas.
b) Dois ótimos craques de bola fazem parte do **plantel** desse clube de futebol. (Não há propriedade no uso de "elenco" neste caso, que é, todavia, o termo preferido da despreparada mídia esportiva brasileira. Em Portugal só se usa *plantel*.)
c) Naquele **álbum** havia muitas fotos antigas da cidade.
d) A **cáfila** ficou reduzida somente a três camelos.

e) Os turistas se encantaram com a **capela** de macacos do zoológico.
f) O possante trator arrancou em meia hora um **renque** de árvores enfileiradas.
g) Gostava tanto de provérbios, que acabou formando uma **paremiologia**.
h) A cidade vizinha encheu um ônibus de maltrapilhos e enviou a **farândola** para cá.
i) Que se diga a verdade: o Congresso é composto por um **corrilho** de interesseiros, de gente que só pensa em si.
j) Até quando nós, brasileiros, teremos de suportar esse **chorrilho** de infelicidades?

4. a) duplex b) triplex   **c) paxá**   d) xale   **e) chalé   f) aligátor**   g) aligatores*
h) réquiem   i) têxtil   j) ínterim
* Diz-se *aligatôres*.

5. a) O professor **a cuja casa fomos** é muito jovem.
b) O professor **em cuja casa estivemos** é aposentado.
c) O professor **cujos alunos conheci** é competente.
d) Há plantas silvestres **de cujas sementes** os pássaros se alimentam.
e) São muitos os animais **de cuja carne** o homem se alimenta.
f) Não devemos menosprezar o homem **de cujos serviços** necessitamos.
g) São pouquíssimos os homens **em cuja companhia** nos sentimos bem.
h) Jeni é a pessoa **em cujas mãos** depositamos todas as nossas esperanças.
i) Manuel é a pessoa **de cuja competência** duvidamos.
j) Selma é uma pessoa **por cujas atitudes** nos responsabilizamos.

6. a) A empresa concedeu férias coletivas a seu quadro de funcionários.
b) A criança que esqueceu os óculos ficou com muita dor de cabeça.
c) O homem tomou um chope, a mulher comeu um pastel, a criança chupou um drope de hortelã, mascou um chiclete, e a secretária acabou ganhando um clipe.
d) Era vitral, e não para-brisa estilhaçado.
e) O obus atingiu o guarda-costas nas costas.
f) Nossas férias foram curtas, mas estavam ótimas!
g) Quem vai resolver esse quebra-cabeça da sua (ou *tua* ou *minha*) economia?
h) Esse casal comemorou suas bodas de prata na Europa.
i) Apresentei meus pêsames à família enlutada.
j) Como dormi mal, levantei-me com olheiras.

7. a) Quando o rapaz se viu **ante** (ou **perante** ou **diante d**) o pai da moça, começou **a** tremer, **a** sentir calafrios. (O verbo *começar* não dispensa a preposição **a** antes de infinitivo, embora muitos usem "comecei gritar", "começamos correr", etc.)
b) Obedeça sempre **aos** sinais de trânsito, obedeça sempre **à** sinalização! (O verbo *obedecer* é sempre transitivo indireto.)
c) O pai não perdoou **ao** filho até hoje, e este nunca mais perdoou **à** mãe. (O verbo *perdoar* é sempre transitivo indireto para pessoa; para coisa é transitivo direto: *perdoar dívida, pecado*, etc.)
d) Quem esperou que o pai **lhe** perdoasse, enganou-se; quanto **à** mãe, o filho disse que nunca **lhe** perdoaria.
e) **Quéops**, Quéfren e Mique**r**inos foram os três maiores faraós.

8. a) Momentos havia que **nós** já **nos levantávamos** da cama apavorado**s**.
b) Dias há por aqui em que falta**m** muitas **coisas**: água, luz, boa vontade, tudo.

c) Veja a alegria dessa gente: trata-se de **turistas** estrangeiros. (Nunca o verbo vai ao plural neste caso, porque não há sujeito.)
d) Falta**m dois minutos** para bater o sinal de saída.
e) Faz uma**s semanas** que isso aconteceu; já se sabe que não **foram nenhuns coitadinhos** os autores da brincadeira.

9. a) **Houve** muitas reclamações ontem durante o desfile.
b) **Havia** muitos animais na pista, por isso é que aconteciam tantos acidentes.
c) No século passado **houve** duas guerras mundiais. Quantas **haverá** neste século?
d) Não **havia** reuniões na empresa a que eu não comparecia.
e) Não **houve** reuniões na empresa a que não compareci.

10. a) Quando **os alunos se despediram** dizendo "muito obrigado**s** por tudo" ao velho professor, **notaram**-se bastante**s cochichos** na sala.
b) Vocês não **são nenhuns joões**-ninguém, por isso não aceite**m** nenhuma**s desculpas** desses **caras** de pau!
c) No fundo, **os senhores são iguaizinhos** a seu**s irmãos**, a quem sempre critica**m**.
d) O que significa**m aqueles faroizinhos aceso**s lá adiante?
e) Não cheguei a ver **os casaizinhos** de namorados se beijando.

MÓDULO 6

1. Só corrija as palavras erradas:

a) chinesa   b) beleza   c) amizade   d) cozinha   e) despesa   f) raso
g) rasante   h) marquesa   i) poetiza   j) cafuso

2. Só acentue as palavras quando absolutamente necessário:

a) manda-las   b) mandalas   c) cafe   d) cafezal   e) cafezinho   f) bençao
g) bença   h) hifen   i) hifens   j) rubrica

3. Substitua o que está em destaque por uma única palavra de sentido equivalente:

a) pessoa **que não se vê**
b) homens **que cultivam trigo**
c) corpo **de alunos**
d) corpo **de professores**
e) dor **de calcanhar**
f) artistas **de circo**
g) objetos **de cobre**
h) cavalo **de asas**
i) inquietações **da alma**
j) paço **de bispo**

4. Complete as frases convenientemente:

a) ... você pensa que vai com essa maquiagem toda?
b) ... você pensa que está? Na casa da sogra?!
c) Você viu a que preço foi ... alface?
d) ... cólera é uma doença contagiosa.
e) ... dengue é uma doença perigosa.
f) Você comprou ... aguardente que lhe pedi?
g) A polícia foi chamada para acabar com ... bacanal.
h) Comprei ... champanha que você me sugeriu.
i) Quem está em franca recuperação de saúde está em ...
j) Se você nasceu em Madrid, você é ...

5. Reescreva somente as frases que não estiverem de acordo com a língua padrão, já procedendo à sua correção:

a) Os Estados Unidos vão participar dessa competição.
b) O Amazonas corre majestoso para o mar.
c) "Os Três Mosqueteiros" são de Alexandre Dumas.
d) O pessoal lá de casa não gostaram muito de você.
e) A turma lá do clube gostam de almoçar em casa.
f) A gente não queremos briga com ninguém.
g) Grande parte dos atores aparece nua nessa peça.
h) A maioria dos homens não ficou aborrecida com a cena.
i) Bom número de mulheres ficou envergonhado com a cena.
j) Metade dos atletas cubanos pediu asilo à embaixada mexicana.

6. Passe tudo o que for possível para o plural:

a) O sem-terra ficou satisfeito com o que recebeu.
b) Conheço um sem-teto, mas nenhum sem-vergonha nesse grupo.
c) O bate-papo acabou em quebra-quebra.
d) É uma mulher muito *sexy* essa que participa da novela.
e) Não se encontrou apenas uma empresa fantasma nem apenas um eleitor fantasma, durante a investigação.

7. Ponha no plural o que está em destaque, fazendo todas as alterações necessárias:

a) A **mim** tudo me pareceu **manobra** do governo.
b) Nunca **fui** desonesto; não será agora que irei sê-lo.
c) A chegada do meu pessoal fez animada a **festa**.
d) Lavou-se o **convés** por ordem de uma oficiala, a cuja **gravidez** ninguém estava autorizado a referir-se.
e) Acontece muito **acidente** nesta rodovia.

8. Complete convenientemente:

a) Os soldados visam ... defesa da Pátria.
b) Responda ... questionário e ... devolva urgentemente, que precisamos conhecer suas preferências!
c) Responda ... carta e ... devolva rapidamente, que precisamos conhecer o seu teor!
d) Naquele país ninguém pode assistir ... filmes pornô!
e) Quem assiste ... filmes pornô pode responder ... processo.

9. Ponha no plural:

a) olho castanho-claro
b) olho castanho-escuro
c) camisa azul-celeste
d) lenço azul-marinho
e) gravata vermelho-sangue
f) camisa verde-alface
g) toalha azul-turquesa
h) terno cinza
i) carro cinza-claro
j) carro cinza-escuro

10. Complete com um ou com uma, conforme convier:

a) Juçara é ... caixa eficiente; nunca deu troco a mais a ninguém.
b) Nunca tinha comido ... baguete assim tão mole!
c) Nunca ela comeu ... marmitex no trabalho.
d) O vendedor me ofereceu ... cal que ainda não conhecia.
e) Esse sujeito é ... mala, e sua mulher também é ... grande mala!

SOLUÇÕES

1. a) chinesa b) beleza c) amizade d) cozinha e) despesa f) raso g) rasante h) marquesa **i)** poeti**s**a **j)** cafu**z**o

2. a) mand**á**-las b) mandalas **c)** caf**é** d) cafezal e) cafezinho **f)** b**ê**nção g) bença **h)** h**í**fen i) hifens j) rubrica

3. a) pessoa **invisível**
b) homens **triticultores**
c) corpo **discente**
d) corpo **docente**
e) dor **talar**
f) artistas **circenses**
g) objetos **cúpricos**
h) cavalo **alado**
i) inquietações **anímicas**
j) paço **episcopal**

4. a) **Aonde** você pensa que vai com essa maquiagem toda? (**Aonde** se usa com verbos de movimento, diferentemente de **onde**.)
b) **Onde** você pensa que está? Na casa da sogra?! (V. a letra *a*.)
c) Você viu a que preço foi **a** alface?
d) **A** cólera é uma doença contagiosa.
e) **A** dengue é uma doença perigosa.
f) Você comprou **a** aguardente que lhe pedi?
g) A polícia foi chamada para acabar com **a** bacanal.
h) Comprei **o** champanha que você me sugeriu.
i) Quem está em franca recuperação de saúde está em **convalescença**.
j) Se você nasceu em Madrid, você é **madrileno**. (Segundo a 6.ª ed. do VOLP, também *madrilenho*.)

5. a) Os Estados Unidos vão participar dessa competição.
b) O Amazonas corre majestoso para o mar.
c) "Os Três Mosqueteiros" são de Alexandre Dumas.
d) O pessoal lá de casa não **gostou** muito de você.
e) A turma lá do clube **gosta** de almoçar em casa.
f) A gente não **quer** briga com ninguém.
g) Grande parte dos atores aparece nua nessa peça.
h) A maioria dos homens não ficou aborrecida com a cena.
i) Bom número de mulheres ficou envergonhado com a cena.
j) Metade dos atletas cubanos pediu asilo à embaixada mexicana.

6. a) O**s** sem-terra**s** fic**aram** satisfeito**s** com o que recebe**ram**. (Há quem aceite a não variação de *sem-terra*.)
b) Conheço **uns** sem-teto**s**, mas nenhu**ns** sem-vergonha**s** nesse grupo. (Há quem aceite a não variação tanto de *sem-teto* quanto de *sem-vergonha*.)
c) O**s** bate-papo**s** acab**aram** em quebra-quebra**s** (ou quebra**s**-quebra**s**).
d) **São** uma**s** mulher**es** muito *sexy* essa**s** que participa**m** da novela.
e) Não se encont**raram** apenas **duas** empresa**s** fantasma nem apenas **dois** eleitor**es** fantasma, durante a investigação.

7. a) A **nós** tudo **nos** parece**ram manobras** do governo.
b) Nunca **fomos** desonestos; não será agora que ire**mos** sê-lo.
c) A chegada do meu pessoal fez animada**s** a**s festas**.
d) Lav**aram**-se o**s conveses** por ordem de uma oficiala, a cuja**s gravidezes** ninguém estava autorizado a referir-se.
e) Acontece**m** muito**s acidentes** nesta rodovia.

8. a) Os soldados visam **à** defesa da Pátria. (**Visar** = *ter em vista, pretender,* é transitivo indireto.)
b) Responda **ao** questionário e **no-lo** devolva urgentemente, que precisamos conhecer suas preferências! (**Responder** é transitivo indireto neste caso e **nos** + **o** = no-lo.)
c) Responda **à** carta e **no-la** devolva rapidamente, que precisamos conhecer o seu teor! (V. a letra **b**.)

d) Naquele país ninguém pode assistir **a** filmes pornô! (**Assistir** = ver é v. transitivo indireto.)
e) Quem assiste **a** filmes pornô pode responder **a** processo. (V. as letras *b* e *d*.)

9. a) olhos castanho-claros
b) olhos castanho-escuros
c) camisa azul-celeste
d) lenços azul-marinho
e) gravatas vermelho-sangue
f) camisa verde-alface
g) toalhas azul-turquesa
h) ternos cinza
i) carros cinza-claro
j) carros cinza-escuro

10. a) Juçara é **um** caixa eficiente; nunca deu troco a mais a ninguém.
b) Nunca tinha comido **uma** baguete assim tão mole!
c) Nunca ela comeu **uma** marmitex no trabalho.
d) O vendedor me ofereceu **uma** cal que ainda não conhecia.
e) Esse sujeito é **um** mala, e sua mulher também é **um** grande mala!

MÓDULO 7

1. Só corrija as palavras erradas:

a) entretimento   b) ignomia   c) competividade   d) carramanchão
e) expontâneo   f) explêndido   g) laje   h) gorjeta   i) clarinete   j) cafajeste

2. Só acentue as palavras, quando absolutamente necessário:

a) flor   b) flores   c) cor   d) cores   e) fuzis   f) projetil   g) reptil
h) projeteis   i) repteis   j) condor

3. Algumas destas frases não estão de acordo com a língua padrão. "Corrija-as":

a) As pessoas que partiam acenavam o lenço; as que ficavam acenavam as mãos.
b) O jogo não agradou os torcedores de nenhuma equipe.
c) O ministro atendeu todos os nossos pedidos.
d) Os empresários atenderam as reivindicações dos trabalhadores.
e) Atendi primeiro o telefone da sala para só depois atender a campainha.
f) Respondam o maior número de questões possíveis!
g) Torne os turistas o mais confortáveis possível!
h) Eles já depuseram à Polícia Federal.
i) Graças a Deus já estamos livres do Covid-19.
j) Brasileiro gosta muito de festas de Ano Novo e de Carnaval.

4. Complete as frases com este, esse ou aquele (ou suas variações), conforme convier:

a) ... camisa que você está usando é sua?
b) ... camisa que estou usando é minha.
c) De quem é ... camisa pendurada no varal?
d) Falemos do Uruguai. Você sabe quantos vivem n... país?
e) Falemos do Brasil. Você sabe quantos vivem n... país?
f) Na presidência do Brasil, ele vivia dizendo que era o homem mais honesto d... país.
g) Na presidência da Bolívia, ele vivia dizendo que era o homem mais honesto d... país.
h) Cristina, ... meu coração não suporta abandonos.
i) Cristina, ... teu coração me traiu.
j) Susana, ... seus olhos verdes são os mais lindos que vi n... vida!

5. Reescreva as frases, usando os verbos no plural e no início de cada uma delas:

a) A aula começou. A bagunça, porém, não teve fim.
b) A confusão acabou-se. Esperança sempre houve.
c) Emoção sobrou na festa. Uma criança, porém, chorou.
d) Muita coisa aconteceu de lá para cá.
e) Um milhão de crianças foi vacinado.

6. Algumas destas frases não estão de acordo com a língua padrão. "Corrija-as":

a) Aqui não se colhe flores nem se fabrica dinheiro.
b) Ali não se proíbe manifestações de protesto.
c) Sou um dos que aplaudiu o presidente.
d) Sou uma das pessoas que aplaudiu o presidente.
e) Sou uma pessoa que sempre aplaudo o que é bom.
f) Sou um dos brasileiros que mais trabalha.
g) Nunca fui um homem que critiquei quem quer que seje.
h) Deu agora mesmo seis horas. Vamos embora!
i) Acabou de dar agora mesmo seis horas. Vamos!
j) Basta duas pessoas para arrombar essa porta.

7. Passe tudo para o singular:

a) Comprem-nos duas caixas de fósforos!
b) Dando o exemplo, jogamos os maços de cigarros fora.
c) Por que tantos ciúmes, meu bem?
d) Compramos picles. Vocês gostam de picles?
e) Pedimos dois chopes, e eles nos trouxeram dois clipes!

8. Passe tudo para o plural:

a) Informei-lhe o ocorrido.
b) Venho aqui agora para cumprimentá-lo.
c) Conheci bastante moça na festa.
d) Indispus-me com ela.
e) Ultrapassei-o na curva.
f) Dispus-me a carregá-la.
g) Enviei-lhe a nota fiscal.
h) Paguei o IPVA e o IPTU.
i) Meu pai comprou um SUV importado.
j) Como cidadão brasileiro, meu amanhã será promissor.

9. Complete as frases com a forma correta do verbo ser:

a) Manuel, olhe para o relógio e veja se já ... seis horas!
b) Naquele momento ainda ... cinco e meia.
c) Nossa, já ... meia-noite?!
d) Agora ... exatamente uma hora e dez minutos.
e) Nossa, já ... quase meio-dia!

10. Pronuncie corretamente as palavras em destaque:

a) Todos aqui **pugnam** pelos seus direitos. Por que você não **pugna** pelos seus?
b) **Resigno**-me em Deus sempre que alguma contrariedade me advém.
c) O que mais me **indigna** é a impunidade, a corrupção e a morosidade da justiça. Isso também não o **indigna**?
d) Muita gente acha complicada a **sintaxe** portuguesa.
e) Existem algumas espécies de plantas **subaquáticas**.
f) Não **subestime** seus adversários, **sublinhando** apenas seus defeitos!
g) Os balões só conseguem chegar a regiões **subaéreas**.
h) Havia no documento um **subitem** de que não me consigo lembrar.
i) **Afrouxem** os cintos, pediu o comissário de bordo.
j) As bombas **estouram** perto de mim.

SOLUÇÕES

1. a) entretimento*   b) ignom**í**nia   c) competi**ti**vidade   d) ca**r**amanchão
e) e**s**pontâneo   f) e**s**plêndido   g) laje   h) gorjeta   i) clarinete**   j) cafajeste
*_Entretimento_ e _entretenimento_ são formas variantes, portanto corretas ambas as duas.
 **_Clarinete_ e _clarineta_ são formas variantes, mas a primeira é masculina.

2. a) flor b) flores c) cor d) cores e) fuzis f) projetil* g) reptil* **h)** proj**é**teis **i)** r**é**pteis j) condor
*Estas formas oxítonas fazem no plural *projetis* e *reptis*, respectivamente. Existem ainda as formas paroxítonas *projétil* e *réptil*.

3. a) As pessoas que partiam acenavam **com** o lenço; as que ficavam acenavam **com** as mãos. (Quem acena, acena sempre **com** alguma coisa.)
b) O jogo não agradou **a**os torcedores de nenhuma equipe. (Quando o sujeito é coisa, o verbo *agradar* é transitivo indireto.)
c) O ministro atendeu **a** todos os nossos pedidos. (Quando o objeto é coisa, o verbo *atender* é sempre transitivo indireto.)
d) Os empresários atenderam **às** reivindicações dos trabalhadores.
e) Atendi primeiro **a**o telefone da sala para só depois atender **à** campainha.
f) Respondam **a**o maior número de questões possíveis! (O verbo *responder* é sempre transitivo indireto neste caso.)
g) Torne os turistas o mais confortáveis possível! (Frase correta: *o mais possível* é invariável.)
h) Eles já depuseram **na** Polícia Federal. (Quem depõe, depõe **em** algum lugar.)
i) Graças a Deus já estamos livres d**a c**ovid-19. (Trata-se de uma doença, portanto, gênero feminino e inicial minúscula.)
j) Brasileiro gosta muito de festas de **ano-novo** e de **c**arnaval. (Não há nenhuma necessidade de iniciais maiúsculas nesses casos, e o hífen, no primeiro caso, é obrigatório.)

4. a) **Essa** camisa que você está usando é sua?
b) **Esta** camisa que estou usando é minha.
c) De quem é **aquela** camisa pendurada no varal?
d) Falemos do Uruguai. Você sabe quantos vivem n**esse** país?
e) Falemos do Brasil. Você sabe quantos vivem n**este** país?
f) Na presidência do Brasil, ele vivia dizendo que era o homem mais honesto d**este** país.
g) Na presidência da Bolívia, ele vivia dizendo que era o homem mais honesto d**esse** país.
h) Cristina, **este** meu coração não suporta abandonos.
i) Cristina, **esse** teu coração me traiu.
j) Susana, **esses** teus olhos verdes são os mais lindos que vi n**esta** vida!

5. a) Começaram as aulas. Não tiveram fim, porém, as bagunças.
b) Acabaram-se as confusões. Sempre houve esperanças.
c) Sobraram emoções na festa. Choraram, porém, duas crianças.
d) Aconteceram muitas coisas de lá para cá.
e) Foram vacinados dois milhões de crianças.

6. a) Aqui não se colhe**m** flores nem se fabrica dinheiro. (Passiva sintética, *flores* é sujeito, portanto, verbo no plural.)
b) Ali não se proíbe**m** manifestações de protesto. (Também passiva sintética, em que *manifestações* é o sujeito do verbo *proibir*.)
c) Sou um dos que aplaudi**ram** o presidente. (A expressão *um dos que* leva o verbo obrigatoriamente ao plural.)
d) Sou uma das pessoas que aplaudiu o presidente. (Se apenas eu aplaudi o presidente, o verbo no singular está correto; se além de mim, mais gente aplaudiu o presidente, o verbo tem de ir ao plural.)
e) Sou uma pessoa que sempre aplaud**e** o que é bom. (A expressão *uma pessoa que* exige o verbo na terceira pessoa do singular.)

EXERCÍCIOS PARA *não errar mais* 35

f) Sou um dos brasileiros que mais trabalha**m**. (Se o único brasileiro que mais trabalha sou eu, a frase está perfeita; como não sou, o verbo tem de ir ao plural.)
g) Nunca fui um homem que criti**cou** quem quer que se**ja**. (A expressão *um homem que* exige o verbo na terceira pessoa do singular; a forma "seje" não existe.)
h) De**ram** agora mesmo seis horas. Vamos embora! (O sujeito do verbo *dar* é *seis horas*; portanto, verbo no plural.)
i) Acab**aram** de dar agora mesmo seis horas. Vamos! (Mesmo caso anterior.)
j) Basta**m** duas pessoas para arrombar essa porta. (Se *duas pessoas* é o sujeito, o verbo só pode estar no plural.)

7. a) Compr**e-me uma caixa** de fósforos!
b) Dando o exemplo, jog**uei o maço** de cigarros fora.
c) Por que **tanto ciúme**, meu bem?
d) Compr**ei** picles. **Você gosta** de picles?
e) **Pedi um chope**, e **ele me trouxe um clipe**!

8. a) **Informamos-lhes os ocorridos**.
b) **Vimos** aqui agora para cumprimentá-lo.
c) **Conhecemos bastantes moças** na festa.
d) **Indispusemo-nos** com **elas**.
e) **Ultrapassamo-los** nas curvas.
f) **Dispusemo-nos** a carregá-la**s**.
g) **Enviamos-lhes as notas fiscais**.
h) **Pagamos os** IPVA**s** e os IPTU**s**. (Sem apóstrofo após as abreviaturas.)
i) Meu**s** pai**s** compr**aram dois** SUV**s** importado**s**.
j) Como cidadão**s** brasileiro**s**, **nossos** amanhã**s** ser**ão** promissor**es**.

9. a) Manuel, olhe para o relógio e veja se já **são** seis horas!
b) Naquele momento ainda **eram** cinco e meia.
c) Nossa, já **é** meia-noite?!
d) Agora **é** exatamente uma hora e dez minutos.
e) Nossa, já **é** quase meio-dia!

10. a) Todos aqui **púgnam** pelos seus direitos. Por que você não **púgna** pelos seus? (E não: "puguinam", "puguina".)
b) **Resígno**-me em Deus sempre que alguma contrariedade me advém. (E não: "resiguino".)
c) O que mais me **indígna** é a impunidade, a corrupção e a morosidade da justiça. Isso também não o **indígna**? (E não "indiguina".)
d) Muita gente acha complicada a **sintasse** portuguesa. (Há dicionário que aceita a pronúncia "sintakse".)
e) Existem algumas espécies de plantas **subaquáticas**. (E não: "sub-aquáticas".)
f) Não **subestime** seus adversários, **sublinhando** apenas seus defeitos! (E não: "sub-estime", "sub-linhando".)
g) Os balões só conseguem chegar a regiões **subaéreas**. (E não: "sub-aéreas".)
h) Havia no documento um **subitem** de que não me consigo lembrar. (E não: sub-item".)
i) **Afrôuxem** os cintos, pediu o comissário de bordo. (E não: "afróxem".)
j) As bombas **estôuram** perto de mim. (E não: "estóram".)

MÓDULO 8

1. Só corrija as palavras erradas:

a) vagalume   b) piquenique   c) zigue-zague   d) mimimi   e) tititi
f) conecção   g) zum-zum-zum   h) bem-feito   i) anti-cárie   j) super-meia

2. Só acentue as palavras, quando absolutamente necessário:

a) alguem   b) nivel   c) comodo   d) liquen   e) liquens   f) neutron
g) neutrons   h) curimbata   i) recorde   j) imã

3. Algumas destas frases não estão de acordo com a língua padrão. "Corrija-as":

a) Sou um homem que acredito em Deus.
b) Nunca fui uma pessoa que acusei ninguém.
c) Quando bater seis horas, podem sair!
d) Sobrou apenas duas moedinhas no meu bolso.
e) Mais de uma pessoa morreu; menos de duas ficaram feridas.
f) Um milhão de pessoas saiu da Ucrânia durante a guerra.
g) Conhecido o resultado da votação, choveu vaias.
h) Nesta época do ano os Andes ficam cobertos de neve.
i) Todos os Estados Unidos estão alerta contra a Rússia.
j) Nenhum dos atacantes conseguiram fazer gol.

4. Ponha no plural:

a) sapato creme
b) camisa abóbora
c) carro esporte
d) morena jambo
e) menina prodígio
f) operário padrão
g) conta fantasma
h) gol relâmpago
i) navio pirata
j) plano piloto

5. Nos espaços, use a forma adequada do verbo intervir:

a) A polícia não tinha ... na briga até aquele momento.
b) Eu ... na briga porque senti que devia.
c) Eles não ... quando foi necessário.
d) Se vocês não ... em meus negócios, apoiá-los-ei.
e) Se vocês não ... em meus negócios, não teria falido.
f) Eles ... sempre que podiam.
g) Eles haviam ... em todos os meus negócios.
h) Eles queriam ... em todos os meus negócios.

i) Quem ... no mercado poderá arrepender-se.
j) Espero que a polícia ... logo nessa confusão.

6. Use o verbo em destaque na sua forma adequada:

a) Se eu **ver** seu pai, darei o recado.
b) Se eu **vir** aqui amanhã, trarei os documentos.
c) Quando vocês **ver** minha namorada, ficarão boquiabertos.
d) Quando vocês **vir** aqui outra vez, tragam mantimentos!
e) Se **vir** com desculpas descabidas, deixe-os falando sozinhos!
f) Enquanto não a **ver** feliz novamente, não descansaremos.
g) Aquele que **rever** seus planos para o ano que vem estará sendo precavido.
h) Ontem o rapaz se **avir** com a namorada, mas hoje já se **desavir** novamente.
i) Alcibíades **intervir** na discussão só porque eu **intervir**.
j) Quem **prever** dificuldades para o próximo ano estará sendo precipitado.

7. Use no lugar adequado o(s) pronome(s) oblíquo(s) faltante(s):

a) Se eu quisesse falar de tudo, faltaria tempo.
b) Aqui está o hino de cujo autor falei.
c) Meu time classificou para a final do campeonato.
d) O jogador machucou no primeiro minuto de jogo.
e) Juçara haverá de arrepender do que fez.
f) Eu aposentei muito cedo, mas não satisfiz com o que recebo.
g) Faltaria tempo se eu quisesse falar de tudo.
h) Tenho visto amiúde, mas tenho ordens de não aborrecer.
i) Gostei do seu livro e tenho indicado a todos os meus alunos.
j) Um dos cavalheiros afastou assim que aproximei.

8. Nos espaços use o verbo haver no pretérito imperfeito do indicativo:

a) Nós não ... pensado nisso antes.
b) Aos sábados não ... aulas na escola.
c) Sempre ... muitos fregueses nessa loja.
d) Naquela manhã não ... trens para Mojimirim.
e) Quando não ... jogos, o público ia ao cinema.
f) Todos ... visto o óvni, mas ninguém o confessava.
g) As crianças ... aberto o cofre sem esforço.
h) Os rapazes ... escrito duas cartas para as namoradas.
i) Onde ... doces lá estávamos Selma e eu.
j) Se ... interessados na casa, eu não sabia.

9. À medida que lê as frases, vá usando no plural ou não as palavras em destaque, conforme convier:

a) Os **Marinho** foram recepcionados pelos **Alencar**.
b) A festa dos **Cardoso** estava ótima, mas a dos **Rangel** não.
c) Faça dois **quatro** aí, que eu quero ver!
d) Você sabe fazer a prova dos **nove**?
e) Conheci os **Kennedy** e os **Disney**.
f) Em 333 existem três **três**, mas em 1111 há quatro **um**.
g) Ele faz **oito** como se fossem **nove**.
h) Foram fantásticos os anos **sessenta**!
i) O real foi introduzido no Brasil nos anos **noventa**.
j) Não há **qualquer** chances de ganhar dinheiro nesse bingo.

10. Substitua o verbo em destaque na frase pelo fornecido no final, fazendo todas as alterações necessárias:

a) Não me cabe descrever as emoções de um Corintians e Palmeiras: todos os torcedores um dia já **viram** um jogo desses. ASSISTIR.
b) **Desejávamos** somente um desconto de 10%. VISAR
c) Luísa nunca **desejou** tão alto cargo. ASPIRAR
d) O Palmeiras **deseja** o título desse torneio. VISAR
e) O Palmeiras **deseja** o título desse torneio. ASPIRAR
f) Os torcedores **veem** o jogo fazendo batucada. ASSISTIR
g) Não **vi** o desfile, porque acabei dormindo. ASSISTIR
h) **Respeitem** seus pais, nunca os **desrespeitem**! OBEDECER – DESOBEDECER
i) **Remunero** os funcionários de acordo com sua capacidade. PAGAR
j) Eu sempre **estimei** meus amigos, sempre os **estimei** e sempre os **estimarei**. QUERER

SOLUÇÕES

1. a) vaga-lume **b)** piquenique **c)** zigue-zague **d)** mi-mi-mi **e)** ti-ti-ti **f)** cone**x**ão **g)** zum-zum-zum **h)** be**n**feito (ou bem-feito) **i)** antic**á**rie **j)** super**m**eia

2. a) algu**é**m **b)** n**í**vel **c)** c**ô**modo **d)** l**í**quen **e)** liquens **f)** n**ê**utron **g)** n**ê**utrons **h)** curimbat**á** **i)** recorde **j)** í**m**ã

3. a) Sou um homem que **acredita** em Deus. (A expressão **um...que** deixa o verbo na 3.ª pessoa do singular.)
b) Nunca fui uma pessoa que **acusou** ninguém. (Idem.)
c) Quando **baterem** seis horas, podem sair! (O verbo **bater** concorda sempre com o número de horas, quando não há sujeito no singular.)

EXERCÍCIOS PARA *não errar mais*

d) **Sobraram** apenas duas moedinhas no meu bolso. (O verbo **sobrar** concorda sempre com o sujeito, que geralmente aparece posposto.)
e) Mais de uma pessoa morreu; menos de duas ficaram feridas. (*Mais de um* ou *mais de uma* exige o verbo no singular; *menos de dois* ou *menos de duas*, no plural.)
f) Um milhão de pessoas saiu da Ucrânia durante a guerra. (Frase correta: *um milhão* exige o verbo no singular, independentemente do número em que esteja o seu complemento.)
g) Conhecido o resultado da votação, **choveram** vaias. (O verbo **chover**, usado em sentido figurado, deve sempre concordar com o sujeito, que geralmente aparece posposto.)
h) Nesta época do ano os Andes ficam cobertos de neve. (Frase correta: a expressão *os Andes* exige verbos e determinantes no plural.)
i) Todos os Estados Unidos estão alerta contra a Rússia. (Frase correta: a expressão *os Estados Unidos* exige verbos e determinantes no plural; **alerta** não varia porque é advérbio.)
j) Nenhum dos atacantes **conseguiu** fazer gol. (**Nenhum** no sujeito exige o verbo no singular.)

4. a) sapatos creme
b) camisas abóbora
c) carros esporte
d) morenas jambo
e) meninas prodígio
f) operários padrão
g) contas fantasma
h) gols relâmpago
i) navios pirata
j) planos piloto
(Não varia nenhum dos substantivos que fazem as vezes de adjetivo.)

5. a) A polícia não tinha **intervindo** na briga até aquele momento.
b) Eu **intervim** na briga porque senti que devia.
c) Eles não **intervieram** quando foi necessário.
d) Se vocês não **intervierem** em meus negócios, apoiá-los-ei.
e) Se vocês não **interviessem** em meus negócios, não teria falido.
f) Eles **intervinham** sempre que podiam.
g) Eles haviam **intervindo** em todos os meus negócios.
h) Eles queriam **intervir** em todos os meus negócios.
i) Quem **intervier** no mercado poderá arrepender-se.
j) Espero que a polícia **intervenha** logo nessa confusão.
(O verbo **intervir** se conjuga por **vir**.)

6. a) Se eu **vir** seu pai, darei o recado.
b) Se eu **vier** aqui amanhã, trarei os documentos.
c) Quando vocês **virem** minha namorada, ficarão boquiabertos.
d) Quando vocês **vierem** aqui outra vez, tragam mantimentos!
e) Se **vierem** com desculpas descabidas, deixe-os falando sozinhos!
f) Enquanto não a **virmos** feliz novamente, não descansaremos.
g) Aquele que **revir** seus planos para o ano que vem estará sendo precavido.
h) Ontem o rapaz se **aveio** com a namorada, mas hoje já se **desavieram** novamente.
i) Alcibíades **interveio** na discussão só porque eu **intervim**.
j) Quem **previr** dificuldades para o próximo ano estará sendo precipitado.

7. a) Se eu quisesse falar de tudo, **faltar-me-ia** tempo. (Também é possível **me faltaria**.)
b) Aqui está o hino de cujo autor **lhe** falei.
c) Meu time **se** classificou para a final do campeonato. (Ou classificou-**se**.)
d) O jogador **se** machucou no primeiro minuto de jogo. (Ou machucou-**se**.)
e) Juçara haverá de **se** arrepender do que fez. (Ou arrepender-**se**.)
f) Eu **me** aposentei muito cedo, mas não **me** satisfiz com o que recebo. (O pronome reto exige próclise.)
g) **Faltar-me-ia** tempo se eu quisesse falar de tudo.
h) Tenho-**o** visto amiúde, mas tenho ordens de não aborrecê-**lo**. (**Ter + particípio** exige ênclise ao verbo auxiliar; infinitivos sempre aceitam ênclise, mas também seria possível *não o aborrecer*, em virtude da negativa.)
i) Gostei do seu livro e tenho-**o** indicado a todos os meus alunos. (V. caso anterior.)
j) Um dos cavalheiros **se** afastou assim que **me** aproximei. (Também é possível *afastou-se*.)

8. a) Nós não **havíamos** pensado nisso antes.
b) Aos sábados não **há** (ou **havia**) aulas na escola.
c) Sempre **há** (ou **havia** ou **houve**) muitos fregueses nessa loja.
d) Naquela manhã não **havia** (ou **houve**) trens para Mojimirim.
e) Quando não **havia** jogos, o público ia ao cinema.
f) Todos **haviam** visto o óvni, mas ninguém o confessava.
g) As crianças **haviam** aberto o cofre sem esforço.
h) Os rapazes **haviam** escrito duas cartas para as namoradas.
i) Onde **havia** doces lá estávamos Selma e eu.
j) Se **havia** interessados na casa, eu não sabia.

9. a) Os **Marinhos** foram recepcionados pelos **Alencar**.
b) A festa dos **Cardosos** estava ótima, mas a dos **Rangéis** não.
c) Faça dois **quatros** aí, que eu quero ver!
d) Você sabe fazer a prova dos **noves**?
e) Conheci os **Kennedys** e os **Disneys**.
f) Em 333 existem três **três**, mas em 1111 há quatro **uns**.
g) Ele faz **oitos** como se fossem **noves**.
h) Foram fantásticos os anos **sessentas**! (Há quem aceite a não variação neste caso.)
i) O real foi introduzido no Brasil nos anos **noventas**. (Mesmo caso anterior.)
j) Não há **quaisquer** chances de ganhar dinheiro nesse bingo.

10. Não me cabe descrever as emoções de um Corintians e Palmeiras: todos os torcedores um dia já **assistiram a** um jogo desses. ASSISTIR.
b) **Visávamos** somente um desconto de 10%. VISAR
c) Luísa nunca **aspirou a** tão alto cargo. ASPIRAR
d) O Palmeiras **visa a**o título desse torneio. VISAR
e) O Palmeiras **aspira a**o título desse torneio. ASPIRAR
f) Os torcedores **assistem a**o jogo fazendo batucada. ASSISTIR
g) Não **assisti a**o desfile, porque acabei dormindo. ASSISTIR
h) **Obedeçam a** seus pais, nunca lhes **desobedeçam**! OBEDECER – DESOBEDECER
i) **Pago a**os funcionários de acordo com sua capacidade. PAGAR
j) Eu sempre **quis a** meus amigos, sempre lhes **quis** e sempre lhes **quererei**. QUERER

MÓDULO 9

1. Acentue ou não:

a) omega b) sotão c) isopor d) epistola e) ravioli f) biquini g) piloti
h) Paiçandu i) mocoto j) cainho

2. Leia com atenção este trecho de um comentarista esportivo, ao tratar do treinador português Abel Ferreira! São dois os inconvenientes linguísticos nele existentes. Encontre-os!:
"É um técnico competente, um cara sério, ele é um cara jovem, continuo achando que ele deveria beber de outras fontes. No dia em que ele conseguir fazer o time dele, seja o Palmeiras ou algum outro que ele venha treinar, jogar dentro do adversário, tendo a bola, criando, abrindo espaço, furando o bloqueio defensivo e metendo gol nos caras, eu acho que ele vai ser um técnico muito melhor".

3. Traduz assim um jornalista brasileiro trecho de uma escritora de Nova Iorque, que trata do edifício residencial mais alto do mundo: "Janelas do chão ao teto envolvem todo o apartamento, garantindo uma vista incrível da cidade, seja tomando um chá na biblioteca ou lendo um livro na sala de estar". **Existe aí o mesmo erro cometido pelo comentarista esportivo. Você, naturalmente, já o encontrou...**

4. Este trecho, agora, é de uma promotora pública, ao tratar do processo que envolve o ator Marcius Melhem e a Rede Globo de Televisão: "Seja uma televisão ou uma empresa de cosmético, quando há uma violência contra a mulher, ela tem a obrigação e a responsabilidade de combater [o ato ou crime] e acolher essas vítimas, tomando as providências cabíveis". **O erro linguístico, como se vê, muito comum na mídia, é o mesmo que se viu no trecho anterior, e você, naturalmente, já o encontrou...**

5. Um jornalista brasileiro lança este título para a sua notícia, com um erro comum de regência verbal, que você encontrará facilmente: "Namorada de José de Abreu comenta sobre recuperação da covid-19". **E na primeira linha do texto, dois erros, um de regência, outro de concordância, facilmente detectáveis por você:** "Namorada do ator José de Abreu usou seu perfil no Instagram para responder alguns seguidores. O casal vive em Portugal atualmente e testaram positivo para covid-19".

6. De um jornalista esportivo: "Rafael Navarro foi contratado pelo Palmeiras como a esperança de resolver uma das principais carências do elenco: um centroavante goleador e com boa presença de área. A expectativa, porém, logo se tornou em frustração após as partidas sem brilho do atacante com a camisa alviverde". **São dois os inconvenientes desse trecho. Encontre-os!**

7. Do mesmo jornalista, na mesma matéria:
"Os jornalistas Isabela Valiero e Danilo Lavieri discutiram sobre a situação de Rafael Navarro". **Encontre o inconveniente desse pequeno trecho!**

8. Repare nestoutro trecho de um jornalista esportivo:
"Paulo Sousa não tem agradado à torcida nesse seu início de trabalho no Flamengo". **Logo abaixo se lê:** "Paulo Sousa não estava no clube no final de 2021, quando o Flamengo foi vice da Libertadores e do Brasileiro. Naquelas situações, em que pese a falta de títulos, o time sabia o que fazer e era um pouco mais organizado taticamente". **Corrija o que não está de acordo com a norma padrão!**

9. No trecho que segue, colhido no *site* MD.Saúde, existem graves problemas de português. Encontre-os!
"No mundo inteiro acontecem cerca de um milhão de casos de tétano por ano. O *Clostridium tetani* é uma bactéria extremamente resistente, podendo hibernar e sobreviver em forma de esporos por anos ao ar livre, independente da temperatura e da umidade. O período de incubação, ou seja, o intervalo de tempo entre a contaminação e os primeiros sintomas, varia entre 2 dias a vários meses."

10. Neste trecho de jornal ocorre um erro recorrente da mídia brasileira. Encontre-o: Wine acredita que a compra de títulos voltados para o agro seja mais vantajosa. O prazo de duração varia entre três meses a quatro anos.

11. Manchete do portal IG, com erro de português: EUA barra importação de petróleo russo. **Encontre-o!**

12. Um jornalista, editor-geral de esportes do Estadão, comete erro, ao escrever:
Em quase três meses no cargo, Leila Pereira garante que não vai se dobrar ao "sistema". Mas qual sistema ela está se referindo? **E sua entrevistada comete o mesmo erro, ao declarar:** "É esse gasto sem necessidade que estou me referindo". **Encontre-os!**

13. No site Lance!, encontramos esta frase: Aos 57 anos, Leila Pereira desde de 2015 é a principal patrocinadora do Palmeiras. **O erro aí é tão primário, que você o encontrará com facilidade.**

14. Declara a presidente do Palmeiras:
Como o futebol é um meio muito masculino, as pessoas se sentem incomodadas por uma mulher que está se sobressaindo tanto. Eu sou uma mulher extremamente objetiva e obstinada. Eu sei exatamente o que eu quero e onde eu quero chegar. **Detecte os problemas!**

15. O cantor Ed Motta fez recentemente uma crítica ao finado Raul Seixas. Um jornalista, então, escreve:
O cantor disse que ficou decepcionado com ele mesmo, não com as suas opiniões, mas pela forma como falou de Raul. **Você, naturalmente, encontrará facilmente o erro primário cometido pelo jornalista.**

16. Palavras do próprio cantor: "Peço perdão pela forma agressiva e grosseira que falei do Raul Seixas".
Não é bem assim que preceituam as regras de nossa língua. Conserte o que está impróprio!

17. Num jornal: Nosso crítico de vinhos aponta 12 vinhos sul-americanos distintos que valem a pena procurar nas lojas. **Essa frase não está correta. Corrija-a!**

18. De um economista: "De um modo geral, as condições de crédito pioraram muito". **Não é bem assim...**

19. Escreve um jornalista: A economista Isabela Tavares lembra que, com a inflação ainda acelerada, a expectativa é de que a Selic continue subindo. **Também não é bem assim...**

20. Aí, a própria economista diz: "O cenário é de que a Selic vai continuar subindo até o primeiro semestre deste ano. Caso a inflação aumente ainda mais, o BC terá que ser mais agressivo com a Selic". **Ainda não é bem assim...**

21. Notícia de redação do portal Terra: A Ucrânia precisa de uma moral alta para combater seus vizinhos russos. **Será mesmo que a Ucrânia precisa disso?**

22. De um colunista do UOL: Pessoas que cozinham com mais frequência ao invés de saírem para comer fora têm, de modo geral, uma dieta mais saudável. **São dois os inconvenientes aí, um maior que o outro. Encontre-os!**

23. Do mesmo colunista: Ter a possibilidade de comer a cada dia em um local diferente não é para todo mundo. **O inconveniente aí é o que quase todo o mundo comete.**

24. Neste "belo" título do portal UOL um erro sobressai. Encontre-o: Invasão da Rússia à Ucrânia chega ao 19.º dia.

25. Frase de jornalista que não agrada a nenhum professor de português: Proposta do Botafogo por Patrick de Paula está na mesa e agrada o Palmeiras.

26. Frase de um narrador esportivo: "Aqui no Brasil você tem dois clubes, Flamengo e Atlético-MG, diferenciados, em que os dois centroavantes certamente são quem resolvem". **A impropriedade é patente.**

27. De um jornal: Dúvidas e momento de crise fream interesse europeu por Endrick. **É inacreditável ter jornalista que não conhece sequer ortografia de formas verbais.**

28. Manchete da Folha: Polícia Federal investiga suposto caixa 2 da Ecovias destinado à Alckmin. **Jornalista que faz isso não tem noção do que faz.**

29. No portal Terra se leu esta maravilha: Bastidores da Globo está pegando fogo. **Você, que não é jornalista, naturalmente, construiria de outro jeito.**

30. Manchete do portal IG: Negociador russo vê avanços, mas Putin volta acusar Kiev. **Manchete de um jornal do interior paulista:** Uso da máscara passa ser opcional. **Faltou algo essencial em ambas as frases.**

31. Manchete do Diário do Nordeste: Adolescente apreendido por morte de taxista revela que foi contratado por R$ 1 mil para matar. **Conserte a asneira do jornalista!**

32. Notícia do Lance: Hyoran, já vestiu a camisa alviverde e comentou sobre sua saída da equipe antes do bi da Libertadores. **Os jornalistas brasileiros têm essa mania; encontre-a!**

33. No portal Terra: Saiba quanto Palmeiras ou Santos receberão com o título. **Frase típica de quem não tem noção de concordância verbal com sujeito composto.**

34. No portal UOL: Torcedores do Palmeiras e do Corinthians entraram em confronto no início da tarde deste hoje (30), na Avenida Padre Arlindo Vieira, no Jardim Botucatu, região do Sacomã, zona sul de São Paulo. **Aqui a invenção é ainda mais hilária.**

35. De um colunista desse mesmo portal: As autoridades federais afirmaram que foram obtidos R$ 1 bilhão em bens e valores apreendidos e bloqueados. **Encontre o erro, que, aliás, é comum entre os nossos jornalistas.**

36. Esta é de um jornalista da CNN: A Audi foi uma das que desativou a produção em solo nacional depois da crise econômica das montadoras, que piorou em 2020, em plena pandemia do coronavírus. **O erro cometido pelo jornalista é óbvio, por isso estou certo de que você já o encontrou de cara.**

37. Isto é da lavra de um comediante que a Globo acabava de dispensar e estava assinando contrato com outra emissora: *Minha grande parceira durante esses anos foi a Rede Globo, que acostumei a chamar de minha casa. Mas diante a novos tempos e políticas internas de contratação, vamos iniciar uma nova fase de trabalhos contratuais.* **São três problemas. Encontre-os!**

38. De um jornalista especializado em notícias automotivas: Falta de peças e quarentena impediu fabricante de montar estoque da picape para o lançamento, antes marcado para abril. **Erro primário, que você, naturalmente, já encontrou.**

39. Da agência Globo saiu, porém, isto, publicado no portal IG: Um jovem de 27 anos faleceu na madrugada deste domingo com sintomas da Covid-19. No sábado, seu quadro piorou e ele foi internado no Hospital Badim, na Tijuca, onde veio a óbito horas depois. **São três os problemas.**

40. De um jornalista: As gravações dos programas da *RedeTV!* seguem em curso, mas a alta direção da emissora tem sido alvo de críticas. Funcionários têm reclamado da falta de zelo pela saúde dos mesmos. **Trata-se aqui de um vício que deve ser extirpado.**

41. Esta é de um famoso médico, notório nos programas da Rede Globo: Você é testemunha que eu sempre procurei informar sem causar pânico. As epidemias mudam. Lá atrás, em janeiro, não haviam casos no Brasil.

42. De uma apresentadora do programa Fala, Brasil (eles não usam a vírgula), da Rede Record de Televisão: As elefantas vivem em separadas no zoológico do interior.

43. No portal G1: 2/3 das infecções são causadas por pessoas sem diagnóstico ou sintomas.

44. De um repórter: Moradores estão em alerta com a infestação de escorpiões em Pernambuco.

45. Na revista Gente: *A apresentadora e ativista Luisa Mell usou as redes sociais para expor a sua revolta ao ver um comentário feito por um radialista da Rádio Independente, de Lajeado, no Rio Grande do Sul. Em um programa, foi discutido a situação dos cachorros de rua, e o apresentador sugeriu que colocasse estricnina, um tipo de veneno, em pedaços de carne para resolver a situação.*

46. De um médico: *O que a gente tem que fazer é dificultar ao máximo a transmissão para que o nosso sistema de saúde consiga absorver as pessoas à medida em que elas forem ficando doentes.*

47. Escreve um jornalista esportivo, conhecido como "o senhor *merchandising*" e famoso por suas gracinhas sem nenhuma graça: *Deve o Palmeiras, sim, se posicionar como primeiro campeão mundial de clubes. Apesar que o mais legítimo campeão do mundo chama-se Santos Futebol Clube.*

48. Assinam este trecho dois jornalistas do portal G1: *Diversos municípios brasileiros restringiram a circulação de pessoas com determinações referentes a horários e fechamento do comércio, como em Campo Grande, Bonito, Dourados e Ponta Porã. Na maioria há toque de recolher entre a noite e a madrugada.* <u>*Na capital, a situação ficou mais rigorosa:*</u> *entre às 20 e às 5h, somente podem ficar nas ruas quem trabalha com serviço essencial e delivery.*

49. Esta é de uma jornalista do Estadão, publicado no portal UOL: *Apesar das milhares de mortes em países como Itália (mais de 8 mil), Estados Unidos (mais de mil), Espanha (mais de 4 mil) e China (mais* de 3 mil), Bolsonaro afirmou que "o povo foi enganado" sobre a gravidade da infecção e que a previsão de milhares de mortes não se confirmou.

50. Esta é de um jornalista do *site* Motor Show: *Nem parece, mas já fazem 25 anos do lançamento do Audi A6.*

51. Num jornal catarinense: O governador concedeu entrevista à imprensa, às 18 horas de sexta-feira, informando que avaliaria junto aos órgãos competentes quais seguimentos poderiam voltar a funcionar.

52. Eis o que escreveu um jornalista do *site* Motor1: "Apesar dos esforços recentes da PSA, a rede da marca do leão ainda não é muito bem-vista pelos consumidores. Estudo feito pela JD Power em 2019 analisou a satisfação dos clientes com o pós-venda de cada marca e a Peugeot figurou como anti-penúltima colocada".

53. Escreveu a competente jornalista de El País Isolda, que nos surpreendeu com duas concordâncias, uma errônea, a outra perfeita: *Ai Weiwei é um dos dissidentes chineses que mais denunciou a falta de direitos humanos que impera no mundo, assim como o dano que a falta de liberdade de expressão causa na China. O artista vivo mais importante do país asiático lidera o ranking mundial de autores que atraem mais visitantes aos museus: no ano passado, 1,1 milhão de pessoas foi a uma de suas exposições itinerantes no Brasil, mais do que Van Gogh, Klimt e Munch.*

54. De um jornalista da revista Lance: "O alvinegro mineiro está tentando medidas internas para conter os danos da pausa forçada no futebol, como férias coletiva até 20 de abril e ainda redução de 25% nos salários de jogadores, comissão técnica e funcionários que ganham acima dos 5 mil reais".

55. No dia 30 de junho de 2020, algumas cidades catarinenses foram castigadas por um ciclone tropical. Causou não só danos materiais, mas também danos à língua, porque exigiu que um jornalista do Estadão, de nome Fábio, escrevesse: *O vendaval também causou o maior acidente na rede elétrica de Santa Catarina e afetou mais da metade das mais de 3 milhões unidades consumidoras.*

56. A Rede Globo está reduzindo salários de todos os seus funcionários. Aí, um jornalista, de nome Bruno, estampa esta frase: "Além da redução salarial, a emissora dos Marinho decidiu ainda alterar o formato dos contratos de atores e escritores".

57. Nova frente fria fará temperaturas despencarem em São Paulo: **manchete no portal UOL. Se você não tem nenhum comentário a fazer, nós temos.**

58. Agora, uma pérola de uma colunista de uma folha paulistana: "O Rio é o Rio. Além de Cidade Maravilhosa de encantos mis, é também considerada um dos centros urbanos mais violentos do planeta". **Você descobriu em que recanto da concha está exatamente a pérola?**

59. Anuncia num programa de televisão um rapaz: "Venha até nossa loja e saia com uma moto zerinha". **Onde está o problema dessa moto? Você sabe?**

60. Pérola cometida por uma famosa "cozinheira de televisão": "A castanha-do-pará faz parte da fauna brasileira". **Esta é muito fácil.**

61. Manchete do portal Terra: Mulher descobre câncer ao investigar mancha que tinha há 10 anos na unha.

62. Frase de jornalista: "É inconcebível imaginar Exército, Marinha e Aeronáutica combatendo o narcotráfico no Rio de Janeiro". **Encontrou o problema?**

63. Manchete colhida no Diário do Nordeste: Quatro pessoas morrem após queda de avião em região do Mato Grosso. **Logo abaixo se lê:** O piloto e três pessoas da mesma família faleceram no acidente. **Dois problemas.**

64. No mesmo jornal colhemos estoutra manchete, no mesmo dia: Qual é o mascote da Copa do Mundo 2022? **E logo abaixo:** O mascote foi anunciado no início do sorteio realizado nesta sexta-feira. **Onde está o problema agora?**

65. Esta é da agência O Globo, ao tratar de uma falsa vidente carioca (inacreditável): Diana abordou a mulher dizendo-a que ela tinha uma áurea bonita e perguntando se tinha perdido um homem recentemente.

66. Pergunta marota do portal UOL: Quanto tempo dura uma volta completa do Sol ao redor dele mesmo?

67. Presentinho do *site* Lance para todos nós: Torcedores do Palmeiras levantaram cedo para demonstrar apoio ao time.

EXERCÍCIOS PARA *não errar mais* 49

68. Manchete do portal UOL: De BMW a Civic: carros viram de cama à cascata em pousada em MG.

69. No portal Terra: Na Índia, uma mulher grávida de gêmeos deu à luz a um bebê com duas cabeças, dois corações e três braços.

70. De um professor da Faculdade de Medicina da USP: O acne é uma enfermidade cutânea do folículo pilo-sebáceo frequente na adolescência, podendo ocorrer também em outras faixas etárias. O acne vulgar tem um componente genético muito importante". **Não é preciso nem desafiá-lo a encontrar os problemas; estão na cara...**

SOLUÇÕES

1. a) ômega **b)** sótão **c)** isopor **d)** epístola **e)** ravióli **f)** biquíni **g)** piloti **h)** Paiçandu **i)** mocotó **j)** cainho

2. É um técnico competente, um cara sério, ele é um cara jovem, continuo achando que ele deveria beber de outras fontes. No dia em que ele conseguir fazer o time dele, seja o Palmeiras, **seja** algum outro que ele venha **a** treinar, jogar dentro do adversário, tendo a bola, criando, abrindo espaço, furando o bloqueio defensivo e metendo gol nos caras, eu acho que ele vai ser um técnico muito melhor. E o jornalista, autor desse trecho, seria muito melhor – também – se soubesse que a coordenativa alternativa é **seja... seja**, e não "seja...ou", além do quê o verbo **vir** antes de infinitivo, neste caso, exige a preposição **a**, a exemplo de **começar**.

3. Janelas do chão ao teto envolvem todo o apartamento, garantindo uma vista incrível da cidade, seja tomando um chá na biblioteca, **seja** lendo um livro na sala de estar.

4. Seja uma televisão, **seja** uma empresa de cosmético, quando há uma violência contra a mulher, ela tem a obrigação e a responsabilidade de combater [o ato ou crime] e acolher essas vítimas, tomando as providências cabíveis.

5. Namorada de José de Abreu comenta recuperação da covid-19. (Não se comenta "sobre" coisa alguma.) Namorada do ator José de Abreu usou seu perfil no Instagram para responder **a** alguns seguidores. O casal vive em Portugal atualmente e **testou** positivo para covid-19. (O verbo **responder**, quando significa *dar resposta a*, é transitivo indireto; por isso é que se responde **a** interrogatórios, **a** questionários, **a** processos, etc. E *o casal* exige o verbo no singular, não cabendo aí a suposição de silepse.)

6. Rafael Navarro foi contratado pelo Palmeiras como a esperança de resolver uma das principais carências do **plantel**: um centroavante goleador e com boa presença de área. A expectativa, porém, logo **se tornou frustração** após as partidas sem brilho do atacante com a camisa alviverde. (Só jornalista esportivo brasileiro usa "elenco" por **plantel**, em referência a jogadores de futebol. Só em Portugal é que se usa *tornar-se* "em"; no Brasil não.)

7. Os jornalistas Isabela Valiero e Danilo Lavieri **discutiram a** situação de Rafael Navarro. (Quem discute, discute alguma coisa, e não "sobre" alguma coisa.)

8. Paulo Sousa não tem agradado **a** torcida **neste** seu início de trabalho no Flamengo. (O pronome demonstrativo a ser usado aí é **este**, e não "esse". O verbo **agradar**, neste caso, é transitivo direto, diferentemente do usado nesta frase: *O jogo não agradou ao público*, em que o sujeito não é pessoa, e o verbo significa *satisfazer*.) Paulo Sousa não estava no clube no final de 2021, quando o Flamengo foi vice da Libertadores e do Brasileiro. Naquelas situações, em que pese **à** falta de títulos, o time sabia o que fazer e era um pouco mais organizado taticamente. (**Em que pese a** é locução prepositiva, equivalente de *apesar de*; toda locução prepositiva termina por preposição.)

9. No mundo inteiro **acontece** cerca de um milhão de casos de tétano por ano. O *Clostridium tetani* é uma bactéria extremamente resistente, podendo hibernar e sobreviver em forma de esporos por anos ao ar livre, **independentemente** da temperatura e da umidade. O período de incubação, ou seja, o intervalo de tempo entre a contaminação e os primeiros **sintomas varia** entre 2 dias **e** vários meses. (*Um milhão* jamais exige verbo no plural, já que se trata de singular; o advérbio é **independentemente**, e não "independente", que é adjetivo; usar vírgula entre o sujeito e o complemento constitui erro imperdoável; depois de **entre** cabe o uso de **e**, e não de "a".)

10. Wine acredita que a compra de títulos voltados para o agro seja mais vantajosa. O prazo de duração varia entre três meses **e** quatro anos. (V. último comentário do caso anterior.)

11. EUA **barram** importação de petróleo russo. (Tanto abreviado quanto por extenso, esse nome próprio exige verbo no plural. Curioso é que horas depois de termos flagrado esse erro, procederam à correção. Mas já era tarde demais.)

12. Em quase três meses no cargo, Leila Pereira garante que não vai se dobrar ao "sistema". Mas **a** qual sistema ela está se referindo? (Quem se refere, se refere **a**.) É esse gasto sem necessidade **a** que estou me referindo. (Mesmo erro cometido pelo jornalista.)

13. Aos 57 anos, Leila Pereira **desde 2015** é a principal patrocinadora do Palmeiras. (Quem escreve desde "de" não pode ser jornalista.)

14. Como o futebol é um meio muito masculino, as pessoas se sentem incomodadas por uma mulher que **está sobressaindo** tanto. Eu sou uma mulher extremamente objetiva e obstinada. Eu sei exatamente o que eu quero e **aonde** eu quero chegar. (O verbo **sobressair** não é pronominal, apesar do registro de um dicionarista, cuja obra está coberta de equívocos. O verbo **chegar** exige a preposição **a**; usa-se portanto **aonde**, e não "onde". De notar, ainda, os repetitivos "eus", o que configura não só galicismo, como egolatria.)

15. O cantor disse que ficou decepcionado **consigo** mesmo, não com as suas opiniões, mas pela forma como falou de Raul. (Se há sentido reflexivo, usam-se **si** e **consigo**: *Ela só fala de si. Ela fala consigo mesma.*)

16. Peço perdão pela forma agressiva e grosseira **com** que falei do Raul Seixas. (Quem fala, fala **com** uma forma.)

17. Nosso crítico de vinhos aponta 12 vinhos sul-americanos distintos que **vale** a pena procurar nas lojas. (Frase típica de quem desconhece completamente os princípios mais elementares de análise sintática; o sujeito de *valer* não é "vinhos", mas **procurar**; daí por que não tem cabimento o verbo no plural. Esse erro já apareceu até em capa de revista.)

18. De modo geral, as condições de crédito pioraram muito. (Tal expressão não aceita o artigo "um".)

19. A economista Isabela Tavares lembra que, com a inflação ainda acelerada, a expectativa **é que** a Selic continue subindo. (Se quisermos usar a preposição, então, é preciso que usemos o pronome: *a expectativa é **a** de que...*).

20. O cenário **é que** a Selic vai continuar subindo até o primeiro semestre deste ano. Caso a inflação aumente **muito**, o BC terá que ser mais agressivo com a Selic. (Outro caso de uso desnecessário da preposição "de"; o cenário é **este**, e não "deste". *Aumentar "ainda mais"* é um pleonasmo primário.)

21. A Ucrânia precisa de **um** moral **alto** para combater seus vizinhos russos. (**Moral**, no sentido de *estado de ânimo*, é palavra masculina.)

22. Pessoas que cozinham com mais frequência **em vez** de saírem para comer fora têm, de modo geral, uma dieta mais saudável. (**Ao invés de** só se usa em casos de antonímia: *Ela ri, ao invés de chorar*. E exige vírgula anteposta, assim como **em vez de**, que é a locução apropriada neste caso.)

23. Ter a possibilidade de comer a cada dia em um local diferente não é para todo **o** mundo. (A expressão é *todo o mundo* para ambos os sentidos: *todas as pessoas* e *o mundo inteiro*. Há uma empresa especializada em reserva de hotéis que faz sua propaganda encerrar-se com esta frase: *Onde todo mundo se conecta com todo o mundo*, dando a entender que há diferença no emprego de uma e outra expressão. Que ingenuidade!)

24. Invasão **russa da** Ucrânia chega ao 19.º dia. (O substantivo **invasão** rege a preposição **de**, por isso é que existe a invasão **de** domicílio, e não a invasão "a" domicílio.)

25. Proposta do Botafogo por Patrick de Paula está na mesa e agrada **ao** Palmeiras. (Se o sujeito não é pessoa, o verbo **agradar** só pode ser transitivo indireto.)

26. Aqui no Brasil você tem dois clubes, Flamengo e Atlético-MG, diferenciados, em que os dois centroavantes certamente são quem resolvem. [Embora haja quem defenda tal concordância (no mundo há de tudo), não convém usar o verbo no plural com tal pronome. Afinal, nem mesmo os defensores do indefensável constroem *"Quem resolvem" são os dois centroavantes*. Portanto, o verbo **resolver** deveria estar no singular.]

27. Dúvidas e momento de crise freiam interesse europeu por Endrick. (O verbo é sim **frear**, que ganha um **i** nas formas rizotônicas, durante a conjugação; portanto, **freiam**.)

28. Polícia Federal investiga suposto caixa 2 da Ecovias destinado **a** Alckmin. (Que se pode dizer de jornalista que usa "à" antes de nome masculino?)

29. Bastidores da Globo **estão** pegando fogo. (Erro grosseiro.)

30. Negociador russo vê avanços, mas Putin volta **a** acusar Kiev. // Uso da máscara passa **a** ser opcional. (Jornalista brasileiro continua achando que palavras pequenas não são importantes. E voltam **a** cometer sempre os mesmos erros, passando, assim, **a** ser considerados despreparados...)

31. Não se usa "1" (ou "um") antes de **mil**. O menor recebeu **mil reais**, e não "1 mil reais" ou "um mil reais". Teria o jornalista responsável pela manchete nascido em "um" mil novecentos e noventa? Teria o Brasil sido descoberto em "um" mil e quinhentos? No portal UOL encontro mais esta: "A loja está dando 10% de desconto extra para quem gasta a partir de R$ 1 mil". Nossos jornalistas são ótimos!

32. Jornalista brasileiro tem mania de usar "sobre" com o verbo **comentar**. Repare neste texto de um deles: "Além de ser um apaixonado por futebol e pela família, Abel Ferreira também tem um grande apreço por carros. Ano passado, o treinador concedeu entrevista para o GQ Esporte Clube e comentou sobre sua paixão por automobilismo". Além da desnecessária preposição, o jornalista revelou ainda completo desconhecimento do significado da palavra *automobilismo*.

33. Erro primário de concordância verbal cometido pelo jornalista. Ora, se apenas um dos clubes ficará com o título, há ideia de exclusão. Sendo assim, o verbo tem de ficar na 3.ª pessoa do singular.

34. "Deste hoje" é dose para mamute... Os jornalistas já se equivocam, ao usarem "nesta segunda-feira", "neste sábado", em vez de *hoje, ontem* ou *amanhã*. Mas esse Paulo Eduardo, autor da maravilha, se excedeu.

35. "Um bilhão foram obtidos" é concordância do homem das cavernas... Dia desses ouvimos de uma repórter de televisão: *Um milhão em joias foram encontradas na bagagem de um viajante, no aeroporto de Cumbica.* Pode até parecer estranha a concordância *um milhão em joias **foi encontrado***, mas é a única absolutamente correta. Já em 1951, exatamente no dia 25 de julho, a Gazeta Esportiva trazia esta manchete: **1 milhão de pessoas "acolhem" os campeões da Taça Rio.** Não consigo ver sanidade em quem usa plural com **um milhão**.

36. Um dos que ou **uma das que** exige o verbo obrigatoriamente no **plural**, no português contemporâneo. Há, no entanto, quem está ainda em 1500 e "ensina" que também se usa o singular neste caso.

37. O homem não sabe a diferença entre *acostumar* (fazer contrair hábito: ***Acostumei** meus filhos à leitura desde cedo*) e **costumar** (ter por hábito: ***Costumo** me levantar cedo*). Nenhum dos dois aceita a preposição "a". E *diante* se usa com **de**, e não com "a". Como se vê, o homem continua a fazer rir...

38. Não ficaria melhor **impediram** do que "impediu"?

39. Um jovem de 27 anos faleceu na madrugada deste domingo com sintomas da covid-19. No sábado, seu quadro piorou**,** e ele foi internado no Hospital Badim, na Tijuca, onde **foi** a óbito horas depois. (Nomes de doenças não se grafam com inicial maiúscula; depois de piorou a vírgula é obrigatória, porque se inicia ali uma nova oração. E ninguém "vem" a óbito, **vai**.)

40. Basta substituir "dos mesmos" por **deles**, ou usar **sua** antes de *saúde*. Há um hábito, mau hábito, de se usar "o mesmo" (e variantes" no lugar de outros pronomes. No meio policial, se você for fazer um boletim de ocorrência (B.O.), será inevitável encontrar "o mesmo" ou "os mesmos", "a mesma" ou "as mesmas". É um tal de: *"o mesmo" declara que...; "os mesmos" afirmam que...* e por aí vai. Sempre é possível substituí-los por um pronome.

41. **"Haviam" casos** é de doer! O homem tem quase um século de existência e ainda não aprendeu que o verbo *haver* é impessoal no sentido de *existir* ou de *acontecer*, ou seja, só é usado na 3.ª pessoa do singular.

42. Esse erro ("em separadas" por *em **separado***) é causado por pessoas que não têm a mínima noção de língua portuguesa. Os elementos de locuções não variam. Mas como o desconhecimento da língua é geral, muitos continuam usando: *Recebi a mensagem "por escrita", O árbitro deu três minutos "de acréscimos", Os trabalhadores estão recebendo "em dias"*, etc. Nesse mesmo noticiário, registramos estes pequenos textos na parte inferior do vídeo: *Neymar vai responder processo na Justiça.* (Na verdade, vai responder **a** processo.) *Recuperações judiciais e falências "dispara" no país.* Como se vê, disparam nesse programa as tolices.

43. Só mesmo jornalista brasileiro acha que **dois** são "causadas". Você poderá perguntar: *Mas não se pode fazer a concordância com o complemento (das infecções)?* Não, no caso dos números fracionários, não.

44. Só faltou usar *"no" Pernambuco*. Sim, porque alguns repórteres andam agora a usar artigo com o nome desse estado brasileiro. E também com Sergipe. O interessante é que os repórteres usam **alerta** no plural, erroneamente, mas não conseguem usar o plural em frases como esta, proferida por um deles: *Desde 2010 mais que "dobrou" os recursos para o tratamento do câncer no SUS.* De uns tempos para cá, mais do que **dobraram** os incompetentes na mídia brasileira.

45. A notícia é revoltante, não só pelo seu teor, mas também porque seu autor desconhece a própria língua. *Foi "discutido" a situação*, jornalista? Que língua é a sua? E ao radialista da Rádio Independente, de Lajeado, votos de muitas infelicidades! A Rádio, então, sai-se com esta nota: *Deixamos claro que foi uma posição particular do comunicador no momento em que o tema era debatido na nossa programação. A Rádio Independente faz questão de afirmar que apoia a causa animal e que sempre abriu espaço para organizações que a defende, o que continuará fazendo.*
Organizações "defende"? Concordância própria de quem não gosta da língua. Nem de cães...

46. A expressão que a nossa língua conhece é **à medida que**. Quanto ao uso da língua pelos médicos, costumo dizer o seguinte: *Os médicos entendem muito... (de medicina).*

47. Um dia talvez ele consiga usar a língua a contento. Apesar **de** que não vai ser fácil...

48. Todos usamos acento grave no **a** ou no **as**, antes de numerais, quando se trata de locução adverbial de tempo: *Estarei lá **à** 1h.* *** *Voltei **às** 11h.* Mas quando se trata do nome das horas, não tem cabimento usar o acento, ainda que tenhamos também locução adverbial de tempo: *Estarei lá entre **a** 1h e **as** 2h.* *** *Dormi **da** uma hora até **as** quatro horas.* Note que agora estamos tratando da hora propriamente dita.

Um jornalista jamais deve desconhecer tal diferença. Mas desconhece. Isso não é nenhuma novidade. E usar o plural no final do trecho (*somente "podem" ficar nas ruas quem trabalha*) é concordância própria de recém-nascido... Tanto quanto esta manchete aparecida no portal IG: **Novas negociações entre Rússia e Ucrânia esta semana tenta parar guerra**. Eles **tentam**. Mas nunca conseguem...

49. Se você for a qualquer dicionário brasileiro ou português, verificará que a palavra **milhar** é masculina. Nem mesmo os mais desastrados minidicionários aprovados pelo MEC do PT conseguiram mudar o gênero dessa palavra. Mas nossos jornalistas empenham-se diariamente em considerá-la como feminina, que ela nunca foi. Uma jornalista catarinense insiste nesse uso, ao escrever: *Milhares de pessoas morrem no mundo, todos os dias, **acometidas** pela covid-19.* ***Outras*** *milhares, de todas as idades, vão parar nas emergências dos hospitais.*

50. Os jornalistas brasileiros nos surpreendem a cada texto que escrevem ou que dizem nos noticiários. Nem parece, mas já **faz** mais de 50 anos que nos batemos por ensinar nossa língua. O diabo é que muitos ainda não encontraram tempo para aprendê-la...

51. Jornalista que honra a profissão não pode nem mesmo pensar em trocar "seguimento" por **segmento**. Mas eles trocam. Honram?

52. No rol dos jornalistas relapsos, certamente esse não figura no **antepenúltimo** lugar...

53. Certamente, Isolda aprendeu que se possa também fazer a concordância com **um**, quando aparece a expressão **um dos que**. Infelizmente, aprendeu errado. Quando aparece a expressão **um dos que**, pura e simples, o verbo TEM de ir ao plural, no português contemporâneo, embora haja os que, vivendo no passado, também considerem o singular. Pois é...
Quando aparece a expressão **um dos que** entremeada de substantivos no plural (e é o caso em apreço), a concordância em 99% dos casos é com o verbo no plural. O 1% restante pode ser conhecido em **Nossa gramática completa**. Não convém tratar do assunto aqui, para não sobrecarregá-lo com tanta informação. A surpresa fantasticamente agradável ocorreu na sua concordância com **1,1 milhão**, deixando o verbo no singular (**foi**). Por isso, tenho ainda muita esperança. Muita. Um dia todos os jornalistas a imitarão. Um dia...

54. Certamente, esse jornalista nunca teve **umas boas** férias, nunca teve férias **proveitosas**. Merecidamente...

55. Fábio, por favor, indique-me o dicionário que traz a palavra **milhão** como de gênero feminino. E mais: se você me provar que existe *"uma" milhão*, publico uma nota de repúdio aos meus mais de cinquenta anos de ensino da língua portuguesa. Combinado?...

56. *Dos "Marinho"*, Bruno? Você ainda não leu *Os Maias*, de Eça de Queirós? Nunca assistiu a *Os Simpsons*, pela televisão? Nunca passou pela Rua *dos Gusmões*, em São Paulo? Se nunca aconteceu nada disso, então está explicada a sua pobre concordância. Ah, quase ia me esquecendo: os **Marinhos** precisam saber disso, para não terem o descuido de, um dia, contratá-lo...

57. Não se pode afirmar que a frase está errada, mas em rigor, o infinitivo não deveria variar nesse caso. O verbo **fazer** exige sempre infinitivo no **singular** nas orações chamadas *infinitivo-latinas*: *Fiz as crianças* **sair** *da sala*. Ou seja: *Fizemo-las* **sair** *da sala*. *Os políticos brasileiros fazem as pessoas* **morrer** *de raiva*. Ou seja: *Os políticos brasileiros fazem-nas* **morrer** *de raiva*.

58. Qualquer recém-nascido sabe que **mil** é numeral invariável. Por isso é que o Rio de Janeiro é uma cidade maravilhosa, cheia de encantos **mil**, letra que figura até em canção popular. Violência por violência, convenhamos: a jornalista cometeu uma de lascar!

59. No Brasil (e também em Portugal) só se vendem motos *zero* ou motos *zerinho*. Só naquela loja é que as motos são diferentes...

60. *Fauna* é coletivo de animais; a castanha-do-pará faz parte da **flora** brasileira. Naturalmente.

61. *Tinha* não combina com "há", combina com **havia**: Mulher descobre câncer ao investigar mancha que tinha **havia** 10 anos na unha. E o manchetista se esqueceu ainda de usar vírgula depois de *câncer*. Normal...

62. Segundo a hierarquia das Forças Armadas, a sequência correta quando nos referimos às três armas é **Marinha, Exército** e **Aeronáutica**. A Marinha tem precedência sobre o Exército, e o Exército sobre a Aeronáutica, pois esta foi criada somente na década de 1940, ou seja, é a última das três. Exatamente por essa razão é que nos desfiles militares a Marinha sempre se posiciona à frente das demais armas.

63. Primeiro problema: **Mato Grosso** não se usa com artigo; portanto, *região* **de** *Mato Grosso*. Segundo problema: após um acidente, as pessoas não "falecem", **morrem**. *Falecer* é morrer naturalmente ou por velhice; *morrer* é perder a vida em quaisquer circunstâncias.

64. **Mascote** é palavra feminina: ***a*** *mascote*. Jornalista sério não pode deixar de saber fato linguístico tão elementar.

65. "Dizendo-a"? O jornalista não tem ideia de regência verbal. Deve exercer a profissão? Quem diz, diz alguma coisa **a alguém**. O pronome a ser usado, portanto, é **lhe**: dizendo-**lhe**. Agora, quem tem "áurea" bonita, em vez de **aura**, está com problema...

66. Quanto tempo dura uma volta completa do Sol ao redor de **si** mesmo. **Não era assim que deveríamos ter lido a manchete?** É o pronome reflexivo **si** que se usa em casos reflexivos; resta saber, todavia, se nossos jornalistas sabem o que significa reflexivo. **Para completar, preferiria ver** um movimento completo **no lugar de** uma volta completa. **No mesmo portal, deparo com isto:** O Flamengo depende "dele" mesmo. Normal...

67. Torcedores do Palmeiras **se** levantaram cedo para demonstrar apoio ao time. Os jornalistas esportivos brasileiros estão colocando em desuso todos os verbos pronominais da língua portuguesa. Eles pensam que só "levantam" todos os dias...

68. O manchetista usou o acento da crase indevidamente, porque aí não ocorre crase. O fato de ter usado **de** já impede o uso do acento no **a** seguinte. Note que usamos: *de segunda **a** sexta-feira* (sem acento no **a**), mas *da segunda **à** sexta-feira*, em que há determinação dos substantivos.

69. Dar à luz significa *dar ao mundo*. Portanto, a mulher indiana *deu ao mundo um bebê*; se é assim, o que deveríamos ter lido era: *deu à luz um bebê*.

70. A acne, de fato, é um problema da adolescência; já "o" acne é um problema até mais sério... Além do quê, **pilossebáceo** não tem hífen nenhum. Reitero aqui o que costumo dizer há dezenas de anos, sem contestação: *Os médicos entendem muito*. (*De medicina...*)

MÓDULO 10

1. Só corrija as palavras erradas:

a) acrécimo   b) nhoque   c) impecílio   d) retrógado   e) piche   f) ritmo
g) advinhar   h) abcesso   i) esquistosomose   j) rapzódia

2. Só acentue quando necessário:

a) trai-las   b) reduzi-las   c) consumi-los   d) mamilos   e) mutuo   f) amontoo   g) voo   h) zoo   i) cafeina   j) cafezal

3. Algumas destas frases não estão de acordo com a língua padrão. "Corrija-as":

a) O hotel oferece a seus hóspedes traslado grátis para o aeroporto.
b) A indústria automobilística brasileira evoluiu muito.
c) Saiu à rua contando uma estória sem pé nem cabeça.
d) Poderão haver muitas manifestações de protesto.
e) Deve haver pessoas inteligentes no governo.
f) Recebeu troco demais, mais devolveu-o, porque é honesto demais.
g) Vou repetir *ipsis litteris* o que ela disse.
h) O preço dos ingressos está caro demais.
i) Seu time tem um plantel de respeito?
j) Quem não rever o contrato antes de assinar poderá dar-se mal.

4. Leia as frases em voz alta, atentando para as palavras em destaque:

a) Conheço um **homem** que **come** sem estar com **fome**: Jaime.
b) **Elaine** está com **enxaqueca** e com dor no **joanete**.

c) Foi batido o **recorde** de público no Maracanã.
d) O incêndio foi causado por um curto-**circuito**.
e) Os ingressos foram distribuídos **gratuitamente**. É sempre bom receber algo **gratuito**.

5. Use o acento indicador da crase no a, sempre que convier:

a) Fomos a praia e, ao chegarmos a Brasília, fizemos alusão a você.
b) Você já levou as crianças a escola?
c) Dirigi-me aquele lugar sombrio.
d) Não perdoo a dívida, não perdoo a filha, não perdoo a ninguém.
e) Responda a pergunta que lhe fizeram!
f) Assisti a peça, mas não assisti a nenhum acidente.
g) Prefiro pera a maçã, mas Luísa prefere melão a mamão.
h) É proibida a entrada a pessoas estranhas.
i) Vendas a partir de dois reais.
j) O expediente aqui é entre as 8h e as 18h.

6. À medida que lê as frases, vá usando no plural o que está em destaque, procedendo a todas as alterações necessárias:

a) No fundo, no fundo, o senhor é **igualzinho** aos outros.
b) Não cheguei a ver o **casalzinho** de namorados beijando-se.
c) Aquele **jornalzinho** trouxe a notícia alvissareira.
d) O que você vai fazer com esse **papelzinho**?
e) Você trouxe só um **pãozinho**?
f) Aquele **cãozinho** parece manso, mas é feroz.
g) Foi aquele **alemãozinho** que nos deu as mexericas.
h) Que faremos com este **caminhãozinho**?
i) Come-se **pastelzinho** muito gostoso aqui.
j) O que significa aquele **farolzinho** aceso lá adiante?

7. À medida que lê as frases, vá usando a forma conveniente do verbo em destaque, procurando pronunciá-la segundo a norma padrão:

a) Eu **planejar** tudo o que faço.
b) Eu nunca **gaguejar** quando discurso. Você **gaguejar**?
c) Por que você **tremer** tanto quando vê o pai da sua namorada?
d) A mão que afaga é a mesma que **apedrejar**.
e) Este ônibus **sacolejar** demais.

8. Algumas frases abaixo não estão de acordo com a língua padrão. "Corrija-as":

a) Dá-se aulas particulares a domicílio.

b) A maioria de vocês ganha muito mais que eu.
c) Entre eu e ela nunca houve deslealdade.
d) Não fui eu quem espalhou esses boatos.
e) Não fomos nós quem os denunciou.
f) Trinta por cento dos candidatos foi mal em redação.
g) Dez por cento de comissão já me basta.
h) Estão aqui os seus dez por cento de comissão. Bastam-lhe?
i) Sou um dos brasileiros que aprovo a pena de morte.
j) Na juventude, tudo é flores; na velhice, tudo é trevas.

9. Sabendo que o pronome relativo que se usa para coisa; sabendo, também, que o pronome relativo quem se usa para pessoa; sabendo, finalmente, que antes do pronome relativo deve sempre aparecer a preposição pedida pelo verbo da frase, use nos espaços em branco um ou outro pronome relativo, antecedido ou não da preposição adequada:

a) Não foi esse o jogo ... eu vi, não foi esse o jogo ... assisti.
b) Não me faças perguntas ... eu não possa responder!
c) Não conheço a rua ... Juçara mora.
d) Voltei para buscar o pacote ... havia esquecido.
e) Voltei para buscar o pacote ... me havia esquecido.
f) Está aí um fato ... jamais esquecerei.
g) Edgar foi o convidado ... menos simpatizamos.
h) Persival é o amigo ... mais confio.
i) Portugal é o próximo país ... irei.
j) Gumersindo não ama a mulher ... se casou.

10. Complete os espaços coerente e convenientemente:

a) Eu não ... cinema porque está chovendo.
b) Eu não ... cinema porque estava chovendo.
c) Eu não ... cinema porque sempre chovia.
d) Há muitos anos que nós não ... praia.
e) Havia muitos anos que nós não ... praia.
f) ... muitos anos que não viajamos.
g) ... muitos anos que não viajávamos.
h) O cigarro é prejudicial ... saúde.
i) O guarda se dirigiu ... estava o motorista.
j) O guarda ficou justamente ... está agora o motorista.

EXERCÍCIOS PARA *não errar mais*   59

SOLUÇÕES

1. a) acréscimo **b)** nhoque **c)** empe**cilho** **d)** retró**g**rado **e)** piche **f)** ritmo **g)** a**d**ivinhar **h)** abcesso* **i)** esquisto**ss**omose **j)** rap**s**ódia
* *Abcesso* e *abscesso* são ambas formas corretas.

2. a) tra**í**-las **b)** reduzi-las **c)** consumi-los **d)** mamilos **e)** m**ú**tuo **f)** amontoo **g)** voo **h)** zoo **i)** cafe**í**na **j)** cafezal

3. a) O hotel oferece a seus hóspedes traslado grátis para o aeroporto. (Frase correta, em que cabe também a forma **translado**, já que ambas são corretas.)
b) A indústria **automotiva** brasileira evoluiu muito. (*Automobilístico* é um adjetivo referente a *automobilismo*, esporte de corridas e competições de automóveis de alto desempenho. Quem aceita indústria "automobilística" tem de aceitar, por coerência, as combinações setor "automobilístico", peças "automobilísticas", escâner "automobilístico", tinta "automobilística" e tantas outras tolices. Há por aí, no entanto, até dicionários que abonam o uso aqui impugnado. Normal.)
c) Saiu à rua contando uma estória sem pé nem cabeça. (Frase correta; **sair** pede **a**; **estória** é a palavra que, em rigor, significa conversa fiada.)
d) **Poderá** haver muitas manifestações de protesto. (O verbo auxiliar não varia, junto de *haver*.)
e) Deve haver pessoas inteligentes no governo. (Frase correta, pois.)
f) Recebeu troco **de mais**, mais devolveu-o, porque é honesto demais. (**De mais** é locução adjetiva; **demais**, locução adverbial.)
g) Vou repetir ***ipsis verbis*** o que ela disse. (*Ipsis litteris*, quando se trata de escrita; ***ipsis verbis***, quando se trata da fala.)
h) O preço dos ingressos está **alto** demais. (*Preço* só pode ser **alto** ou **baixo**, nunca "barato" ou "caro".)
i) Seu time tem um plantel de respeito? (Frase correta; os jornalistas esportivos brasileiros inventaram "elenco" no lugar de **plantel**, que eles acham que só se aplica a cavalos. Normal...)
j) Quem não **revir** o contrato antes de assinar poderá dar-se mal. (O verbo **rever** é derivado de *ver*. A vírgula antes de *poderá* é facultativa.)

4. a) Conheço um **hômem** que **côme** sem estar com **fôme**: **Jâime**. (No Brasil, toda vogal e o ditongo **ai** devem ser fechados quando antecedem fonema nasal.)
b) **Elâine** está com **enxaquêca** e com dor no **joanête**.
c) Foi batido o **recórde** de público no Maracanã. (No Brasil têm a mania de pronunciar "récorde", como os povos de língua inglesa.)
d) O incêndio foi causado por um curto-**circúito**.
e) Os ingressos foram distribuídos **gratùitamente**. É sempre bom receber algo **gratúito**.

5. a) Fomos **à** praia e, ao chegarmos a Brasília, fizemos alusão a você. (Só *praia* aceita o artigo *a*, que se craseia com a preposição **a** do verbo.)
b) Você já levou as crianças **à** escola? (**Levar** pede **a**; e **escola** se usa com artigo; portanto, crase.)
c) Dirigi-me **à**quele lugar sombrio. (Quem se dirige se dirige **a**; mais o **a** inicial de aquele: crase.)
d) Não perdoo a dívida, não perdoo **à** filha, não perdoo a ninguém. (Como **perdoar** é transitivo indireto para pessoa, só há acento antes de nomes de pessoa.)

e) Responda **à** pergunta que lhe fizeram! (**Responder**, no sentido de *dar resposta a*, é transitivo indireto.)
f) Assisti **à** peça, mas não assisti a nenhum acidente. (O verbo **assistir** pede **a**, e **peça** se usa com artigo; portanto, crase.)
g) Prefiro pera a maçã, mas Luísa prefere melão a mamão. (Sem acento, pois os substantivos foram usados em sentido genérico.)
h) É proibida a entrada a pessoas estranhas. (No primeiro caso, temos apenas um artigo; e antes de palavras no plural não se usa "à".)
i) Vendas a partir de dois reais. (Nunca se acentua o **a** de *a partir de*.)
j) O expediente aqui é entre as 8h e as 18h. (São meros dois artigos, portanto sem acento.)

6. a) No fundo, no fundo, os senhores são **iguaizinhos** aos outros.
b) Não cheguei a ver os **casaizinhos** de namorados beijando-se.
c) Aqueles **jornaizinhos** trouxeram a notícia alvissareira.
d) O que você vai fazer com esses **papeizinhos**?
e) Você trouxe só dois **pãezinhos**?
f) Aqueles **cãezinhos** parecem mansos, mas são ferozes.
g) Foram aqueles **alemãezinhos** que nos deram as mexericas.
h) Que faremos com estes **caminhõezinhos**?
i) Comem-se **pasteizinhos** muito gostosos aqui.
j) O que significam aqueles **faroizinhos** acesos lá adiante?

7. a) Eu **planêjo** tudo o que faço. (Os acentos servem apenas para indicar o timbre da vogal.)
b) Eu nunca **gaguêjo** quando discurso. Você **gaguêja**?
c) Por que você **trême** tanto quando vê o pai da sua namorada?
d) A mão que afaga é a mesma que **apedrêja**.
e) Este ônibus **sacolêja** demais.

8. a) **Dão**-se aulas particulares **em** domicílio. (*A domicílio* só se usa com verbos e nomes que dão ideia de movimento.)
b) A maioria de vocês ganha muito mais que eu. (Frase correta, em que o verbo concorda com *a maioria*.)
c) Entre **mim** e ela nunca houve deslealdade. (As preposições pedem pronomes oblíquos.)
d) Não fui eu quem espalhou esses boatos. (Frase correta: o pronome **quem** pede verbo na 3.ª pessoa do singular. Ou seja: *Quem espalhou esses boatos não fui eu.*)
e) Não fomos nós quem os denunciou. (Idem.)
f) Trinta por cento dos candidatos **foram** mal em redação. (Sujeito constituído de número percentual pode ter o verbo concordando com esse número ou com o número do complemento.)
g) Dez por cento de comissão já me basta. (Frase correta, em que o verbo concorda com o número do complemento, que é *de comissão*; mas poderia também estar no plural, concordando com o número percentual.)
h) Estão aqui os seus dez por cento de comissão. Bastam-lhe? (Aqui o verbo deve ir rigorosamente ao plural, porque o número percentual vem antecedido de artigo no plural.)
i) Sou um dos brasileiros que **aprovam** a pena de morte. (A frase só estaria perfeita se você fosse o único brasileiro a aprovar a pena de morte.)
j) Na juventude, tudo **são** flores; na velhice, tudo **são** trevas. (O verbo **ser** concorda de preferência com o predicativo, quando este se encontra no plural, com raras exceções.)

9. a) Não foi esse o jogo **que** eu vi, não foi esse o jogo **a que** assisti. (**Ver** não pede preposição, ao contrário de **assistir**.)
b) Não me faças perguntas **a que** eu não possa responder! (**Responder** pede **a**.)
c) Não conheço a rua **em que** Juçara mora. (Quem mora, mora **em** algum lugar.)
d) Voltei para buscar o pacote **que** havia esquecido. (Quem esquece, esquece alguma coisa.)
e) Voltei para buscar o pacote **de que** me havia esquecido. (Quem se esquece, se esquece **de** alguma coisa.)
f) Está aí um fato **que** jamais esquecerei. (**Esquecer** é transitivo direto.)
g) Edgar foi o convidado **com quem** menos simpatizamos. (Quem simpatiza, simpatiza **com** alguém; é o pronome **quem** que se usa com pessoas.)
h) Persival é o amigo **em quem** mais confio. (Quem confia, confia **em** alguém.)
i) Portugal é o próximo país **a que** irei. (Quem vai, vai **a** algum lugar.)
j) Gumersindo não ama a mulher **com quem** se casou. (Quem se casa, se casa **com** alguém.)

10. a) Eu não **vou ao** cinema porque está chovendo.
b) Eu não **fui ao** cinema porque estava chovendo.
c) Eu não **ia ao** cinema porque sempre chovia.
d) Há muitos anos que nós não **vamos à** praia.
e) Havia muitos anos que nós não **íamos à** praia.
f) **Há** (ou **Faz**) muitos anos que não viajamos.
g) **Fazia** muitos anos que não viajávamos.
h) O cigarro é prejudicial **à** saúde.
i) O guarda se dirigiu **aonde** estava o motorista.
j) O guarda ficou justamente **onde** está agora o motorista. (**Aonde** com verbos de movimento; do contrário, **onde**.)

MÓDULO 11

1. Só corrija as palavras erradas:
a) broche   b) mexer   c) co-herdeiro   d) quisto   e) entubar
f) gastrenterologia   g) bolir   h) abcissa   i) pajé   j) jeito

2. Acentue somente quando necessário:

a) gaucho   b) gauchinha   c) bainha   d) baia   e) preferencia   f) preferencial
g) faisca   h) açai   i) miudo   j) miudinho

3. Alguns destes nomes próprios não estão de acordo com a norma padrão. Corrija-os:

a) Hortênsia   b) Jussara   c) Hernâni   d) Cassilda   e) Manoel
f) Gumersindo   g) Alcibíades   h) Virgílio   i) Felipe   j) Ruth

4. Use o acento indicador da crase sempre que necessário:

a) A nave retornou a Terra, assisti a tudo, estou disposto a testemunhar.
b) A partir de hoje estou disposto a tudo, até a morrer por ela.
c) O fato está prestes a acontecer.
d) Os feridos chegam a cem.
e) Nasci a 18 de dezembro, digo sempre isso a muitos.
f) Compro tudo a vista, nunca a prazo.
g) Seu carro é a álcool, a gasolina, a gás ou a eletricidade?
h) Bife a cavalo, arroz a grega e bife a milanesa: eis o que pedi diretamente a cozinheira, e não a garçons.
i) No baile a rigor, fiquei frente a frente, cara a cara com ela, que se vestia a 1960.
j) Nunca vou a festas, só ando a pé e nunca a cavalo.

5. Mude tudo o que não estiver de acordo com a língua padrão:

a) Não repare a bagunça do meu quarto!
b) Desculpe o transtorno: estamos trabalhando para o seu maior conforto!
c) Desculpe o atraso: perdi hora hoje!
d) Respondi todas as questões da prova.
e) Se você fizer isso, pode responder um processo.
f) Nunca me simpatizei com essa mulher.
g) Ela se antipatizou com todo mundo.
h) Quem mais se sobressaiu no jogo foi o goleiro.
i) Já torci até para o Jabaquara, mas agora torço para o Corinthians.
j) Para que time você torce? Para o ASA de Arapiraca?

6. Complete as frases com um ou com uma, conforme convier:

a) Fui ao supermercado e comprei apenas ... guaraná e ... champanhe.
b) Fiz ... telefonema urgente para ela.
c) Além de pobre, ela apresenta ... agravante: é analfabeta.
d) Entrei no mato e agora estou com ... forte comichão.
e) O avião caiu porque houve ... pane no motor.
f) O jogador caiu e sofreu ... entorse no joelho.
g) Tomei ... lotação para poder chegar mais cedo a casa.
h) Elisa disse isso com ... ênfase impressionante!
i) Ela pediu apenas ... xérox do documento.
j) Compraram ... patinete para ela ir à escola.

7. Leia as frases em voz alta, atentando para o que está em destaque:

a) Assisti ao filme Os irmãos **corsos**. Você sabia que Napoleão Bonaparte era **corso**, que ele nasceu na Córsega?

EXERCÍCIOS PARA *não errar mais*

b) Dizem que sexta-feira é dia **aziago, Gislaine**.
c) Esta **rubrica** não é minha. Alguém sabe de quem é esta **rubrica**?
d) **Êmerson** comprou **ovos chocos**. Homem sem sorte esse **Êmerson**.
e) O governo **subsidia** o trigo, porque esse **subsídio** é necessário.
f) Não temos como **subsistir**, não temos condições de **subsistência**.
g) Como está a indústria **têxtil** no Brasil? Você compra produtos **têxteis**?
h) A polícia usou **cassetetes** para conter os manifestantes.
i) Eles têm um Mercedes-Benz SLE, mas nós temos um Corolla XEI. Qual seria o carro do presidente do TSE? E do presidente do TRE?
j) Sei que palavra *poleiro* se escreve com **o**; sei também que a fórmula química da água é H_2O e que o nome correto do seu carro é Alfa Romeo, com **o** no final, e não com "u".

8. Responda às questões dadas, seguindo este modelo:

> Quando me atenderás? (Dez para as nove)
> Eu te atenderei aos dez para as nove.

a) Quando você me atenderia? (Quinze para as quatro)
b) Quando vocês me atenderão? (Cinco para as sete)
c) Quando vocês nos atenderiam? (Vinte para a uma)
d) Quando você nos atenderá? (Dois para o meio-dia)
e) Quando você os atenderia? (Um para a meia-noite)

9. Deixe todas as frases de acordo com a língua padrão, quanto ao uso do imperativo:

a) Não faz isso, garota, não me assanha!
b) Cala a boca, seu imbecil!
c) Copia isso logo, rapaz!
d) O bispo morreu?! Não brinca!
e) Não fala nada, fica quieta!

10. À medida que for lendo as frases, vá usando o verbo em destaque de forma adequada:

a) Você só irá fazer o trabalho que lhe **caber** e mais nada.
b) Só pararei de jogar quando **reaver** tudo o que perdi.
c) Se ele **manter** a palavra, seremos obrigados a ceder.
d) Quem **manter** a palavra seria perdoado; quem não a **manter** será castigado.
e) Você esperava que ele se **conter**? Quando ele se **conter**, eu me **conter** também.
f) Se você se negar, se você **abster-se**, poderá até ser preso.
g) O fiscal **reter** o nosso veículo ontem, e ninguém sabe dizer por quê.
h) Se Luísa **vir** aqui e nos **ver** tão tristes, ficará triste também.

i) Aquele que **rever** em tempo as suas posições ainda terá chance de ser admitido na empresa.
j) Quem **prever** o fim do mundo e acertar será considerado um profeta.

SOLUÇÕES

1. a) broche   b) mexer   c) co**e**rdeiro*   d) **c**isto**   e) entubar   f) gastrenterologia***
g) b**o**lir   h) abcissa****   i) pajé   j) jeito
*Todas as pessoas de bom senso têm saudade do **co-herdeiro**, forma que o Acordo Ortográfico trocou por essa aí.
**Quisto* é forma meramente popular.
***Gastrenterologia* e *gastroenterologia* são formas variantes, assim como as derivadas *gastrenterologista* e *gastroenterologista*.
****Abcissa* e *abscissa* são formas variantes, portanto ambas formas corretas.

2. a) ga**ú**cho   b) gauchinha   c) bainha   d) baia   **e)** prefer**ê**ncia   f) preferencial
g) fa**í**sca   h) açaí   **i)** mi**ú**do   j) miudinho (Na letra d, trata-se de feminino de *baio*, portanto sem acento; já **baía** teria acento.)

3. a) Hortênsia   **b)** Juçara   c) Hernâni   d) Cassilda   **e)** Man**u**el   f) Gumersindo
g) Alcibíades   h) Virgílio   **i)** Filipe   **j)** Rut**e**

4. a) A nave retornou **à** Terra, assisti a tudo, estou disposto a testemunhar. (O verbo **retornar** exige **a**, já que aquele que retorna, retorna **a** algum lugar; **Terra** sempre se usa com artigo, portanto há crase; se há crase, indicamos a sua existência com o acento grave. Já nos outros casos nem **tudo** nem **testemunhar** se usam com artigo; portanto, não pode haver crase; não podendo haver crase, não se usa acento nenhum.)
b) A partir de hoje estou disposto a tudo, até a morrer por ela. (Em nenhum caso pode haver crase.)
c) O fato está prestes a acontecer. (Antes de verbo jamais se usa **a** com acento.)
d) Os feridos chegam a cem. (Antes de numeral cardinal não se usa acento, porque não há nenhuma possibilidade de haver crase.)
e) Nasci a 18 de dezembro, digo sempre isso a muitos. (Mesmo caso anterior; antes de palavras no plural não se usa "à".)
f) Compro tudo **à** vista, nunca a prazo. (Caso excepcional de uso do acento, embora não seja caso de crase. O acento aí é meramente tradicional.)
g) Seu carro é a álcool, **à** gasolina, a gás ou **à** eletricidade? (Locução com palavra feminina geralmente é acentuada, com exceção apenas de *a distância*.)
h) Bife a cavalo, arroz **à** grega e bife **à** milanesa: eis o que pedi diretamente **à** cozinheira, e não a garçons. (Mesmo caso anterior; já o verbo **pedir** é transitivo indireto para pessoa e se usa com **a**: quem pede, pede alguma coisa **a** alguém; como **cozinheira** sempre se usa com artigo, há crase, portanto devemos usar o acento grave.)
i) No baile a rigor, fiquei frente a frente, cara a cara com ela, que se vestia **à** 1960. (Rigor é palavra masculina; palavras repetidas dispensam o uso de a craseado; no último caso se subentende *moda de*: vestia-se *à moda de* 1960.)
j) Nunca vou a festas, só ando a pé e nunca a cavalo. (Antes de palavras no plural não se usa "à" nem muito menos antes de palavras masculinas.)

EXERCÍCIOS PARA *não errar mais*

5. a) Não repare **na** bagunça do meu quarto! (Quem repara, ou seja, nota, repara sempre **em** alguma coisa.)
b) Desculpe **do** (ou **pelo**) transtorno: estamos trabalhando para o seu maior conforto! (Quem desculpa, desculpa alguém **de** (ou **por**) alguma coisa.)
c) Desculpe **do** (ou **pelo**) atraso: perdi hora hoje! (Idem.)
d) Respondi **a** todas as questões da prova. (O verbo **responder**, quando significa *dar resposta a*, é transitivo indireto.)
e) Se você fizer isso, pode responder **a** um processo. (Idem.)
f) Nunca simpatizei com essa mulher. (O verbo **simpatizar** nunca foi pronominal.)
g) Ela antipatizou com todo mundo. (O verbo **antipatizar** nunca foi pronominal.)
h) Quem mais sobressaiu no jogo foi o goleiro. (O verbo **sobressair** nunca foi pronominal, embora um dicionarista abone tal classificação, num dos seus equívocos imperdoáveis.)
i) Já torci até **pelo** Jabaquara, mas agora torço **pelo** Corinthians. (Quem torce, torce **por** alguém ou **por** algum clube.)
j) **Por** que time você torce? Pelo ASA de Arapiraca? (Idem.)

6. a) Fui ao supermercado e comprei apenas **um** guaraná e **um** champanhe.
b) Fiz **um** telefonema urgente para ela.
c) Além de pobre, ela apresenta **uma** agravante: é analfabeta. (Há quem aceite "um" neste caso.)
d) Entrei no mato e agora estou com **uma** forte comichão.
e) O avião caiu porque houve **uma** pane no motor.
f) O jogador caiu e sofreu **uma** entorse no joelho.
g) Tomei **um** lotação para poder chegar mais cedo a casa.
h) Elisa disse isso com **uma** ênfase impressionante!
i) Ela pediu apenas **uma** xérox do documento.
j) Compraram **uma** patinete para ela ir à escola. (Portanto, o que existe é apenas uma patinete elétric**a**, uma patinete importad**a**, apesar da oposição ferrenha dos jornalistas brasileiros...)

7. a) Assisti ao filme Os irmãos **côrsos**. Você sabia que Napoleão Bonaparte era **côrso**, que ele nasceu na Córsega?
b) Dizem que sexta-feira é dia **azíago, Gislâine**. (No Nordeste se diz "azíago" e "Gisláine".)
c) Esta **rubríca** não é minha. Alguém sabe de quem é esta **rubríca**?
d) **Êmerson** comprou **óvos chócos**. Homem sem sorte esse **Êmerson**. (Embora o nome já venha com acento circunflexo, há os que preferem dizer "émerson". No mundo há de tudo.)
e) O governo **subsidia** o trigo, porque esse **subsídio** é necessário. (Em ambos os casos o **s** medial tem som de **ç**.)
f) Não temos como **subsistir**, não temos condições de **subsistência**. (Idem.)
g) Como está a indústria **têxtil** no Brasil? Você compra produtos **têxteis**? (Embora as palavras já venham com acento circunflexo, há os que preferem dizer "téstil", "tésteis". Paciência!)
h) A polícia usou **cassetétes** para conter os manifestantes.
i) Eles têm um Mercedes-Benz SLÉ, mas nós temos um Corolla XÉI. Qual seria o carro do presidente do TSÉ? E do presidente do TRÉ? (As vogais isoladas sempre têm som aberto: a **é** i ó u. Mas sempre há os que preferem ter em casa lâmpada gê ê...)

j) Sei que palavra *poleiro* se escreve com **ó**; sei também que a fórmula química da água é $H_2\textbf{Ó}$ e que o nome correto do seu carro é Alfa Romeo, com **ó** no final, e não com "u". (As vogais isoladas sempre têm som aberto: a e i **ó** u. Mas sempre há os que preferem ter sangue tipo ô negativo...)

8. a) Eu te atenderia aos quinze para as quatro.
b) Nós o atenderemos aos cinco para as sete.
c) Nós os atenderíamos aos vinte para a uma.
d) Eu o atenderei aos dois para o meio-dia.
e) Eu os atendería ao um para a meia-noite.
(Este exercício tem por objetivo mostrar que antes de palavra masculina se usa **ao(s)**, e não "à(s)". Portanto, nenhum telejornal começa "às" dez para as nove, porque está subentendida palavra feminina depois de *dez*: **minutos**, que é – pelo menos até agora – palavra eminentemente masculina.)

9. a) Não **faça** isso, garota, não me **assanhe**! (O imperativo negativo toma emprestadas as formas do presente do subjuntivo.)
b) **Cale** a boca, seu imbecil! (A 3.ª pessoa do singular do imperativo afirmativo provém da 3.ª pessoa do singular do presente do subjuntivo.)
c) **Copie** isso logo, rapaz! (Idem.)
d) O bispo morreu?! Não **brinque**! (O imperativo negativo tem as formas do presente do subjuntivo.)
e) Não **fale** nada, **fique** quieta! (Idem.)

10. a) Você só irá fazer o trabalho que lhe **couber** e mais nada.
b) Só pararei de jogar quando **reouver** tudo o que perdi. (O verbo **reaver** se conjuga por **haver**, mas apenas nos casos em que este conserva a letra **v**.)
c) Se ele **mantiver** a palavra, seremos obrigados a ceder. (O verbo **manter** se conjuga por **ter**.)
d) Quem **mantivesse** a palavra seria perdoado; quem não a **mantiver** será castigado. (Idem.)
e) Você esperava que ele se **contivesse**? Quando ele se **contiver**, eu me **conterei** também. (O verbo **conter** se conjuga por **ter**.)
f) Se você se negar, se você **se abstiver**, poderá até ser preso. (O verbo **abster** se conjuga por **ter**.)
g) O fiscal **reteve** o nosso veículo ontem, e ninguém sabe dizer por quê. (O verbo **reter** se conjuga por **ter**.)
h) Se Luísa **vier** aqui e nos **vir** tão tristes, ficará triste também. (O futuro do subjuntivo do verbo **vir** é *vier, vieres, vier*, etc.; o futuro do subjuntivo do verbo **ver** é; *vir, vires, vir*, etc.)
i) Aquele que **revir** em tempo as suas posições ainda terá chance de ser admitido na empresa. (O verbo **rever** é derivado de *ver*.)
j) Quem **previr** o fim do mundo e acertar será considerado um profeta. (O verbo **prever** é derivado de *ver*.)

MÓDULO 12

1. Só corrija as palavras erradas:
a) cocoruto   b) primeiroanista   c) concessão   d) à beça   e) pesquisa
f) ojeriza   g) jiboia   h) geringonça   i) majestade   j) majestoso

2. Só acentue as palavras quando necessário:
a) coroa   b) boa   c) à toa   d) abençoe   e) tireoide   f) recuo   g) destruo
h) acuo   i) geleia   j) Eneias

3. Algumas destas frases não estão de acordo com a língua padrão. "Corrija-as":
a) Denise deu a luz a uma linda menina.
b) Uma elefanta nunca dá à luz dois filhotes.
c) Todo automóvel tem porta-luva, mas não conta-giro.
d) Essa mãe tem muito ciúmes dos filhos.
e) Elisa recebeu meu parabéns pelo aniversário.
f) A empresa deu férias coletiva a todos os seus funcionários.
g) Ivã comprou novo óculos escuro.
h) Bem, agora deixem eu descansar, que estou super-cansado!
i) Salve o tricolor paulista! Viva o tricolor carioca!
j) Salve os rubro-negros! Viva os flamenguistas!

4. Construa a frase c de cada conjunto, tendo por base este modelo:

   Preciso falar com um jornalista.
   O jornalista está ocupado.
   c) O jornalista com quem preciso falar está ocupado.

a) Vou me avistar com um cônsul.
b) O cônsul é francês.

a) Vou conversar com uma pessoa.
b) A pessoa é minha namorada.

a) Vou votar nesse candidato.
b) O candidato é da oposição.

a) Tenho de casar com essa garota.
b) A garota é guatemalteca.

5. Complete as frases com a forma adequada do verbo ter:

a) Eu tenho ciúme, mas elas não ... ciúme.
b) Se eu ... chance, ele também deve ter.
c) Se eu ... chance, ele também deverá ter.
d) Talvez nós ... chance, se ele chegar a tempo.
e) Quem ... dinheiro, que pague a conta!

6. Passe para o plural o que está em destaque, procedendo a todas as alterações necessárias:

a) O **cidadão** trouxe um **pãozinho** para o **capitão**.
b) O **projetil** atingiu a casa do **cônsul**.
c) O **anão** disse que viu **Lúcifer**.
d) O cientista **alemão** afirma que há somente um **Júpiter**.
e) O Brasil já praticou um dos melhores **futebol** e **voleibol** do mundo.
f) O **limão** e o **mamão** foram trazidos pelo **sacristão**.
g) O homem matou um **aligátor** e um **caimão**.
h) Esse ministro é um **mau-caráter**.
i) Jeni comeu um **hambúrguer**.
j) No quarto dela havia um **pôster** de Elvis.

7. Complete as frases com porque, por que, porquê ou por quê, conforme convier:

a) Teresinha não sabe dizer ... fez isso.
b) Teresinha não sabe dizer o ... de ter feito isso.
c) Teresinha fez isso ...? Ninguém sabe ...
d) Nunca saberás o motivo ... Teresinha fez isso.
e) ... Teresinha teria feito isso?
f) Teresinha fez isso ... a provocaram.
g) Você me xingou ... ?
h) Ninguém sabe o perrengue ... passamos.
i) Ester perguntou ... tudo aqui tem a cor verde.
j) Tudo aqui tem a cor verde, ... todos aqui são palmeirenses.

8. Complete as frases com a ou com à, conforme convier:

a) ... bordo, ... refeição foi um filé ... cavalo.
b) A polícia ainda anda ... cata de informações ... esse respeito.
c) ... polícia resta esperar a evolução dos acontecimentos.
d) Antes só vendíamos ... prazo; agora, só ... dinheiro.
e) Todos aqui só vendem ... vista, mas logo serão obrigados a vender também ... prestação.
f) O cão estava ... distância, mas ainda assim assustava.
g) O cão estava ... distância de dez metros, mas ainda assim assustava.

h) Luísa é candidata ... rainha do carnaval, e não ... deputada.
i) A reunião foi ... portas fechadas.
j) O que dei ... ela não posso dar ... você.

9. Dê o plural de:

a) CD pirata
b) olho violeta
c) fita cereja
d) tom pastel
e) sequestro relâmpago
f) corretor laranja
g) posto chave
h) revelação bomba
i) visita surpresa
j) passeata monstro

10. Algumas destas frases não estão de acordo com a língua padrão. "Corrija-as":

a) Chegamos agora de Salvador eu e Selma.
b) Fumar e beber faz muito mal à saúde.
c) Comer e dormir logo em seguida engorda.
d) Ganhar e perder são do esporte.
e) Amar e odiar são próprios do ser humano.
f) Um milhão de pessoas já morreu nessa guerra.
g) Deve existir torcedores feridos no estádio.
h) Deve haver torcedores feridos no estádio.
i) Tanto o marido como a mulher mentiu.
j) Tanto você quanto eu estou na mesma situação.

SOLUÇÕES

1. a) cocuruto **b)** primei**ra**nista   c) concessão   d) à beça   e) pesquisa   f) ojeriza   g) jiboia   h) geringonça   i) majestade   j) majestoso

2. a) coroa   b) boa   c) à toa   d) abençoe   e) tireoide   f) recuo   g) destruo   h) acuo   i) geleia   j) Eneias (Como se vê, nenhuma recebe acento gráfico.)

3. a) Denise deu **à** lu**z** u**m**a linda menina. (Dar à luz = dar ao mundo.)
b) Uma elefanta nunca dá à luz dois filhotes. (Frase correta.)
c) Todo automóvel tem porta-luva**s**, mas não conta-giro**s**. (As duas palavras terminam em s, mesmo no singular: o porta-luva**s**, o conta-giro**s**.)
d) Essa mãe tem muito ciúm**e** dos filhos. (**Ciúmes** é, naturalmente, palavra de plural; não combina com singular.)
e) Elisa recebeu meu**s** parabéns pelo aniversário. (**Parabéns** é palavra de plural; não combina com singular.)
f) A empresa deu férias coletiva**s**. (**Férias** é palavra de plural; não combina com singular, e "a todos os seus funcionários" constitui redundância, já que no termo *coletivas* já está implícita essa ideia.)

g) Ivã comprou novo**s** óculos escuro**s**. (**Óculos** é palavra de plural; não combina com singular.)
h) Bem, agora **me** deixem descansar, que estou supe**r**cansado! (Não existe "deixe eu", "deixem eu", mas sim **me deixe, me deixem**; e o prefixo *super-* só aceita hífen antes de palavras iniciadas por **h** e por **r**.)
i) Salv**e**, tricolor paulista! Viva o tricolor carioca! (**Salve** é interjeição, não aceita artigo posposto, mas sim vírgula, obrigatoriamente. **Viver** é verbo, concorda com o termo posposto.)
j) Salv**e**, rubro-negros! Viva**m** os flamenguistas! (V. caso anterior.)

4. c) O cônsul com quem preciso falar é francês.
c) A pessoa com quem vou conversar é minha namorada.
c) O candidato em quem vou votar é da oposição.
c) A garota com quem tenho de casar é guatemalteca.

5. a) Eu tenho ciúme, mas elas não **têm** ciúme.
b) Se eu **tenho** chance, ele também deve ter.
c) Se eu **tiver** chance, ele também deverá ter.
d) Talvez nós **tenhamos** chance, se ele chegar a tempo.
e) Quem **tiver** dinheiro, que pague a conta!

6. a) Os **cidadãos** trouxeram **uns** (ou **dois**) **pãezinhos** para os **capitães**.
b) Os **projetis** atingiram a casa dos **cônsules**.
c) Os **anãos** (ou **anões**) disseram que viram **Lucíferes**. (O plural de **Lúcifer** é *Lucíferes*, porque "Lúciferes" seria palavra com acento na pré-antepenúltima sílaba, o que é inadmissível em português.)
d) Os cientistas **alemães** afirmam que há somente **dois Jupíteres**. (Quanto a *Jupíteres*, e não "Júpiteres", v. caso anterior.)
e) O Brasil já praticou um dos melhores **futebóis** e **voleibóis** do mundo.
f) Os **limões** e os **mamões** foram trazidos pelos **sacristães**.
g) Os homens mataram dois **aligatores** e dois **caimões**.
h) Esses ministros são uns **maus-caracteres**.
i) Jeni comeu dois **hambúrgueres**.
j) No quarto dela havia dois **pôsteres** de Elvis.

7. a) Teresinha não sabe dizer **por que** fez isso. (Quando há a palavra *motivo* subentendida, escreve-se em duas palavras.)
b) Teresinha não sabe dizer o **porquê** de ter feito isso. (Neste caso é substantivo, equivalendo a *motivo*.)
c) Teresinha fez isso **por quê**? Ninguém **sabe por quê**. (Além de estar subentendida a palavra *motivo*, está em final de frase, daí o uso do acento.)
d) Nunca saberás o motivo **por que** Teresinha fez isso. (Neste caso equivale a *pelo qual* e sempre vem depois de substantivo.)
e) **Por que** Teresinha teria feito isso? (Em orações interrogativas, usa-se sempre em duas palavras.)
f) Teresinha fez isso **porque** a provocaram. (Está explicando ou mostrando a causa de alguma coisa.)
g) Você me xingou **por quê**? (V. letra *c*.)
h) Ninguém sabe o perrengue **por que** passamos. (V. letra *d*.)
i) Ester perguntou **por que** tudo aqui tem a cor verde. (V. letra *a*.)
j) Tudo aqui tem a cor verde, **porque** todos aqui são palmeirenses. (V. letra *f*.)

EXERCÍCIOS PARA *não errar mais*

8. a) **A** bordo, **a** refeição foi um filé **a** cavalo. (*Bordo* e *cavalo* são palavras masculinas; e o segundo **a** é artigo.)
b) A polícia ainda anda **à** cata de informações **a** esse respeito. (*À cata de* é locução com palavra feminina; **respeito** é palavra masculina.)
c) **À** polícia resta esperar a evolução dos acontecimentos. (Trata-se de objeto indireto de *restar*, que pede **a** para pessoa; mais o artigo **a**, de *polícia*, temos a crase.)
d) Antes só vendíamos **a** prazo; agora, só **a** dinheiro. (*Prazo* e *dinheiro* são palavras masculinas.)
e) Todos aqui só vendem **à** vista, mas logo serão obrigados a vender também **à** prestação. (São duas locuções (*à vista, à prestação*) com palavras femininas; daí o uso do acento.)
f) O cão estava **a** distância, mas ainda assim assustava. (Distância não especificada dispensa o uso do acento na locução *a distância*.)
g) O cão estava **à** distância de dez metros, mas ainda assim assustava. (Distância especificada exige o uso do acento no **a** da locução.)
h) Luísa é candidata **a** rainha do carnaval, e não **a** deputada. (A palavra *candidato* ou *candidata* sugere termo posposto de ideia vaga, por isso o **a** não é acentuado; repare que se trocarmos *rainha* por *rei* não aparece *ao*, mas apenas **a**: Luís é candidato **a** rei do carnaval.)
i) A reunião foi **a** portas fechadas. (Antes de palavras no plural, não se usa "às".)
j) O que dei **a** ela não posso dar **a** você. (Nenhum pronome do caso reto se usa com artigo; sendo assim, jamais pode haver crase com o **a** exigido pelo verbo.)

9. a) CD**s** pirata
b) olho**s** violeta
c) fita**s** cereja
d) to**ns** pastel
e) sequestro**s** relâmpago
f) corretor**es** laranja
g) posto**s** chave
h) revela**ções** bomba
i) visita**s** surpresa
j) passeata**s** monstro
(Nenhum substantivo que exerce função adjetiva varia; repare no plural de CD, com **s** sem apóstrofo; repare ainda que não há hífen em *sequestros relâmpago* nem em *postos chave*: não há necessidade.)

10. a) Chegamos agora de Salvador eu e Selma. (Frase correta: o verbo concorda com o sujeito composto.)
b) Fumar e beber faz muito mal à saúde. (Frase correta: sujeito constituído por dois infinitivos não varia, a não ser que sejam antônimos.)
c) Comer e dormir logo em seguida engorda. (Idem.)
d) Ganhar e perder são do esporte. (Sim, verbo no plural, porque os infinitivos são antônimos.)
e) Amar e odiar são próprios do ser humano. (Idem.)
f) Um milhão de pessoas já morreu nessa guerra. (Frase correta: *um milhão*, singular, mesmo seguido de complemento no plural, não permite ao verbo variar. Nenhum nome coletivo (*um milhão*) seguido de complemento no plural exige verbo no plural. Repare que construímos: *Uma nuvem de gafanhotos* **devastou** *a plantação de milho*, e não "devastaram".)
g) Deve**m** existir torcedores feridos no estádio. (O verbo auxiliar varia, porque *existir* não é verbo impessoal como *haver*.)
h) Deve haver torcedores feridos no estádio. (Frase correta, porque o verbo *haver* é impessoal, não tem sujeito no sentido de *existir*.)
i) Tanto o marido como a mulher menti**ram**. (Temos aqui sujeito composto, portanto verbo no plural.)
j) Tanto você quanto eu est**amos** na mesma situação. (Idem.)

MÓDULO 13

1. Só corrija as palavras erradas:
a) pertubar b) pertubação c) vazante d) xifópago e) perpetrar
f) chulé g) pistom h) improvisar i) laje j) extintor

2. Acentue ou não:

a) eu pus, ele pos; o cha, os chas; minha vez, tu ves
b) ela tem, elas tem; ela vem, elas vem; minha voz vos calara
c) voce e frances, eles são franceses; eu sou farao, ela e farao
d) eu o vi nu, vou ve-los nus, tudo está cru; ela se contem, elas se contem
e) pequenez, pequines, recem, refem, requiem, paleto

3. Algumas destas frases não estão de acordo com a norma padrão. "Corrija-as":

a) Do avião tínhamos o panorama geral do acidente.
b) Calasãs saberia jogar dama?
c) Os fiéis ficaram de joelho.
d) Em casa todos gozam boa saúde, de formas que posso viajar tranquilo.
e) Pascoal, você já foi receber aquele dinheiro que você tem direito?
f) Não apareceu ainda no mundo um jogador que se ombreasse a Pelé.
g) Quantos anos fazem que não acontece nenhum descarrilhamento por aqui?
h) Se um dos vagões não descarrilasse, o terrível incidente não teria acontecido.
i) Dou-lhe minha palavra de honra que isso não vai acontecer outra vez.
j) Sua desobediência implicará num castigo severo.

4. Passe tudo para o plural:

a) Informei-lhe o ocorrido.
b) Agradeci-lhe o favor prestado.
c) Paguei o IPVA do meu SUV e o IPTU de meu imóvel.
d) Dispus-me a carregá-la.
e) Venho aqui agora para abraçá-la.
f) Ultrapassei-o na curva.
g) Indispus-me com ela.
h) Aproximei-me dela e acariciei-a.
i) Enviei-lhe tudo o que pediu.
j) Conheci bastante moça bonita na festa.

5. Use o verbo em destaque adequadamente:

a) Enquanto não a **ver** feliz novamente, não descansarei.
b) Enquanto não a **ver** feliz novamente, não descansaremos.
c) Senti-me tolhido, como se fortes braços me **reter**.
d) Sentimo-nos tolhidos, como se fortes braços nos **conter**.
e) Seus pais lhe recomendaram que não **intervir** em briga alheia.
f) **Sorrir**, que nos fará bem!
g) **Vir** logo, que te esperam!
h) **Ouvir** as súplicas deste vosso filho, ó Deus!
i) Não **brincar** com coisa séria, rapaz!
j) Logo que ele **vir** com desculpas descabidas, deixe-os falando sozinhos!

6. Use o acento grave da crase quando necessário:

a) Nunca desobedeça a nenhuma pessoa, nem mesmo a sua sogra!
b) Obedeça a sinalização, é o aviso das placas rodoviárias.
c) A partir de amanhã todos deverão levantar-se as seis horas.
d) Eram mercadorias vendidas a partir de dois reais.
e) Esta revista é igual a que li na Europa.
f) Os marinheiros voltaram somente hoje a terra.
g) Gumersindo veio a janela e começou a gritar.
h) Essa blusa é idêntica a minha.
i) O fato aconteceu a dois de abril.
j) Os turistas ficaram bom tempo a contemplar aquela praia.

7. Complete as frases adequadamente:

a) O pai resolveu perdoar ... filho e ... filha.
b) Vou dar um pulo ... supermercado e, depois, ... farmácia.
c) ... você foi com essa roupa?
d) ... você esteve com essa roupa?
e) Estive ... nunca ninguém esteve; fui ... nunca ninguém foi.
f) Eis o livro ... folhas estão com defeito.
g) Eis o livro ... folhas as crianças estão fazendo aviõezinhos.
h) Esta é a sala ... escada estava escondido o tesouro.
i) Esta é a mesa ... gaveta estava meu documento.
j) Este é o carro ... pneu furou.

8. Algumas destas frases não estão de acordo com a norma padrão. "Corrija-as":

a) Esperamos vencermos todas as dificuldades.
b) Estamos aqui para vencermos todas as dificuldades.
c) Estamos aqui para ouvir suas pretensões.
d) Ao ver-nos tristes, eles nos consolaram.

e) Apesar de estarmos cansados, continuamos.
f) Continuamos, apesar de estar cansados.
g) Notou-se estar as paredes pintadas recentemente.
h) Ao entrar, fechem a porta!
i) Eles fecharam a porta, antes de entrar.
j) Ao perceber que estavam sendo vigiados, recuaram.

9. Leia de acordo com a norma padrão:

a) Eu roubo o que todo o mundo rouba. Você não rouba?
b) Eu estouro de raiva quando todo o mundo estoura. Você não estoura?
c) Este rádio capta as estações que aqueles captam.
d) Eu me adapto facilmente a qualquer lugar, quando meus filhos também se adaptam.
e) O lavrador peneira o arroz como as lavradeiras peneiram.
f) Enquanto eu me inteiro desta situação, inteire-se daquela!
g) Eu me indigno facilmente quando vocês se indignam.
h) A fumaça de cigarro impregna na roupa, no cabelo, em tudo.
i) O que consigna esse artigo do código?
j) Faço questão de que se consigne isso em ata.

10. Leia por extenso o que está em numeral:

a) Este é o 50.º ou o 60.º aniversário da cidade?
b) Você é a 70.ª pessoa que me pergunta isso.
c) Sou a 80.ª pessoa da fila.
d) Na 90.ª volta, cansei e parei de competir.
e) A 200.ª pessoa da fila era um idoso.
f) Não sei se este é o 300.º ou o 400.º relógio que vendo hoje.
g) Sempre me lembro dela ao 500.º minuto de cada dia.
h) O que será deste mundo, no 600.º século?
i) Ao contar as moedas, verifiquei que a 700.ª era falsa.
j) Você mora no 800.º ou no 900.º andar desse prédio?

SOLUÇÕES

1. a) pertu**r**bar **b)** pertu**r**bação **c)** vazante **d)** xifó**pago** **e)** perpetrar **f)** chulé
g) pistom* **h)** improvisar **i)** laje **j)** extintor
Pistom e pistão são formas variantes.

2. a) eu pus, ele p**ôs**; o ch**á**, os ch**ás**; minha vez, tu v**ês**
b) ela tem, elas t**êm**; ela vem, elas v**êm**; minha voz vos calar**á**
c) voc**ê é** franc**ês**, eles são franceses; eu sou fara**ó**, ela **é** fara**ó**
d) eu o vi nu, vou v**ê**-los nus; tudo está cru; ela se cont**ém**, elas se cont**êm**
e) pequenez, pequin**ês**, rec**ém**, ref**ém**, r**é**quiem, palet**ó**

3. a) Do avião tínhamos o **panorama** do acidente. (*Panorama geral* constitui redundância.)
b) Calasãs saberia jogar damas? (O nome do jogo é **damas**, e não "dama".)
c) Os fiéis ficaram de joelho**s**. (Ninguém fica *de "joelho"* sem se machucar...)
d) Em casa todos gozam boa saúde, de **forma** que posso viajar tranquilo. (As locuções são *de forma que, de maneira que, de modo que* e *de sorte que*.)
e) Pascoal, você já foi receber aquele dinheiro **a** que você tem direito? (Quem tem direito, tem direito **a** alguma coisa; a preposição não pode sumir-se.)
f) Não apareceu ainda no mundo um jogador **que ombreasse com** Pelé. (O verbo **ombrear** não é pronominal e rege **com**.)
g) Quantos anos **faz** que não acontece nenhum descarrilhamento por aqui? (O verbo **fazer**, em orações temporais, é impessoal, portanto só se usa na 3.ª pessoa do singular.)
h) Se um dos vagões não descarrilasse, o terrível **acidente** não teria acontecido. (Existem três formas corretas: *descarrilar, descarrilhar* e *desencarrilhar*; nenhum "incidente" é terrível.)
i) Dou-lhe minha palavra de honra **em** que isso não vai acontecer outra vez. (Quem dá palavra de honra, dá palavra de honra **em** alguma coisa.)
j) Sua desobediência **implicará um** castigo severo. (O verbo **implicar**, no sentido de *acarretar*, é transitivo direto.)

4. a) Informamos-lhes os ocorridos.
b) Agradecemos-lhes os favores prestados.
c) Pagamos os IPVAs dos nossos SUVs e os IPTUs de nossos imóveis.
d) Dispusemo-nos a carregá-las.
e) Vimos aqui agora para abraçá-las.
f) Ultrapassamo-los nas curvas.
g) Indispusemo-nos com elas.
h) Aproximamo-nos delas e acariciamo-las.
i) Enviamos-lhes tudo o que pediram.
j) Conhecemos bastantes moças bonitas nas festas.

5. a) Enquanto não a **vir** feliz novamente, não descansarei.
b) Enquanto não a **virmos** feliz novamente, não descansaremos.
c) Senti-me tolhido, como se fortes braços me **retivessem**.
d) Sentimo-nos tolhidos, como se fortes braços nos **contivessem**.
e) Seus pais lhe recomendaram que não **interviesse** em briga alheia.
f) **Sorriamos**, que nos fará bem!
g) **Vem** logo, que te esperam!
h) **Ouvi** as súplicas deste vosso filho, ó Deus!
i) Não **brinque** (ou **brinques**) com coisa séria, rapaz!
j) Logo que ele **vier** com desculpas descabidas, deixe-os falando sozinhos!

6. a) Nunca desobedeça a nenhuma pessoa, nem mesmo a sua sogra!
b) Obedeça **à** sinalização, é o aviso das placas rodoviárias.
c) A partir de amanhã todos deverão levantar-se **às** seis horas.
d) Eram mercadorias vendidas a partir de dois reais.
e) Esta revista é igual **à** que li na Europa.
f) Os marinheiros voltaram somente hoje a terra.
g) Gumersindo veio **à** janela e começou a gritar.
h) Essa blusa é idêntica **à** minha.

i) O fato aconteceu a dois de abril.
j) Os turistas ficaram bom tempo a contemplar aquela praia.

7. a) O pai resolveu perdoar **ao** filho e **à** filha. (O v. **perdoar** é sempre transitivo indireto para pessoa.)
b) Vou dar um pulo **ao** supermercado e, depois, **à** farmácia. (A expressão *dar um pulo* dá ideia de movimento, portanto é a preposição *a* que se usa.)
c) **Aonde** você foi com essa roupa? (É **aonde** que se usa com verbos e expressões de ideia de movimento.)
d) **Onde** você esteve com essa roupa? (Se não há ideia de movimento, usa-se **onde**.)
e) Estive **onde** nunca ninguém esteve; fui **aonde** nunca ninguém foi. (V. letras *c* e *d*.)
f) Eis o livro **cujas** folhas estão com defeito.
g) Eis o livro **de cujas** folhas as crianças estão fazendo aviõezinhos.
h) Esta é a sala **sob cuja** escada estava escondido o tesouro.
i) Esta é a mesa **em cuja** gaveta estava meu documento.
j) Este é o carro **cujo** pneu furou.
(O pronome **cujo** se usa sempre entre dois substantivos; a preposição a ser usada é sempre aquela pedida pelo sentido.)

8. a) Esperamos **vencer** todas as dificuldades. (Numa expressão verbal, só o primeiro verbo varia.)
b) Estamos aqui para vencermos todas as dificuldades. (Frase correta.)
c) Estamos aqui para ouvir suas pretensões. (Idem. Nas orações finais, usa-se singular ou plural, indiferentemente, se o sujeito da oração principal estiver no plural.)
d) Ao **verem**-nos tristes, eles nos consolaram. (**Ao + infinitivo** exige a forma nominal no plural, se o sujeito estiver nesse número.)
e) Apesar de estarmos cansados, continuamos. (Frase correta. O infinitivo varia sempre que a ordem das orações estiver invertida.)
f) Continuamos, apesar de estar cansados. (Frase correta; a frase está com as orações em sua ordem normal e depois de locução prepositiva o verbo varia ou não, indiferentemente, mesmo que o sujeito da oração principal esteja no plural.)
g) Notou-se **estarem** as paredes pintadas recentemente. (O infinitivo tem de variar porque o sujeito está no plural: *paredes*.)
h) Ao **entrarem**, fechem a porta! (V. a letra *d*.)
i) Eles fecharam a porta, antes de entrar. (Frase correta: o infinitivo da oração subordinada vem posposto a locução prepositiva.)
j) Ao **perceberem** que estavam sendo vigiados, recuaram. (V. a letra *d*.)

9. a) Eu **rôubo** o que todo o mundo **rôuba**. Você não **rôuba**?
b) Eu **estôuro** de raiva quando todo o mundo **estôura**. Você não **estôura**?
c) Este rádio **cápta** as estações que aqueles **cáptam**.
d) Eu me **adápto** facilmente a qualquer lugar, quando meus filhos também se **adáptam**. (Juntam-se a *captar* e *adaptar*, os verbos *optar* e *raptar*.)
e) O lavrador **penêira** o arroz como as lavradeiras **penêiram**.
f) Enquanto eu me **intêiro** desta situação, **intêire**-se daquela!
g) Eu me **indígno** facilmente quando vocês se **indígnam**.
h) A fumaça de cigarro **imprégna** na roupa, no cabelo, em tudo.
i) O que **consígna** esse artigo do código?
j) Faço questão de que se **consígne** isso em ata.

10. a) Este é o **quinquagésimo** ou o **sexagésimo** aniversário da cidade? (Em *quinqua*, ambos os *uu* soam.)
b) Você é a **setuagésima** (ou **septuagésima**) pessoa que me pergunta isso.
c) Sou a **octogésima** pessoa da fila. (Note: oct**o**, e não "octa".)
d) Na **nonagésima** volta, cansei e parei de competir.
e) A **ducentésima** pessoa da fila era um idoso.
f) Não sei se este é o **trecentésimo** (ou **tricentésimo**) ou o **quadringentésimo** relógio que vendo hoje.
g) Sempre me lembro dela ao **quingentésimo** minuto de cada dia. (O *u* soa.)
h) O que será deste mundo, no **seiscentésimo** (ou **sexcentésimo**) século?
i) Ao contar as moedas, verifiquei que a **setingentésima** (ou **septingentésima**) era falsa.
j) Você mora no **octingentésimo** ou no **nongentésimo** (ou **noningentésimo**) andar desse prédio?

MÓDULO 14

1. Só corrija as palavras erradas:

a) paxá   b) xará   c) xícara   d) xaveco   e) quebrante   f) trauletada
g) marcineiro   h) femenino   i) eletrecidade   j) flagância

2. Acentue ou não:

a) mes   b) xadrez   c) senti-la   d) possui-los   e) abacaxi   f) Carandiru
g) cupuaçu   h) semen   i) semens   j) Queops

3. Algumas destas frases não estão de acordo com a norma padrão. "Corrija-as":

a) Não sei aonde machuquei minha costa e perder meu óculos.
b) Puxa, Judith, você assusta à toa! Ninguém assusta assim como você.
c) As crianças saíram antes de meio-dia e só voltaram depois de meia-noite.
d) Novecentas milhões de ações foram negociadas ontem na Bolsa de Valores.
e) Os abacaxis custaram dez reais cada.
f) Nesta rodovia você encontrará, a cada 1 Km, um telefone de emergência. Não é uma maravilha uma coisa dessa?
g) Os dois times já adentraram ao gramado.
h) Sou contra a guerra e contra todas as estupidezes do ser humano.
i) O apêndice de Susana estava completamente supurado.
j) Meus filhos são ótimos! Haja visto o que conquistaram nessa competição.

4. Complete os espaços com o pronome demonstrativo adequado:

a) Tudo ... que estou dizendo já é do seu conhecimento.
b) Tudo ... que você está dizendo é coisa velha.
c) Tudo ... que ela disse é de conhecimento público.
d) ... ano não está sendo bom para ninguém.
e) ... ano que passou foi muito ruim.
f) D... vida nada se leva.
g) Não há criatura mais honesta n... país do que eu.
h) ... ano o Brasil vai ter uma safra recorde.
i) N... semana o Flamengo joga contra o Vasco da Gama.
j) O que faço com uma ferramenta d... que tenho nas mãos?

5. Coloque no plural o que está em destaque, procedendo a todas as alterações necessárias:

a) Trata-se de **problema** difícil de solucionar.
b) A **mim** tudo me pareceu **manobra** do governo.
c) Eis os turistas. Trata-se de **alemão**.
d) Coloquei no meu carro um **alto-falante** pesado e um **pisca-pisca** italiano.
e) Só mesmo **joão-bobo** caça **joão-de-barro**.

6. Exagere, usando a forma irregular ou erudita do adjetivo:

a) Luís não é meu amigo, é meu ...
b) Manuela não está magra, está ...
c) Essa moeda não é antiga, é ...
d) Esse assunto não é sério, é ...
e) Esse prefeito não é mau, é ...
f) Essa mulher não é negra, é ...
g) Lurdes não tomou uma atitude pessoal, tomou uma atitude ...
h) Trata-se não de uma ação precária, mas de uma ação ...
i) O julgamento foi sumário ou ...?
j) A decisão não nos foi benéfica, nos foi ...

7. Complete as frases com mal ou mau, conforme convier:

a) Ifigênia passou muito ... ontem à noite e está até agora ...-humorada, de muito ...-humor.
b) Manuel não é ... motorista, mas em ... estado de saúde dirige muito ...
c) Não quero ... a ninguém, nem mesmo a Pascoal, que é um ... amigo.
d) Dormi ... esta noite e pensei que estava tendo um ... súbito.
e) Não há nada de ... em ir à praia com ela à noite. Há ... nisso? Só mesmo um caráter muito ... poderá pensar ... de mim.

EXERCÍCIOS PARA *não errar mais*

8. Leia as frases, atentando para a pronúncia correta das palavras em destaque:

a) Nas festas juninas, a garotada **estoura** foguetes e bombinhas.
b) Quem **rouba** a ladrão tem cem anos de perdão.
c) Napoleão queria **extinguir** a oposição e **aniquilar** os inimigos.
d) É preciso saber **distinguir** o certo do errado.
e) O **fluido** do isqueiro se esgotou em poucos dias.
f) Estudei na Faculdade **Ibero**-Americana.
g) Os meninos são boa **companhia** para os pais.
h) Elisa tem um pai **avaro** e **austero**.
i) Os **tijolos** ainda não estão nos **fornos**?
j) Só nesta rua existem dois prontos-**socorros**.

9. Aumente, usando apenas as formas irregulares dos substantivos em destaque:

a) Isso não é uma **rocha**, é um ...
b) Ela não me deu um **beijo**, me deu uma ...
c) Não fiz um **drama**, fiz um ...
d) Não me deram uma **fatia** do bolo, me deram um ... dele.
e) Atiraram não uma **pedra** no ônibus dos jogadores, mas um ...
f) Aqueles não eram propriamente **cães**, eram ...
g) O carro não bateu contra um **muro,** bateu contra uma ...
h) Jeni fez cirurgia plástica na **boca** para eliminar a ... que tinha.
i) Para mim aquilo não é bem uma **cruz**, é um ...
j) Aquilo não é bem um **fumo**, é uma ...

10. À medida que lê as frases, vá usando os verbos em destaque no presente do subjuntivo:

a) Diga-lhe isso ou coisa que **equivaler**.
b) Espero que isto **valer** alguma coisa.
c) Não há sala onde **caber** tantos alunos.
d) Espero que vocês só **dar** informações corretas.
e) É lamentável que ainda se **incendiar** as nossas florestas.
f) Não é conveniente que nós **pôr** agasalho com este calorão.
g) Não nos deem tarefa que **requerer** muito esforço!
h) Não é justo que nós **descrer** de Deus.
i) É bom que vocês **passear** por toda a cidade.
j) Enquanto você **pentear** os cabelos, ela se maquia.

SOLUÇÕES

1. a) paxá b) xará c) xícara d) xaveco **e)** quebran**to** **f)** traul**i**tada **g)** marc**e**neiro **h)** fem**i**nino **i)** eletr**i**cidade **j)** fr**a**grância

2. a) m**ê**s b) xadrez c) senti-la **d)** possu**í**-los e) abacaxi f) Carandiru g) cupuaçu **h)** s**ê**men i) semens **j)** Qu**é**ops

3. a) Não sei **onde** machuquei minhas costas e perdi meus óculos. (Não há verbo de movimento, portanto usa-se **onde**; **costas**, sempre no plural, quando significa *dorso*; **óculos** é palavra só usada no plural.)
b) Puxa, Judi**t**e, você **se** assusta à toa! Ninguém **se** assusta assim como você. (O v. **assustar** é rigorosamente pronominal em frases como essas.)
c) As crianças saíram antes d**o** meio-dia e só voltaram depois d**a** meia-noite. (*Meio-dia* e *meia-noite* exigem sempre o artigo.)
d) Novecent**os** milhões de ações foram negociad**os** ontem na Bolsa de Valores. (**Milhão** é palavra masculina, coisa que toda a mídia brasileira não sabe.)
e) Os abacaxis custaram dez reais cada **um**. (Não se usa *cada* isolado.)
f) Nesta rodovia você encontrará, a **cada km**, um telefone de emergência. Não é uma maravilha uma coisa dessa**s**? (**Cada** já dá ideia de unidade; **uma + substantivo + de** é expressão que exige o pronome demonstrativo no plural.)
g) Os dois times já **adentraram o** gramado. (O v. **adentrar** é transitivo direto.)
h) Sou contra a guerra e contra todas as estupidezes do ser humano. (Frase correta.)
i) O apêndice de Susana estava completamente supurado. (Idem.)
j) Meus filhos são ótimos! Haja **vista** o que conquistaram nessa competição. (A expressão **haja vista** é invariável, no português contemporâneo.)

4. a) Tudo **isto** que estou dizendo já é do seu conhecimento.
b) Tudo **isso** que você está dizendo é coisa velha.
c) Tudo **aquilo** que ela disse é de conhecimento público.
d) **Este** ano não está sendo bom para ninguém.
e) **Esse** ano que passou foi muito ruim.
f) **Desta** vida nada se leva.
g) Não há criatura mais honesta n**este** país do que eu.
h) **Este** ano o Brasil vai ter uma safra recorde.
i) N**esta** semana o Flamengo joga contra o Vasco da Gama.
j) O que faço com uma ferramenta d**estas** que tenho nas mãos?

5. a) Trata-se de **problemas** difíceis de solucionar. (*Tratar-se de* nada tem a ver com problemas, não tem sujeito, por isso fica sempre no singular, fato que a mídia brasileira desconhece por completo.)
b) A **nós** tudo **nos** parece**ram manobras** do governo.
c) Eis os turistas. Trata-se de **alemães**. (V. letra *a*.)
d) Coloquei no meu carro dois **alto-falantes** pesados e dois **pisca-piscas** (ou **piscas-piscas**) italianos.
e) Só mesmo **joões-bobos** caçam **joões-de-barro**.

6. a) Luís não é meu amigo, é meu **amicíssimo**.
b) Manuela não está magra, está **macérrima**. (A forma *magérrima* é eminentemente popular, que na linguagem formal deve ser evitada.)

EXERCÍCIOS PARA *não errar mais*

c) Essa moeda não é antiga, é **antiquíssima**.
d) Esse assunto não é sério, é **seriíssimo**. (Quando o adjetivo termina em -io antecedido de consoante, seu superlativo sintético sempre tem dois **ii**; quando -io é antecedido de vogal, porém, o superlativo sintético se grafa apenas com um **i**: feio, *feíssimo*; cheio, *cheíssimo*.)
e) Esse prefeito não é mau, é **péssimo**.
f) Essa mulher não é negra, é **nigérrima**.
g) Lurdes não tomou uma atitude pessoal, tomou uma atitude **personalíssima**.
h) Trata-se não de uma ação precária, mas de uma ação **precariíssima**. (V. letra *d*.)
i) O julgamento foi sumário ou **sumariíssimo**? (V. letra *d*.)
j) A decisão não nos foi benéfica, nos foi **beneficentíssima**.

7. a) Ifigênia passou muito **mal** ontem à noite e está até agora **mal**-humorada, de muito **mau**-humor.
b) Manuel não é **mau** motorista, mas em **mau** estado de saúde dirige muito **mal**.
c) Não quero **mal** a ninguém, nem mesmo a Pascoal, que é um **mau** amigo.
d) Dormi **mal** esta noite e pensei que estava tendo um **mal** súbito.
e) Não há nada de **mal** em ir à praia com ela à noite. Há **mal** nisso? Só mesmo um caráter muito **mau** poderá pensar **mal** de mim.

8. a) Nas festas juninas, a garotada **estôura** foguetes e bombinhas. (Evite dizer "estóra"!)
b) Quem **rôuba** a ladrão tem cem anos de perdão. (Evite dizer "róba"!)
c) Napoleão queria **extinghir** a oposição e **anikilar** os inimigos. (Evite dizer "extingüir" e "aniqüilar"!)
d) É preciso saber **distinghir** o certo do errado. (Evite dizer "distingüir"!)
e) O **flúido** do isqueiro se esgotou em poucos dias. (O substantivo é **fluido**; *fluído* é particípio de *fluir*.)
f) Estudei na Faculdade **Ibéro**-Americana. (Evite dizer "íbero"!)
g) Os meninos são boa **companhia** para os pais. (Evite dizer "compania"! Afinal, ninguém é bom "companeiro".)
h) Elisa tem um pai **aváro** e **austéro**. (Há quem diga "ávaro" e "áustero".)
i) Os **tijólos** ainda não estão nos **fórnos**?
j) Só nesta rua existem dois prontos-**socórros**.

9. a) Isso não é uma **rocha**, é um **rochedo**.
b) Ela não me deu um **beijo**, me deu uma **beijoca**.
c) Não fiz um **drama**, fiz um **dramalhão**.
d) Não me deram uma **fatia** do bolo, me deram um **fatacaz** dele.
e) Atiraram não uma **pedra** no ônibus dos jogadores, mas um **pedregulho**.
f) Aqueles não eram propriamente **cães**, eram **canzarrões**.
g) O carro não bateu contra um **muro**, bateu contra uma **muralha**.
h) Jeni fez cirurgia plástica na **boca** para eliminar a **bocarra** (ou **bocaça**) que tinha.
i) Para mim aquilo não é bem uma **cruz**, é um **cruzeiro**.
j) Aquilo não é bem um **fumo**, é uma **fumaça**.

10. a) Diga-lhe isso ou coisa que **equivalha**. (Evite dizer "equivala"!)
b) Espero que isto **valha** alguma coisa. (Evite dizer "vala"!)
c) Não há sala onde **caibam** tantos alunos.
d) Espero que vocês só **deem** informações corretas.

e) É lamentável que ainda se **incendeiem** as nossas florestas.
f) Não é conveniente que nós **ponhamos** agasalho com este calorão.
g) Não nos deem tarefa que **requeira** muito esforço!
h) Não é justo que nós **descreiamos** de Deus.
i) É bom que vocês **passeiem** por toda a cidade.
j) Enquanto você **penteia** os cabelos, ela se maquia. (Evite dizer "pentia"!)

MÓDULO 15

1. Só corrija as palavras erradas:
a) jaboticaba   b) friorento   c) expontâneo   d) explêndido   e) dibrar
f) aluguer   g) frecha   h) irriquieto   i) escuma   j) escumadeira

2. Use o diminutivo irregular das palavras em destaque:

a) Isso não é um **rio**, é apenas um ...
b) O caminhão não derrubou duas **árvores**, derrubou dois ...
c) O arquipélago não é formado por três **ilhas**, mas sim por três ...
d) Hernâni não tem uma **fazenda**, tem uma ...
e) Você não viu três **lobos**, você viu três ...
f) Ela não me deu um **beijo**, me deu um ...
g) Este ano não tivemos um **verão**, tivemos um ...
h) Aquelas crianças não eram uns **diabos**, eram, sim, uns ...
i) Não foi um **astro** que quase se chocou com a Terra, foi apenas um ...
j) Marisa disse que caçou duas **águias**, mas na verdade eram duas ...

3. Complete as frases com o plural do que está em destaque:

a) Não vi um **porco-espinho**, vi dois ...
b) Não comprei só uma **couve-flor**, comprei muitas ...
c) Você comprou um **puro-sangue**? Pois eu comprei dois ...
d) Ela não alimenta só um **beija-flor**, alimenta muitos ...
e) Recebi não só um **vale-transporte**, recebi vários ...

4. Algumas destas frases não estão de acordo com a norma padrão. "Corrija-as":

a) O Corinthians adentrou no gramado exatamente às quinze para as quatro.
b) Fui até o portão só por descargo de consciência, eu sabia que não tinha ladrão nenhum.
c) Todos esses problemas cabem ao presidente resolver.

EXERCÍCIOS PARA *não errar mais* 83

d) Agente custa a acreditar no que está acontecendo.
e) Cinco ainda são os jogos que restam ao Flamengo fazer.
f) Sou uma pessoa que detesto demagogia.
g) O Palmeiras venceu por qualidades que nem é necessário enumerar.
h) Você já terminou de almoçar? Preciso apresentar-lhe o rapaz cujos os pais são cientistas.
i) Não sou eu quem faço esse trabalho.
j) Sua mulher não o perdoará jamais.

5. Em todas as frases abaixo falta um ou mais pronomes oblíquos. Inclua nelas o pronome que convier, ou aquele que o contexto exigir, utilizando-se para isso da próclise, ênclise ou mesóclise, conforme a conveniência de cada caso:

a) Todos levantaram e dirigiram até a porta.
b) O Sol vai pondo no horizonte.
c) Luísa, em vendo chegar, veio ao meu encontro.
d) Nós tínhamos queixado com o gerente do hotel.
e) Apanhei o retrato e coloquei na gaveta.
f) A empregada tinha pegado o retrato e metido na gaveta.
g) Já é tarde, apressa!
h) Dá um copo d'água, que estou com sede!
i) Nenhum de nós ainda esqueceu daqueles momentos.
j) Você lembra de mim?

6. Complete as frases com meio ou com meia, conforme convier:

a) Juçara anda ... aborrecida.
b) Será que já é meio-dia e ...?
c) A criança ficou ... nervosa.
d) Elisa ficou ... tonta, quando ouviu a proposta.
e) A vida é mesmo ... engraçada.

7. Use o sinal grave, indicador de crase, quando convier:

a) Aprendi a ler e a escrever a custa de muito sacrifício.
b) Daqui a pouco chegarão os convidados.
c) Não fiz alusão nem a isso nem aquilo.
d) Passei muito mal daquele dia a este.
e) De segunda a sexta estamos abertos das 8h as 18h.

8. Complete as frases com a ou há, conforme convier:

a) Cheguei ... alguns minutos; daqui ... pouco retornarei.
b) Estamos ... dois meses de um novo ano.
c) Estamos ... dois meses trabalhando duro aqui.

d) O gol foi marcado ... dois minutos do final do jogo.
e) O gol foi marcado ... apenas dois minutos.
f) A duplicata foi descontada ... dois meses.
g) A duplicata foi descontada ... dois dias do seu vencimento.
h) O descobrimento da pólvora remonta ... séculos.
i) Daqui ... alguns anos ele estará aposentado.
j) O homem morreu ... três passos de mim.

9. Exagere, usando a forma irregular ou erudita do adjetivo:

a) Este café não está doce, está ...
b) Isso não é provável, é ...
c) Este travesseiro não é macio, é ...
d) Essa obra não é célebre, é ...
e) Os cristais não são frágeis, são ...
f) O dia não está frio, está ...
g) Meu cão não é manso, é ...
h) Sua filha não é pudica, é ...
i) Aqui não me sinto livre, me sinto ...
j) Calasãs não foi ágil, foi ...

10. Siga um dos modelos, conforme a conveniência de cada caso:

>Já que eu tenho de colorir, vou colorir.
>Já que eu tenho de mentir, eu minto.

a) Já que eu tenho de competir, eu ...
b) Já que eu tenho de explodir, eu ...
c) Já que eu tenho de falir, eu ...
d) Já que eu tenho de mobiliar, eu ...
e) Já que eu tenho de me resignar, eu ...
f) Já que eu tenho de computar, eu ...
g) Já que eu tenho de impugnar, eu ...
h) Já que eu tenho de ressarcir, eu ...
i) Já que eu tenho de medir, eu ...
j) Já que eu tenho de parir, eu ...

SOLUÇÕES

1. a) jab**u**ticaba   b) friorento   **c)** e**s**pontâneo   **d)** e**s**plêndido   **e)** d**r**iblar   f) aluguer   g) frecha   **h)** ir**r**equieto   i) escuma   j) escumadeira
(São formas variantes, ou seja, corretas: aluguel/aluguer, flecha/frecha, escuma/espuma, escumadeira/espumadeira. Dentre as formas variantes, uma sempre se torna mais popular e, portanto, mais usada, deixando a outra de lado, parecendo errônea.)

EXERCÍCIOS PARA *não errar mais* 85

2. a) Isso não é um **rio**, é apenas um **riacho** (ou **ribeiro**).
b) O caminhão não derrubou duas **árvores**, derrubou dois **arvoretas**.
c) O arquipélago não é formado por três **ilhas**, mas sim por três **ilhotas**. (A forma *ilhéu* é pouco usada.)
d) Hernâni não tem uma **fazenda**, tem uma **fazendola**.
e) Você não viu três **lobos**, você viu três **lobatos** (ou **lobachos**).
f) Ela não me deu um **beijo**, me deu um **beijote**. (Atenção: *beijoca* é forma aumentativa, e não diminutiva, como querem os professores de plantão da Internet.)
g) Este ano não tivemos um **verão**, tivemos um **veranico**.
h) Aquelas crianças não eram uns **diabos**, eram, sim, uns **diabretes**.
i) Não foi um **astro** que quase se chocou com a Terra, foi apenas um **asteroide**.
j) Marisa disse que caçou duas **águias**, mas na verdade eram duas **aguietas**. (*Aguioto* é filhote de águia.)

3. a) Não vi um **porco-espinho**, vi dois **porcos-espinhos** (ou **porcos-espinho**, segundo o VOLP).
b) Não comprei só uma **couve-flor**, comprei muitas **couves-flores** (ou **couves-flor**, segundo o VOLP).
c) Você comprou um **puro-sangue**? Pois eu comprei dois **puros-sangues**.
d) Ela não alimenta só um **beija-flor**, alimenta muitos **beija-flores**.
e) Recebi não só um **vale-transporte**, recebi vários **vales-transportes** (ou **vale-transportes**).

4. a) O Corinthians **adentrou o** gramado exatamente **aos** quinze para as quatro. (O v. adentrar é transitivo direto; **quinze** se refere a *minutos*, palavra masculina.)
b) Fui até o portão só por descargo de consciência, eu sabia que não **havia** ladrão nenhum. (**Descargo** é palavra melhor que *desencargo*, neste caso; o v. ter só na língua despretensiosa é usado por *haver*.)
c) Todos esses problemas **cabe** ao presidente resolver. (O sujeito de **caber** não é *problemas*, mas *resolver problemas*.)
d) Custa-me acreditar no que está acontecendo. (*Agente* nada tem a ver com **a gente**; o verbo **custar** tem como sujeito a oração iniciada por *acreditar*; ninguém custa; uma ação ou um fato é que custa. Mas o povo não arreda o pé: só usa "custo a acreditar", "custei a chegar", etc.)
e) Cinco ainda são os jogos que **resta** ao Flamengo fazer. (O sujeito de **restar** não é *jogos*, mas *fazer jogos*.)
f) Sou uma pessoa que **detesta** demagogia. (A expressão **uma pessoa que** exige o verbo na 3.ª pessoa do singular.)
g) O Palmeiras venceu por qualidades que nem é necessário enumerar. (Frase correta: o sujeito do verbo **ser** é *enumerar qualidades*.)
h) Você já **acabou** de almoçar? Preciso apresentar-lhe o rapaz **cujos pais** são cientistas. (Evite usar o v. terminar antes de infinitivo; depois de *cujo(s)* não se usa artigo.)
i) Não sou eu quem **faz** esse trabalho. (O pronome quem exige o verbo na 3.ª pessoa do singular. Essa frase equivale a esta em outra ordem: *Quem faz esse trabalho não sou eu.*)
j) Sua mulher não **lhe** perdoará jamais. (O v. perdoar é transitivo indireto de pessoa.)

5. a) Todos **se** levantaram e **se** dirigiram até a porta. (**Todos**, como pronome substantivo que é, exige a próclise, ou seja, o pronome oblíquo antes do verbo; no segundo caso, ainda seria possível *dirigiram-se*, mas no português do Brasil a próclise sempre tem preferência.)

b) O Sol vai **se** pondo no horizonte. (Entre dois verbos, no Brasil a preferência é pela colocação do pronome oblíquo entre eles, em qualquer circunstância.)
c) Luísa, em **me** vendo chegar, veio ao meu encontro. (A preposição **em** exige a próclise, quando usada antes de gerúndio.)
d) Nós tínhamos **nos** queixado com o gerente do hotel. (Nos tempos compostos, a preferência é deixar o pronome oblíquo antes do particípio. É possível ainda usar *nós tínhamo-nos* e até *nós nos tínhamos queixado*.)
e) Apanhei o retrato e coloquei-**o** na gaveta. (Sem fator de próclise, usa-se a ênclise, mas não há inconveniente no uso da próclise aí.)
f) A empregada tinha pegado o retrato e **o** metido na gaveta. (Aqui só é possível a próclise, porque jamais se usa pronome oblíquo depois de particípio.)
g) Já é tarde, apressa-**te**! (Os imperativos exigem a ênclise, ou seja, a colocação do pronome oblíquo depois do verbo.)
h) Dá-**me** um copo d'água, que estou com sede! (Na língua falada do Brasil só se usa a próclise mesmo neste caso; na língua escrita, formal, porém, convém usar a ênclise, principalmente em concursos e vestibulares.)
i) Nenhum de nós ainda **se** esqueceu daqueles momentos. (**Ainda** é fator de próclise.)
j) Você **se** lembra de mim? (No Brasil é comum perguntarem "Você lembra de mim?", com erro de regência. Usada a preposição de, temos um verbo pronominal (lembrar-se), e não apenas "lembrar". Portanto, usamos: *Eu **lembro** seu nome*. Mas: *Eu **me** lembro **do** seu nome*.)

6. a) Juçara anda **meio** aborrecida. (Na língua formal, usa-se sempre **meio** antes de adjetivo.)
b) Será que já é meio-dia e **meia**? (Isto é: meio-dia e *meia hora*.)
c) A criança ficou **meio** nervosa. (V. letra *a*. Ainda que no plural, continua sendo **meio** a palavra a ser usada: *As crianças ficaram **meio** nervosas*.)
d) Elisa ficou **meio** tonta, quando ouviu a proposta. (V. letra *a*.)
e) A vida é mesmo **meio** engraçada. (V. letra *a*.)

7. a) Aprendi a ler e a escrever **à** custa de muito sacrifício. (*À custa de* é locução com palavra feminina.)
b) Daqui a pouco chegarão os convidados.
c) Não fiz alusão nem a isso nem **à**quilo.
d) Passei muito mal daquele dia a este.
e) De segunda a sexta estamos abertos das 8h **às** 18h. (Note: antes de sexta o a não traz acento porque se usou de anteriormente; se fosse usado da seria diferente: da segunda à sexta; note no segundo caso o uso de/das e, consequentemente, o acento no as; lembre-se de que o nome indicativo de horas se usa obrigatoriamente com artigo: *trabalho **das** 12h **às** 20h, viajei **do** meio-dia **à** meia-noite*, etc.)

8. a) Cheguei **há** alguns minutos; daqui **a** pouco retornarei. (**há** = faz; **a** = preposição)
b) Estamos **a** dois meses de um novo ano. (V. letra *a*.)
c) Estamos **há** dois meses trabalhando duro aqui. (V. letra *a*.)
d) O gol foi marcado **a** dois minutos do final do jogo. (V. letra *a*.)
e) O gol foi marcado **há** apenas dois minutos. (V. letra *a*.)
f) A duplicata foi descontada **há** dois meses. (V. letra *a*.)
g) A duplicata foi descontada **a** dois dias do seu vencimento. (V. letra *a*.)
h) O descobrimento da pólvora remonta **a** séculos. (Preposição pedida pelo verbo.)

EXERCÍCIOS PARA *não errar mais* 87

i) Daqui **a** alguns anos ele estará aposentado. (V. letra *a*.)
j) O homem morreu **a** três passos de mim. (V. letra *a*.)

9. a) Este café não está doce, está **dulcíssimo**!
b) Isso não é provável, é **probabilíssimo**.
c) Este travesseiro não é macio, é **maciíssimo**! (Palavras terminadas em **-io** antecedido de consoante fazem o superlativo sintético com dois **ii**.)
d) Essa obra não é célebre, é **celebérrima**!
e) Os cristais não são frágeis, são **fragílimos**!
f) O dia não está frio, está **frigidíssimo** (ou **friíssimo**)!
g) Meu cão não é manso, é **mansuetíssimo**!
h) Sua filha não é pudica, é **pudicíssima**!
i) Aqui não me sinto livre, me sinto **libérrimo**!
j) Calasãs não foi **ágil**, foi **agílimo**!

10. a) Já que eu tenho de competir, eu **compito**.
b) Já que eu tenho de explodir, eu **explodo** (forma popular).
c) Já que eu tenho de falir, eu **vou falir**. (O v. **falir** é defectivo, ou seja, não tem formas rizotônicas.)
d) Já que eu tenho de mobiliar, eu **mobílio**. (Note o acento na segunda sílaba.)
e) Já que eu tenho de me resignar, eu **me resigno**. (Cuidado com a pronúncia!)
f) Já que eu tenho de computar, eu **computo**.
g) Já que eu tenho de impugnar, eu **impugno**. (Cuidado com a pronúncia!)
h) Já que eu tenho de ressarcir, eu **ressarço**.
i) Já que eu tenho de medir, eu **meço**.
j) Já que eu tenho de parir, eu **pairo**.

MÓDULO 16

1. Só corrija as palavras erradas:
a) frocos b) bilboquê c) grunir d) desincarnar e) exação f) cruzmaltino
g) bicampeão h) frauta i) nebrina j) mulçumano

2. Substitua o que está em destaque por adjetivos equivalentes:

a) Trouxe comigo um jornal **de Montevidéu** e um **de Bogotá**.
b) Os soldados **de Bagdá** cumprimentaram os soldados **de Bengala**.
c) As montanhas **da Somália** são bem diferentes das montanhas **de Chipre**.
d) O governo **da Romênia** não concordou com as propostas do governo **de Moscou**.
e) As praias **de Mônaco** não são mais bonitas que as praias **de Fernando de Noronha**.
f) Os cidadãos **de Jerusalém** acenavam com as mãos aos turistas **do Afeganistão**.

g) Muitas construções **de São Luís** ainda lembram a colonização francesa.
h) Os diplomatas **da Bélgica** não conheceram os diplomatas **da Bulgária**.
i) A comitiva mineira **de Três Corações** cumprimentou a gaúcha **de Dois Irmãos**.
j) As garotas **de Salvador** são tão lindas quanto as **do Rio de Janeiro**.

3. Só use o acento grave no a **quando convier**:

a) Não dê ouvidos a intrigas nem a boatos!
b) Baltasar foi comigo a esquina e rapidamente voltou a casa.
c) Os leões se encontravam a muitos metros de nós.
d) Os trabalhadores levam as enxadas as costas.
e) Minha preocupação aumenta a proporção que o tempo passa.
f) Daqui a Curitiba, aliás, a fria Curitiba, são duas horas de viagem.
g) Esse é o aluno a cuja mãe telefonei informando o ocorrido.
h) As segundas-feiras vamos a cidade fazer compras.
i) Se você chegar a uma da madrugada, bata a porta!
j) A sobremesa serviram-nos morango com chantili.

4. Substitua as expressões em destaque por uma palavra equivalente:

a) Atos de pirata são atos ...
b) Tempestade que provém da região Sul é uma tempestade ...
c) Tempestade que provém da região Norte é uma tempestade ...
d) Uma doença no fígado é uma doença ...
e) Quem tem lábios de lebre tem lábios ...
f) Bens em dinheiro são bens ...
g) Um material de cobre é um material ...
h) A época de Carlos Magno ficou conhecida como época ...
i) Brigas de casamento são brigas ...
j) Um tumor na bexiga é um tumor ...

5. Algumas destas frases não estão de acordo com a norma padrão. "Corrija-as":

a) Domingo joguemos bola o dia inteiro, depois comemos à beça.
b) Acho que ponhemos muito sal na comida: está supersalgada!
c) Manuel se trocou num instante e saiu.
d) Deixe de ser xereto, Virgílio!
e) O jogador saiu do campo puxando a perna esquerda.
f) Ultimamente não tenho pego resfriado. Você tem pego?
g) A companhia de seguros deu perca total no meu carro.
h) João Pessoa é pequeno, mas é lindo!
i) Ribeirão Preto é muito abafado.

EXERCÍCIOS PARA *não errar mais*

j) A baía da Guanabara está totalmente poluída; desde de 1960 sua fauna diminui ano a ano.

6. Substitua as expressões iniciadas por que por um adjetivo equivalente:

a) letra que não se pode ler
b) coisa que não se pode dizer
c) som que não se pode perceber
d) obra que não se pode aperfeiçoar
e) obra que não se pode executar
f) estátua que não se pode deslocar
g) governo que não se corrompe
h) verdade que não se pode conhecer
i) cena que não se pode narrar (por sua grandeza)
j) coisa que não se pode ouvir

7. Complete as frases com o antônimo do que está em destaque:

a) Todos falavam da **fatuidade** do orador, e não da sua ...
b) A obra não era **autêntica**, mas sim ...
c) Fale com **naturalidade**, e não com ... !
d) Não se tratava de doença **duradoura**, mas sim de doença ...
e) A transformação não foi **rápida**, mas sim ...
f) Todos notaram o **apetite** do rapaz e a ... da namorada.
g) Havia dois homens **barbados** e três ...
h) Elas não são **egoístas**; ao contrário, elas são ...
i) Os lavradores procedem à **fertilização** da terra, e não à sua ...
j) Dia 13 é dia **propício** para uns e ... para outros.

8. Use a forma adequada dos verbos em destaque:

a) Quero que você **entreter** as crianças.
b) Se você **manter** a palavra, nada lhe acontecerá.
c) Se você **manter** a palavra, nada lhe aconteceria.
d) Esperávamos que a polícia **conter** os manifestantes.
e) Quando você **abster-se** de bebidas alcoólicas, ajudá-lo-emos.
f) Mesmo que o policial **reter** sua carteira de habilitação, ele estaria errado.
g) Se vocês me **entreter** por alguns minutos, eu lhes agradeceria.
h) Todos esperam que nós **manter** as aparências.
i) Todos esperavam que nós **manter** as aparências.
j) Logo que **reter** os ladrões, quiseram saber de nós como fizemos para tal.

9. Algumas destas frases não estão de acordo com a norma padrão. "Corrija-as":

a) Ele ficou de bruço, e ela de cocre.
b) Nunca vi pessoa tão pé-fria quanto Juçara!
c) Nunca vi pessoa mais pão-dura que Ifigênia!
d) Comprei um apartamento que já veio todo encarpetado.
e) Não vou repetir novamente o que já disse mil vezes.
f) Ofereceram uma janta de gala aos tri-campeões.
g) Duas milhões de crianças pobres foram amparadas.
h) O tablete de chocolate foi dividido em metades iguais, para que as duas crianças não reclamassem.
i) Quando me virei às direita, vi que tinha mesmo é que me virar às esquerda.
j) Quando viram a ponte levadiça, as crianças exultaram de alegria!

10. Substitua as expressões iniciadas pela preposição de por uma só palavra equivalente:

a) perímetro da cidade
b) população das margens dos rios
c) nervo dos quadris
d) prazeres da terra
e) seres da Terra
f) força da terra (solo)
g) suco do pâncreas
h) anomalia da visão
i) caixa do tórax
j) osso da testa

SOLUÇÕES

1. a) frocos b) bilboquê **c)** grun**h**ir **d)** des**e**ncarnar e) exação **f)** cruz-maltino g) bicampeão h) frauta i) nebrina **j)** mu**çul**mano
(São formas variantes: frocos/flocos, frauta/flauta, nebrina/neblina.)

2. a) Trouxe comigo um jornal **montevideano** e um **bogotano**.
b) Os soldados **bagdali** cumprimentaram os soldados **bengali**. (Note: ambos os adjetivos são oxítonos, mas a mídia brasileira insiste em usar "bagdáli", "bengáli".)
c) As montanhas **somalis** são bem diferentes das montanhas **cipriotas**. (Note que o primeiro adjetivo é oxítono, a exemplo de *bagdali* e *bengali*; a mídia brasileira desconhece completamente o fato.)
d) O governo **romeno** não concordou com as propostas do governo **moscovita**.
e) As praias **monegascas** não são mais bonitas que as praias **noronhenses**.
f) Os cidadãos **hierosolimitas** (ou **hierosolimitanos**) acenavam com as mãos aos turistas **afegãos** (ou **afeganes**).
g) Muitas construções **luisenses** ainda lembram a colonização francesa.

EXERCÍCIOS PARA *não errar mais* 91

h) Os diplomatas **belgas** não conheceram os diplomatas **búlgaros**.
i) A comitiva mineira **tricordiana** cumprimentou a gaúcha **dois-irmãosense**. (Há duas cidades brasileiras com o nome de *Dois Irmãos*, uma no Tocantins, outra no Rio Grande do Sul. Quem nasce na cidade tocantinense se diz *dois-irmanense*.)
j) As garotas **soteropolitanas** (ou **salvadorenses**) são tão lindas quanto as **cariocas**.

3. a) Não dê ouvidos a intrigas nem a boatos! (Antes de palavras no plural não use usa **a** com acento.)
b) Baltasar foi comigo **à** esquina e rapidamente voltou a casa. (O v. **ir** exige a preposição **a**; **esquina** se usa com o artigo **a**, portanto crase; **casa** quando significa *lar* não se usa com artigo; sendo assim, impossível haver crase. Note que usamos: *estou em casa*, e não *estou "na" casa*, quando se trata da casa própria, do lar.)
c) Os leões se encontravam a muitos metros de nós. (Antes de palavras masculinas não se usa *a* com acento.)
d) Os trabalhadores levam as enxadas **às** costas. (Locução com palavra feminina deve ter **a** acentuado.)
e) Minha preocupação aumenta **à** proporção que o tempo passa. (V. letra *d*.)
f) Daqui a Curitiba, aliás, **à** fria Curitiba, são duas horas de viagem. (Curitiba não exige artigo, portanto não se usa a craseado, mas, ao qualificarmos o nome, aparece o artigo. Note que usamos: *Curitiba é fria*, sem o artigo, mas: *A fria Curitiba é linda*, com o artigo.)
g) Esse é o aluno a cuja mãe telefonei informando o ocorrido. (Antes de *cuja* não se usa **a** acentuado.)
h) **Às** segundas-feiras vamos **à** cidade fazer compras. (Quando há ideia implícita de *sempre*, usa-se **às** ou **aos**: *aos fins de semana*, *às segundas-feiras*; o v. **ir** exige a preposição **a**, e cidade exige o artigo **a**, portanto crase.)
i) Se você chegar **à** uma da madrugada, bata **à** porta! (Nomes de horas sempre se usam com o artigo; aí temos a preposição **a** pedida pelo v. **chegar** e o artigo do nome da hora; portanto, crase. Locução com palavra feminina exige **a** acentuado: *à porta, à mesa*, etc.)
j) **À** sobremesa serviram-nos morango com chantili. (Quando o **a** significa *por ocasião de*, exige acento: *À hora do lanche, bate o sinal*.)

4. a) Atos de pirata são atos **predatórios**.
b) Tempestade que provém da região Sul é uma tempestade **austral** (ou **meridional**).
c) Tempestade que provém da região Norte é uma tempestade **boreal** (ou **setentrional**).
d) Uma doença no fígado é uma doença **figadal** (ou **hepática**).
e) Quem tem lábios de lebre tem lábios **leporinos**.
f) Bens em dinheiro são bens **pecuniários**.
g) Um material de cobre é um material **cúprico**.
h) A época de Carlos Magno ficou conhecida como época **carolíngia** (ou **carlovíngio**).
i) Brigas de casamento são brigas **conjugais**.
j) Um tumor na bexiga é um tumor **vesical**.

5. a) Domingo **jogamos** bola o dia inteiro, depois comemos à beça.
b) Acho que **pusemos** muito sal na comida: está supersalgada!
c) Manuel **trocou de roupa** num instante e saiu. (Evite usar "trocar-se" por *trocar de roupa*!)
d) Deixe de ser xereta, Virgílio! (*Xereta* é substantivo comum de dois: *o xereta, a xereta*. Não existe "xereto".)
e) O jogador saiu do campo puxando **da** perna esquerda. (Quem anda mancando, puxa **de** uma perna; puxar uma perna é arrastá-la.)

f) Ultimamente não tenho **pegado** resfriado. Você tem **pegado**? (**Pego** só se usa com os verbos *ser* e *estar*: *Fui pego em flagrante. Eles já estavam pegos de surpresa*. Mas não há erro em usar *pegado* mesmo aí.)
g) A companhia de seguros deu per**d**a total no meu carro. (O substantivo é **perda**, e não "perca", que é verbo.)
h) João Pessoa é pequen**a**, mas é lind**a**! (Isto é: *a cidade* de João Pessoa.)
i) Ribeirão Preto é muito abafad**a**. (Idem.)
j) A baía d**e** Guanabara está totalmente poluída; **desde 1960** sua fauna diminui ano a ano. (O nome correto é baía de Guanabara; e *desde* repudia a companhia de "de".)

6. a) letra **ilegível**
b) coisa **indizível**
c) som **imperceptível**
d) obra **inaperfeiçoável**
e) obra **inexequível** (o **u** soa)
f) estátua **inamovível**
g) governo **incorruptível**
h) verdade **incognoscível**
i) cena **inenarrável** (neste caso não cabe "inarrável"; v. os verbetes *inarrável* e *inenarrável* no **Dicionário Prático**.)
j) coisa **inaudível**

7. a) Todos falavam da **fatuidade** do orador, e não da sua **modéstia**.
b) A obra não era **autêntica**, mas sim **apócrifa**.
c) Fale com **naturalidade**, e não com **afetação**!
d) Não se tratava de doença **duradoura**, mas sim de doença efêmera (ou **passageira, temporária, transitória**.)
e) A transformação não foi **rápida**, mas sim **paulatina**.
f) Todos notaram o **apetite** do rapaz e a **inapetência** da namorada.
g) Havia dois homens **barbados** e três **imberbes**.
h) Elas não são **egoístas**; ao contrário, elas são **altruístas** (ou **filantropas**).
i) Os lavradores procedem à **fertilização** da terra, e não à sua **esterilização**.
j) Dia 13 é dia **propício** para uns e **aziago** para outros.

8. a) Quero que você **entretenha** as crianças.
b) Se você **mantiver** a palavra, nada lhe acontecerá.
c) Se você **mantivesse** a palavra, nada lhe aconteceria.
d) Esperávamos que a polícia **contivesse** os manifestantes.
e) Quando você **se abstiver** de bebidas alcoólicas, ajudá-lo-emos.
f) Mesmo que o policial **retivesse** sua carteira de habilitação, ele estaria errado.
g) Se vocês me **entretivessem** por alguns minutos, eu lhes agradeceria.
h) Todos esperam que nós **mantenhamos** as aparências.
i) Todos esperavam que nós **mantivéssemos** as aparências.
j) Logo que **retivemos** os ladrões, quiseram saber de nós como fizemos para tal.

9. a) Ele ficou de bruço**s**, e ela de **cócoras**. (A locução correta é de bruços; "cocre" é forma meramente popular.)
b) Nunca vi pessoa tão pé-fri**o** quanto Juçara! (**Pé-frio** é palavra invariável.)
c) Nunca vi pessoa mais pão-duro que Ifigênia! (**Pão-duro** é palavra invariável.)

EXERCÍCIOS PARA *não errar mais* 93

d) Comprei um apartamento que já veio todo **a**carpetado. (O adjetivo é **acarpetado** ou **carpetado**, e não "encarpetado".)
e) Não vou **repetir** o que já disse mil vezes. ("Repetir novamente" constitui redundância.)
f) Ofereceram **um jantar** de gala aos **tri**campeões. ("Janta" é palavra censurável; **tri-**, assim como *bi-, tetra-, penta-*, etc., não exige hífen.)
g) **Dois** milhões de crianças pobres foram amparad**os**. (**Milhão** é e sempre foi palavra masculina, algo que a mídia brasileira desconhece.)
h) O tablete de chocolate foi dividido em **metades**, para que as duas crianças não reclamassem. ("Metades iguais" constitui redundância.)
i) Quando me virei **à** direita, vi que tinha mesmo é que me virar **à** esquerda. (As locuções são *à direita* e *à esquerda*.)
j) Quando viram a ponte levadiça, as crianças **exultaram**! ("Exultar de alegria" constitui redundância.)

10. a) perímetro **urbano**
b) população **ribeirinha**
c) nervo **ciático**
d) prazeres **terrenos**
e) seres **terráqueos**
f) força **telúrica**
g) suco **pancreático**
h) anomalia **visual**
i) caixa **torácica** (e não "toráxica")
j) osso **frontal**

MÓDULO 17

1. Só corrija as palavras erradas:

a) lucubração b) plesbicito c) cardeneta d) falcudade e) impingem
f) exprobrar g) poncã h) jaboti i) urangutango j) corimbatá

2. Algumas destas frases não estão de acordo com a norma padrão. "Corrija-as":

a) Uma coisa ela exige do namorado: mais amor e menas confiança.
b) O armazém, sito na Rua Dias Ferreira, está fechado.
c) Neste país todos podem viajar de avião, quer sejam ricos ou pobres.
d) Tudo aconteceu derrepente, em que pese os esforços da polícia.
e) Concerteza as pessoas estavam bêbedas.
f) Eles não sabem o que fazer para mim ficar contente.
g) Vocês não são políticos, vocês são pseudos políticos.
h) A turma nem acabaram de chegar e já foram embora?!
i) Acho que o pessoal não ficaram porque não gostaram de você.
j) Deram-me dois livros para mim ler num só dia.

3. Complete as frases com os elementos faltantes, conforme convier:

a) Filipe e Virgílio são dois alunos ... palavras confio.
b) Filipe e Virgílio são dois alunos ... palavras ninguém duvida.
c) As pessoas ... o cão investiu são turistas.
d) Essa foi a pergunta ... resposta não ouvi.
e) Essa é uma pergunta ... não se deve dar resposta.
f) O filme ... assisti foi ótimo!
g) Esse é o filme ... cenas a imprensa critica.
h) Esse é o filme ... cenas já me falaram.
i) Cristina é a mulher ... amor já não posso prescindir.
j) Cristina é a mulher ... passado conversamos ontem.

4. Nos espaços, use o antônimo do que está em destaque:

a) A lei era **nupérrima**, e não ..., como queriam os deputados.
b) Havia um vidro **opaco** e outro ...
c) Ao operário ... se contrapõe o operário **preguiçoso**.
d) Não se tratava de um povo **nômade**, mas sim de um povo ...
e) Ninguém aprecia homens **hesitantes**; todos gostam de homens ...
f) Todos os esforços eram **profícuos**, e não ...
g) Não vou **procrastinar** a reunião; ao contrário, vou ...-la.
h) Ora se ouvia ritmo **sacro**, ora se ouvia ritmo ...
i) Meu discurso foi **lacônico**, mas o dele foi ...
j) Todos comentavam o **entusiasmo** do ministro e a ... do presidente.

5. Substitua as expressões em destaque por adjetivos equivalentes:

a) lembrança **dos sonhos**
b) filosofia **de Sócrates**
c) amor **de Platão**
d) derivados **do leite**
e) história **da Idade Média**
f) olhos **em chamas**
g) poder **de arcebispo**
h) teorema **de Descartes**
i) água **da chuva**
j) aves **de ilha**

6. Complete as frases com a forma adequada do verbo ser:

a) Talvez você ... como eu: cético.
b) Talvez nós ... como ela: muito frágeis.
c) Creio que elas ... lindas, porque a mãe é.
d) Creio que eu ... equilibrado nas minhas decisões.
e) Caso ... injustos com nossos funcionários, alerte-nos!
f) Caso ... injustos com nossos funcionários, ele nos alertaria.
g) Desde que vocês ... honestos comigo, eu serei com vocês.
h) Embora ... pobre, não sou pão-duro.

i) Embora ... pobre, não era pão-duro.
j) Ainda que ... pobres, não somos pães-duros.

7. Complete as frases com a forma adequada do verbo estar:

a) Espero que você ... bem de saúde.
b) Esperava que você ... bem de saúde.
c) Creio que elas ... aqui daqui a pouco.
d) Creio que nós ... de volta daqui a uma hora.
e) Desde que vocês ... aqui às 6h, eu também estarei.
f) Embora ... chovendo à beça, não está frio.
g) Eles exigem que nós ... prontos daqui a dois minutos.
h) Talvez você ... sentindo a falta de Cristina como eu.
i) Talvez elas ... sendo injustas com os maridos.
j) Pode ser que você ... sendo procurado pela polícia.

8. Algumas destas frases não estão de acordo com a norma padrão. "Corrija-as":

a) Nunca namorei com essa moça. De hipótese nenhuma admito dizerem que já namorei com ela.
b) Éramos em vinte em casa, depois ficamos em quinze; hoje somos em cinco.
c) A filha é que nem o pai: não fala e nem ouve.
d) Fiz questão de ir de a pé, só para não lhe dar o gostinho da minha companhia.
e) A chuva de granito que caiu ontem arrasou a lavoura e o telhado de muita gente.
f) Comi dois ovos estrelados e um filé à parmigiana.
g) Seu filho já está um homão e ainda não sabe o que é porta basculhante!
h) A escola que meu filho estuda é mais superior do que aquela que você matriculou o seu.
i) Haviam muitas melancias bonitas no supermercado. Trouxe para casa umas par delas.
j) Paula era ídola de todos os brasileiros que gostavam de basquete.

9. Complete as frases com o antônimo do que está em destaque:

a) Em vez de pensarmos em **decadência**, pensemos em ...
b) Em vez de pensarmos em **dificuldade**, pensemos em ...
c) Nada neste mundo é **eterno**, tudo é ...
d) Embora não fosse um rapaz **robusto**, muito ao contrário, era um rapaz ..., ninguém conseguia derrubá-lo.
e) Tudo o que é **prejudicial**, naturalmente, não é ...

f) Há duas possibilidades: ou você recebe **aplausos**, ou recebe ...
g) A minha decisão não é **recente**, é muito ...
h) O mar não estava **calmo**, estava bastante ...
i) Se não alcançarmos a **vitória**, restar-nos-á o ...
j) Os **idosos** cumprimentavam os ..., numa confraternização emocionante.

10. Ponha no singular tudo o que for possível:

a) Encontramos dois oásis em todo o percurso.
b) Eram as nossas noites de núpcias.
c) Os ourives nos fizeram lindas alianças.
d) Elas têm cútis aveludadas, parecem pétalas de rosas.
e) Os ônibus chegaram atrasados, preocupando os guarda-costas da família.
f) Nos arredores da cidade existiam estoques de víveres, para a eventualidade de uma guerra.
g) Gostaria de saber o que acontece nos bastidores dessa emissora de televisão.
h) Nossas férias foram magníficas! Tivemos excelentes férias!
i) As crianças ficaram com fortes dores nas costas nos dias seguintes aos dos exercícios.
j) Quantos picles vocês trouxeram?

SOLUÇÕES

1. a) lu**cu**bração* b) ple**bis**cito c) ca**der**neta d) fa**cul**dade e) impi**n**gem f) expr**o**brar g) ponc**ã** h) jab**u**ti i) **o**rang**o**tango j) **cu**rimbatá
(*Existe a variante **elucubração**.)

2. a) Uma coisa ela exige do namorado: mais amor e men**os** confiança. (Não existe nem nunca existiu na língua a palavra "menas".)
b) O armazém, sito na Rua Dias Ferreira, está fechado. (Frase correta: **sito** rege **em**, e não "a".)
c) Neste país todos podem viajar de avião, quer sejam ricos**, quer sejam** pobres. (A conjunção alternativa é repetitiva: **quer...quer**, e não "quer...ou".)
d) Tudo aconteceu **de repente**, em que pese **a**os esforços da polícia. (**De repente** se escreve em duas palavras; **em que pese a** é locução prepositiva, e toda locução prepositiva termina por preposição.)
e) **Com certeza** as pessoas estavam bêbedas. (Com certeza se escreve em duas palavras; **bêbedo** é variante de *bêbada*.)
f) Eles não sabem o que fazer para **eu** ficar contente. (Antes de verbo não se usa "mim".)
g) Vocês não são políticos, vocês são **pseudopolíticos**. (O falso prefixo **pseudo-**, além de invariável, só exige hífen antes de palavra iniciada por **h** ou por **o**.) Escreveu Andrei Roman, em El País, 30/7/2017: *Pior é essa utopia de esquerda ainda permanecer forte, principalmente em universidades públicas, onde um monte de maconheiros desocupados são assessorados por **pseudoprofessores** que se autodenominam estudiosos e propagam essa ideologia cancerígena para massa de alienados!*

EXERCÍCIOS PARA *não errar mais*

h) A turma nem **acabou** de chegar e já **foi** embora?! (**Turma** é palavra de singular.)
i) Acho que o pessoal não **ficou** porque não **gostou** de você. (**Pessoal** é palavra de singular.)
j) Deram-me dois livros para **eu** ler num só dia. (V. letra *f*.)

3. a) Filipe e Virgílio são dois alunos **em cujas** palavras confio. (Repare na regência do v. **confiar**: quem confia, confia **em** alguma coisa. Entre dois substantivos usa-se o pronome *cujo* e variações.)
b) Filipe e Virgílio são dois alunos **de cujas** palavras ninguém duvida. (Repare na regência do v. **duvidar**: quem duvida, duvida **de** alguma coisa.)
c) As pessoas contra as quais o cão investiu são turistas. (Cães investem **contra** alguém; por que **os quais**? Porque as preposições dissílabas exigem *o qual* e variações.)
d) Essa foi a pergunta **cuja** resposta não ouvi. (Por que agora sem preposição anteposta? Por causa da regência do v. **ouvir**, transitivo direto.)
e) Essa é uma pergunta **a que** não se deve dar resposta. (Quem dá resposta, dá resposta **a** alguma coisa. Por que agora se usa o pronome que? Porque não há dois substantivos.)
f) O filme **a que** assisti foi ótimo! (O v. **assistir**, no sentido de *ver*, é transitivo indireto. V. letra e.)
g) Esse é o filme **cujas** cenas a imprensa critica. (Por que **cujas** agora? Por causa dos dois substantivos: *filme* e *cenas*. O v. **criticar** é transitivo direto, daí não haver necessidade de nenhuma preposição.)
h) Esse é o filme **de cujas** cenas já me falaram. (Quem fala, fala **de** alguma coisa; e **cujas** por causa dos dois substantivos: *filme* e *cenas*.)
i) Cristina é a mulher **de cujo** amor já não posso prescindir. (Quem prescinde, prescinde **de** alguma coisa; **cujo** deve aparecer entre dois substantivos, no caso *mulher* e *amor*.)
j) Cristina é a mulher **sobre cujo** passado conversamos ontem. (Quem conversa, conversa **sobre** alguma coisa; **cujo** por causa dos dois substantivos: *mulher* e *passado*.)

4. a) A lei era **nupérrima**, e não **antiquíssima**, como queriam os deputados.
b) Havia um vidro **opaco** e outro **diáfano** (ou **transparente**).
c) Ao operário **laborioso** (ou **trabalhador**) se contrapõe o operário **preguiçoso**.
d) Não se tratava de um povo **nômade**, mas sim de um povo **sedentário**.
e) Ninguém aprecia homens **hesitantes**; todos gostam de homens **resolutos** (ou **decididos**).
f) Todos os esforços eram **profícuos**, e não **vãos**.
g) Não vou **procrastinar** a reunião; ao contrário, vou **antecipá**-la.
h) Ora se ouvia ritmo **sacro**, ora se ouvia ritmo **profano**.
i) Meu discurso foi **lacônico**, mas o dele foi **prolixo**.
j) Todos comentavam o **entusiasmo** do ministro e a **apatia** do presidente.

5. a) lembrança **onírica**
b) filosofia **socrática**
c) amor **platônico**
d) derivados **lácteos**
e) história **medieval**
f) olhos **flamejantes**
g) poder **arquiepiscopal**
h) teorema **cartesiano**
i) água **pluvial**
j) aves **insulares**

6. a) Talvez você **seja** como eu: cético. (Não existe "seje".)
b) Talvez nós **sejamos** como ela: muito frágeis. (Não existe "sejemos".)
c) Creio que elas **sejam** lindas, porque a mãe é. (Não existe "sejem".)
d) Creio que eu **seja** equilibrado nas minhas decisões.
e) Caso **sejamos** injustos com nossos funcionários, alerte-nos!

f) Caso **fôssemos** injustos com nossos funcionários, ele nos alertaria.
g) Desde que vocês **sejam** honestos comigo, eu serei com vocês.
h) Embora **seja** pobre, não sou pão-duro.
i) Embora **fosse** pobre, não era pão-duro.
j) Ainda que **sejamos** pobres, não somos pães-duros.

7. a) Espero que você **esteja** bem de saúde. (Não existe "esteje".)
b) Esperava que você **estivesse** bem de saúde.
c) Creio que elas **estejam** aqui daqui a pouco. (Não existe "estejem".)
d) Creio que nós **estejamos** de volta daqui a uma hora.
e) Desde que vocês **estejam** aqui às 6h, eu também estarei.
f) Embora **esteja** chovendo à beça, não está frio.
g) Eles exigem que nós **estejamos** prontos daqui a dois minutos.
h) Talvez você esteja sentindo a falta de Cristina como eu.
i) Talvez elas **estejam** sendo injustas com os maridos.
j) Pode ser que você **esteja** sendo procurado pela polícia.

8. a) Nunca **namorei essa** moça. **Em** hipótese nenhuma admito dizerem que já **a** namorei. (O v. **namorar** em português legítimo é transitivo direto; a locução correta é *em hipótese nenhuma*.)
b) **Éramos vinte** em casa, depois **ficamos quinze**; hoje **somos cinco**. (Em português legítimo não se usa a preposição "em" nesse caso.)
c) A filha é **como** o pai: não fala **nem** ouve. ("Que nem" por **como** não se usa; poderíamos usar também no lugar de *como* **igual a**; **e nem** só se usa corretamente quando houver ideia de sequer: *Ela passou* **e nem** *me cumprimentou*. Do contrário, só se usa **nem**.)
d) Fiz questão de **ir a pé**, só para não lhe dar o gostinho da minha companhia. (Quem vai caminhando, vai **a pé**, e não "de" a pé.)
e) A chuva de granizo que caiu ontem arrasou a lavoura e o telhado de muita gente. (Chuva de *granito* é infinitamente mais perigosa que a de **granizo**; felizmente, não ocorre na natureza, apenas na língua de alguns eleitos...)
f) Comi dois ovos estrelados e um filé à parmigiana. (Frase correta: os ovos que se lançam à frigideira tomam a forma de uma estrela, daí por que se diz que são **estrelados**, mas o povo quer que sejam "estalados"; o filé melhor é o à parmigiana.)
g) Seu filho já está um **homenzarrão** e ainda não sabe o que é porta **basculante**! (O aumentativo de *homem* é **homenzarrão**; *homão* é forma eminentemente popular; e a porta sadia só pode ser **basculante**.)
h) A escola **em** que meu filho estuda é superior **àquela em** que você matriculou o seu. (Todas as questões são de regência.)
i) **Havia** muitas melancias bonitas no supermercado. Trouxe para casa **algumas** delas. (O v. **haver** por *existir* é impessoal, não tem sujeito, portanto fica sempre na 3.ª pessoa do singular; "umas par delas" é expressão meramente popular.)
j) Paula era ídola de todos os brasileiros que gostavam de basquete. (Frase correta; *ídola* é feminino de *ídolo*; deixou de ser nome sobrecomum.)

9. a) Em vez de pensarmos em **decadência**, pensemos em **progresso**.
b) Em vez de pensarmos em **dificuldade**, pensemos em **facilidade**.
c) Nada neste mundo é **eterno**, tudo é **efêmero** (ou **passageiro** ou **transitório**).
d) Embora não fosse um rapaz **robusto**, muito ao contrário, era um rapaz **franzino**, ninguém conseguia derrubá-lo.

EXERCÍCIOS PARA *não errar mais*

e) Tudo o que é **prejudicial**, naturalmente, não é **benéfico**.
f) Há duas possibilidades: ou você recebe **aplausos**, ou recebe **vaias** (ou **apupos**).
g) A minha decisão não é **recente**, é muito **antiga**.
h) O mar não estava **calmo**, estava bastante **revolto**.
i) Se não alcançarmos a **vitória**, restar-nos-á o **fracasso**.
j) Os **idosos** cumprimentavam os **jovens**, numa confraternização emocionante.

10. a) Encontrei um oásis em todo o percurso.
b) Era a minha noite de núpcias. (*Núpcias* é palavra só usada no plural.)
c) O ourives me fez lindas alianças.
d) Ela tem cútis aveludada, parece pétala de rosa.
e) O ônibus chegou atrasado, preocupando o guarda-costas da família.
f) Nos arredores da cidade existia estoque de víveres, para a eventualidade de uma guerra. (*Arredores* é palavra só usada no plural.)
g) Gostaria de saber o que acontece nos bastidores dessa emissora de televisão. (*Bastidores* é palavra só usada no plural.)
h) Minhas férias foram magníficas! Tive excelentes férias! (*Férias* por *descanso* é palavra só usada no plural.)
i) A criança ficou com forte dor nas costas no dia seguinte ao do exercício. (*Costas* = dorso é palavra só usada no plural.)
j) Quantos picles você trouxe? (*Picles* é palavra só usada no plural.)

MÓDULO 18

1. Só corrija as palavras erradas:
a) fraqueza   b) abdome   c) abdômen   d) cãibra   e) câimbra
f) metereologia   g) má-criação   h) malcriação   i) cincoenta   j) nojenta

2. Acentue ou não:
a) binoculo   b) microscopio   c) pimbolim   d) sereia   e) atras   f) atlas
g) femur   h) paraiso   i) tainha   j) feiura

3. Algumas destas frases não estão de acordo com a norma padrão. "Corrija-as":
a) Minha irmã é crânia, é gênia!
b) Sua irmã é uma nó-cega mesmo: foi à praia de saia!
c) Numa só página se via três asterísticos. Ninguém sabia explicar porque haviam ali três asterísticos.
d) Eu pôs todo o dinheiro que tenho na caderneta de poupança. Eu fez muita economia nos últimos anos.
e) Ofereceram-me um copo d'água bem gelado, mas a água estava saloba.
f) Se caso chover, recolha a roupa do varal!

g) Minha estadia nesse hotel foi curta.
h) Cheguei cedo ao trabalho, apesar que tenha ido dormir tarde.
i) Nesta cidade existem muitos velhinhos internados no asilo São Vicente de Paula.
j) Que horas você chegou? Que horas você entrou em casa esta noite?

4. Complete as frases com formas adequadas do verbo haver:

a) Embora ... festa, ninguém está contente.
b) Embora ... festa, eu não estava contente.
c) Quando vocês ... resolvido o que fazer, avisem-me!
d) Se vocês ... chegado ontem, isso não teria acontecido.
e) Quem ... ganho o maior prêmio não éramos nós.
f) Quem ... saído do circo não mais poderia retornar.
g) ... dinheiro para tanta festa que estão fazendo aqui!
h) Eles esperam que nós ... feito um bom negócio.
i) Eles esperavam que nós ... feito ótimo negócio.
j) Quando vocês ... comido tudo, lhes darei mais.

5. Complete as frases de forma adequada:

a) Eu não ... cinema hoje porque está chovendo.
b) Ninguém ... praia com chuva.
c) Espero que vocês ... Salvador nas férias.
d) Ouviram do Ipiranga ... margens plácidas.
e) Teresinha e Ivã ... escola todos os dias, mesmo que estejam doentes.
f) Nós não ... feira se os preços estivessem altos.
g) Nós não ... Brasília se o avião não chegar a tempo.
h) Juçara e Rosa ... festa e não encontrariam ninguém.
i) Há muitos anos que nós não ... Ipanema.
j) Havia muitos anos que nós não ... Bahia.

6. Exagere, usando as formas superlativas irregulares dos adjetivos em destaque:

a) Essa gente não é **simples**, é ...
b) Não somos uma família **feliz**, somos uma família ...
c) Naquela época eu não era um atleta **jovem**, eu era um atleta ...
d) O clima de Teresópolis não é **salubre**, é ...
e) Vinícius não é um poeta **célebre**, é um poeta ...
f) Nossa região não é **pobre**, é ...
g) Precisamos não de políticos **íntegros**, precisamos de políticos ...
h) Seu estilo de governar não é **pessoal**, é ...
i) Essas meninas que aspiram a ser modelo acham que precisam ficar **magras**, aliás, ..., para fazerem sucesso.
j) Você não é **preguiçoso**, você é ...

7. Algumas destas frases não estão de acordo com a norma padrão. "Corrija-as":

a) Os pacotes estavam levianos, por isso as crianças o carregavam com facilidade.
b) Nunca tive rinxa com ninguém.
c) Briguei com ela **porque** ela não me obedeceu. (A expressão "por causa que" é meramente popular.)
d) Nunca fiquei fora de si na minha vida.
e) Eu me acordo bem cedo todos os dias. Você não se acorda?
f) Use metiolato nessa ferida, senão arruina!
g) O motorista do ônibus perdeu a direção e bateu contra um muro.
h) Estamos aqui para trabalhar-mos, e não para brincar-mos.
i) Se você não pagar ao dentista, eu é que tenho de pagar-lhe.
j) Se você não perdoar ao rapaz, eu vou perdoar-lhe.

8. Complete as frases com um ou com uma, conforme convier:

a) Haroldo é ... mala, nunca vi pessoa tão desagradável!
b) Ifigênia, sua mulher, é ... mala igual a ele.
c) Bernadete é ... caixa eficiente na nossa empresa.
d) Quanto estará custando hoje ... grama de ouro?
e) Promoveram ali ... bacanal impressionante!
f) Fiz ... TED para a conta bancária dela.
g) Se você não fizer ... caução, não lhe alugam o apartamento.
h) Nunca vi ... cal desse jeito.
i) Esse clube ainda não tem ... mascote que o represente.
j) Essa mulher tem ... libido impressionante!

9. Complete:

a) Uma revista jurídico-empresarial, duas revistas ...
b) Um gasto médico-hospitalar, dois gastos ...
c) Um político nacional-socialista, dois políticos ...
d) Um deputado democrata-cristão, dois deputados ...
e) Um vestido cor-de-rosa, dois vestidos ...
f) Uma blusa verde-abacate, duas blusas ...
g) Um carro gelo, dois carros ...
h) Um terno azul-marinho, dois ternos ...
i) Um carro cinza, dois carros ...
j) Um automóvel cinza-escuro, dois automóveis ...

10. Algumas destas frases não estão de acordo com a norma padrão. "Corrija-as":

a) Ao meu ver, ele é palmeirista, porisso que está dizendo a todo mundo que vai ser sócio-torcedor do clube.

b) Nós se amamos muito, por isso pelo amor do bom Deus, Jeni, nem diga que nós não vamos se casar!
c) No engavetamento da via Dutra ficaram avariados dois Corolla e três Civic.
d) Juro como não tive outra alternativa senão se casar com ela.
e) Você não pode querer abracar o mundo com as pernas. Tenha paciência, seje menos gananciosa!
f) A Antártida é uma região do mundo ainda inexplorada.
g) Ela resolveu se consultar com um especialista.
h) A gente trabalhamos muito e recebemos pouco.
i) Dourado é um peixe que tem muito espinho.
j) Você acha que a situação do povo brasileiro vai melhorar mais ou vai piorar muito mais?

SOLUÇÕES

1. a) fraqueza b) abdome c) abdômen d) cãibra e) câimbra **f)** mete**or**ologia g) má-criação h) malcriação **i)** cin**qu**enta j) nojenta
(São formas variantes: abdome/abdômen, cãibra/câimbra, má-criação/malcriação.)

2. a) bin**ó**culo **b)** microsc**ó**pio **c)** pebolim d) sereia **e)** atr**á**s f) atlas **g)** fêmur **h)** para**í**so i) tainha j) feiura
(*Feiura* deixou de ser acentuada depois do último Acordo Ortográfico.)

3. a) Minha irmã é crâni**o**, é gêni**o**! (Não existem "crânias" nem "gênias". Por enquanto...)
b) Sua irmã é **um** nó-ceg**o** mesmo: foi à praia de saia! (Mesmo indo à praia de saia, ninguém é "nó-cega".)
c) Numa só página se via**m** três aster**iscos**. Ninguém sabia explicar **por que havia** ali três aster**iscos**. ("Asterístico" é cacografia; o v. **ver** vai ao plural por causa do sujeito (*asteriscos*) no plural; **por que**, em duas palavras, por estar subentendida a palavra *motivo*; **havia**, sim, porque *haver* aí significa *existir*.)
d) Eu **pus** todo o dinheiro que tenho na caderneta de poupança. Eu **fiz** muita economia nos últimos anos. (Quem usa eu "pôs" e eu "fez" nunca foi à escola de verdade.)
e) Ofereceram-me um copo d'água bem gelad**a**, mas a água estava salob**r**a. (Felizmente era a água que estava gelada, e não o copo; "saloba" é forma popular.)
f) Se **acaso** chover, recolha a roupa do varal! (*Se acaso* = se por acaso.)
g) Minha **estada** nesse hotel foi curta. (Pessoas têm **estada**; veículos é que têm *estadia*. Sempre foi assim, mas hoje há quem duvide. Paciência, neste mundo há de tudo.)
h) Cheguei cedo ao trabalho, apesar **de** que tenha ido dormir tarde. (A expressão é *apesar de que*, apesar de que muitos usam "apesar que".)
i) Nesta cidade existem muitos velhinhos internados no asilo São Vicente de Paul**o**. (O nome desse santo termina com Paul**o**, e não com "Paula".)
j) **A** que horas você chegou? **A** que horas você entrou em casa esta noite? (A preposição é obrigatória neste caso. Se todos usamos *cheguei à uma hora*, em que **à** (= prep. **a** + artigo *a*, de *hora*), onde está a preposição nas frases impugnadas?)

EXERCÍCIOS PARA *não errar mais*

4. a) Embora **haja** festa, ninguém está contente.
b) Embora **houvesse** festa, eu não estava contente.
c) Quando vocês **houverem** resolvido o que fazer, avisem-me!
d) Se vocês houvessem chegado ontem, isso não teria acontecido.
e) Quem **havia** ganho o maior prêmio não éramos nós.
f) Quem **houvesse** saído do circo não mais poderia retornar.
g) **Haja** dinheiro para tanta festa que estão fazendo aqui!
h) Eles esperam que nós **hajamos** feito um bom negócio.
i) Eles esperavam que nós **houvéssemos** feito ótimo negócio.
j) Quando vocês **houverem** comido tudo, lhes darei mais.

5. a) Eu não **vou ao** cinema hoje porque está chovendo.
b) Ninguém **vai à** praia com chuva.
c) Espero que vocês **vão a** Salvador nas férias.
d) Ouviram do Ipiranga **as** margens plácidas. (Sem acento no **a**, por se tratar de sujeito da oração.))
e) Teresinha e Ivã **vão à** escola todos os dias, mesmo que estejam doentes.
f) Nós não **íamos à** feira se os preços estivessem altos.
g) Nós não **iremos a** Brasília se o avião não chegar a tempo.
h) Juçara e Rosa **iriam à** festa e não encontrariam ninguém.
i) Há muitos anos que nós não **vamos a** Ipanema.
j) Havia muitos anos que nós não **íamos à** Bahia.

6. a) Essa gente não é **simples**, é **simplicíssima**!
b) Não somos uma família **feliz**, somos uma família **felicíssima**!
c) Naquela época eu não era um atleta **jovem**, eu era um atleta **juveníssimo**!
d) O clima de Teresópolis não é **salubre**, é **salubérrimo**!
e) Vinícius não é um poeta **célebre**, é um poeta **celebérrimo**!
f) Nossa região não é **pobre**, é **paupérrima**!
g) Precisamos não de políticos **íntegros**, precisamos de políticos **integérrimos**!
h) Seu estilo de governar não é **pessoal**, é **personalíssimo**!
i) Essas meninas que aspiram a ser modelo acham que precisam ficar **magras**, aliás, **macérrimas**, para fazerem sucesso.
j) Você não é **preguiçoso**, você é **pigérrimo**!

7. a) Os pacotes estavam **leves**, por isso as crianças o carregavam com facilidade. (Objetos são **leves**; pessoas é que são *levianas*.)
b) Nunca tive **rixa** com ninguém. ("Rinxa" é forma popular.)
c) Briguei com ela por causa **de** que ela não me obedeceu. (A expressão é *por causa de que*, e não "por causa que".)
d) Nunca fiquei fora de **mim** na minha vida. (Ele fica fora de si, mas eu só posso ficar fora de **mim**.)
e) **Eu acordo** bem cedo todos os dias. Você **não acorda**? (O v. **acordar** não é pronominal.)
f) Use **mertiolate** nessa ferida, senão **arruína**! (O nome do medicamento nunca foi "metiolato", e o verbo arruinar tem as formas rizotônicas com acento no **i**: *arruíno, arruínas, arruína, arruínam*.)
g) O motorista do ônibus perdeu **o controle do veículo** e bateu contra um muro. (Nenhum motorista perde "a direção" do seu veículo, mas o seu controle.)
h) Estamos aqui para **trabalharmos**, e não para **brincarmos**. (Há quem separe o que não deve ser separado.)

i) Se você não pagar ao dentista, eu é que tenho de pagar-lhe. (Frase correta: o v. **pagar** é transitivo indireto de pessoa.)
j) Se você não perdoar ao rapaz, eu vou perdoar-lhe. (Frase correta: o v. **perdoar** é transitivo indireto de pessoa.)

8. a) Haroldo é **um** mala, nunca vi pessoa tão desagradável!
b) Ifigênia, sua mulher, é **um** mala igual a ele. (**Mala**, neste caso, é nome sobrecomum, assim como *criança*, serve tanto para homem quanto para mulher.)
c) Bernadete é **um** caixa eficiente na nossa empresa.
d) Quanto estará custando hoje **um** grama de ouro?
e) Promoveram ali **uma** bacanal impressionante!
f) Fiz **uma** TED para a conta bancária dela. (**TED** é um acrônimo cuja primeira letra representa palavra feminina: *transferência*.)
g) Se você não fizer **uma** caução, não lhe alugam o apartamento.
h) Nunca vi **uma** cal desse jeito.
i) Esse clube ainda não tem **uma** mascote que o represente. (**Mascote** é como *patinete*: todo o mundo usa como masculina, mas é feminina, embora o VOLP considere *patinete* s2gên, o que é compreensível...)
j) Essa mulher tem **uma** libido impressionante!

9. a) Uma revista jurídico-empresarial, duas revistas **jurídico-empresariais**. (Só o segundo elemento varia, quando o adjetivo composto é formado por dois adjetivos.)
b) Um gasto médico-hospitalar, dois gastos **médico-hospitalares**. (V. letra *a*.)
c) Um político nacional-socialista, dois políticos **nacional-socialistas**. (V. letra *a*.)
d) Um deputado democrata-cristão, dois deputados **democrata-cristãos**. (V. letra *a*.)
e) Um vestido cor-de-rosa, dois vestidos **cor-de-rosa**. (*Cor-de-rosa* é composto invariável.)
f) Uma blusa verde-abacate, duas blusas **verde-abacate**. (Presença de substantivo no adjetivo composto o torna invariável.)
g) Um carro gelo, dois carros **gelo**. (Cor enunciada por um substantivo; a palavra fica invariável.)
h) Um terno azul-marinho, dois ternos **azul-marinho**. (Composto invariável.)
i) Um carro cinza, dois carros **cinza**. (V. letra *g*.)
j) Um automóvel cinza-escuro, dois automóveis **cinza-escuro**. (V. letra *g*.)

10. a) **A** meu ver, ele é **palmeirense**, **por isso** que está dizendo a todo o mundo que vai ser sócio-torcedor do clube. (A expressão é ***a** meu ver*, sem o artigo, assim como ***a** seu ver*, ***a** nosso ver*, etc.; "palmeirista" é palavra que começou a ser usada quando o Palestra Itália mudou de nome, em 1942, e ainda se usa aqui e ali no meio rural, mas o adjetivo pertinente é **palmeirense**; **por isso** sempre se grafa em duas palavras; *todo o mundo*, sempre, para qualquer significado.)
b) Nós **nos** amamos muito, por isso pelo amor **de** Deus, Jeni, nem diga que nós não vamos **nos** casar! ("Nós se" é coisa de gente que nunca foi à escola; quem usa "bom Deus" sugere que há um "mau Deus"; na palavra *Deus* já está implícita a ideia de bondade; vamos "se" casar é próprio de quem não é sincero.)
c) No engavetamento da via Dutra ficaram avariados dois Corolla**s** e três Civic**s**. (Nomes de veículos variam normalmente; só não variam neste caso: dois carros Corolla, três veículos Civic, isto é, quando o plural já foi satisfeito no substantivo anterior.)
d) Juro **que** não tive outra alternativa senão **me** casar com ela. (Juro "como" não existe na língua padrão, assim como aposto "como"; o outro caso é evidente.)
e) Você não pode querer **abarcar** o mundo com as pernas. Tenha paciência, seja menos ganancioso! (A forma correta e original nessa frase é **abarcar**, e não "abracar", forma

que alguns dicionários até abonam; o povo usa ainda "abraçar"; "seje" não existe.)
f) A Antártica é uma região do mundo ainda inexplorada. (O nome correto é com **c**: Antár**ti**ca. Não fosse assim, todos estaríamos hoje tomando uma "antártida bem gelada"...)
g) Ela **resolveu consultar um** especialista. (O v. **consultar** é transitivo direto.)
h) A gente trabalha muito e recebe pouco. (**A gente** só pode levar o verbo para a 3.ª pessoa do singular, contrariando a vontade do povinho.)
i) Dourado é um peixe que tem muita espinha. (Só algumas árvores têm *espinho*; peixe tem **espinha**, ou seja, espinha dorsal.)
j) Você acha que a situação do povo brasileiro vai melhorar **muito** ou vai piorar **muito**? (O problema de *melhorar* e *piorar* é o *mais*, ideia já contida nos próprios verbos.)

MÓDULO 19

1. Só corrija as palavras erradas:

a) redículo   b) convalescência   c) buzina   d) nascença   e) torção
f) bisorro   g) receioso   h) cabeleleiro   i) pirolito   j) piriquito

2. Acentue ou não:

a) campainha   b) juiz   c) juizes   d) ciume   e) ciumento   f) egoista
g) coroinha   h) ataude   i) junior   j) juniores

3. Substitua a palavra ou expressão em destaque por um sinônimo que você poderá encontrar entre parênteses:

a) Os homens-rãs **mergulharam** no rio à busca dos corpos dos afogados. (*emergiram – imergiram*)
b) Muitos italianos **deixaram a pátria** no século XIX para tentar vida nova no Brasil. (*emigraram – imigraram*)
c) O indivíduo maldoso é incapaz de **distinguir** o bom do mau, o bem do mal, o joio do trigo, o certo do errado. (*descriminar – discriminar*)
d) Não posso **desrespeitar** a lei, senão serei punido. (*infringir – infligir*)
e) O pai **aplicou** ao filho severo castigo. (*infringiu – infligiu*)
f) Esse acontecimento só veio **confirmar** minhas previsões. (*ratificar – retificar*)
g) O ministro procurou a imprensa para **corrigir** o que dissera no dia anterior. (*ratificar – retificar*)
h) O presidente **qualificou** o jornalista de irresponsável. (*tachou – taxou*)
i) O jornalista **qualificou** o presidente de injusto. (*tachou – taxou*)
j) **Qualifiquei** meu filho de gênio. (*tachei – taxei*)

4. Algumas destas frases não estão de acordo com a norma padrão. "Corrija-as":

a) Recebi os comprimentos do ex-presidente.
b) O rapaz queria montar sem sela.
c) Essa notícia me passou inteiramente desapercebida.
d) O que aconteceu veio apenas retificar o meu pensamento; eu sabia que estava certo.
e) O terremoto provocou vultuosos prejuízos ao país.
f) Os cinemas paulistas nos apresentam várias seções à noite.
g) Entre 1935 a 1945 o que se viu foi uma impressionante imigração do povo europeu para todas as Américas.
h) Espero que vocês viagem bem, pois a nossa viajem foi tranquila.
i) Que falta de sorte! O professor ratificou minha nota de 9 para 6.
j) O condenado foi recolhido à cela, depois de caçar passarinhos.

5. Substitua as expressões em destaque por um adjetivo que lhe equivalha:

a) arte **de cozinha**
b) parto **de gêmeos**
c) estátua **de cavalo**
d) festa **da Páscoa**
e) animal **de asas**
f) plantas **de pântano**
g) som **produzido na garganta**
h) ataque **do coração**
i) amigo **do coração**
j) estância **de banhos**

6. Substitua estas expressões por um único verbo:

a) ficar mole b) ficar duro c) ficar mudo d) ficar quieto e) ficar nervoso f) ficar com medo g) ficar louco h) ficar doido i) ficar maduro j) ficar doente

7. Exagere, usando a forma irregular ou erudita do adjetivo:

a) O povo brasileiro não é **cristão**, é ...
b) A resposta não foi **sábia**, foi ...
c) Não foi um juramento **sagrado**, foi um juramento ...
d) Esse artista não é **velho**, é ...
e) O palácio do governo não é **magnífico**, é ...
f) Essa não era a opinião **geral**, era a opinião ...
g) As sementes do quiuí não são **miúdas**, são ...
h) Ela chegou não com um ar **soberbo**, mas com um ar ...
i) Sua influência não me é **benéfica**, me é ...
j) Este presunto não é **tenro**, é ...

8. Coloque no plural:

a) Vende-se esta casa.
b) Compra-se qualquer coisa velha.
c) Aluga-se apartamento.
d) Coisa útil não se joga fora.
e) Fez-se um apelo à autoridade.
f) Dá-se aula particular.
g) Coisa dada não se rejeita.
h) Viu-se um óvni.
i) Dá-se informação a turista.
j) Nota de dinheiro não se amassa nem se rasga.

9. Algumas destas frases não estão de acordo com a norma padrão. "Corrija-as":

a) A melancia foi partida em duas metades.
b) Raspei minha cabeça por causa dos piolhos.
c) Não fica bem mulheres não rasparem as axilas.
d) Essa gente é difícil de se convencer.
e) Meu trabalho é fácil de se fazer.
f) Faça essas crianças dormir.
g) É preciso muitos exercícios para aprender isso.
h) É necessário muita calma, ao lidar com essa gente.
i) É proibido a entrada de estranhos.
j) É vedado a estranhos a entrada neste recinto.

10. Use os verbos dados no presente do indicativo, conforme convier:

a) A turma aqui não **gostar** de folia.
b) Um bando de pombos sempre **pousar** no beiral do telhado.
c) Os Estados Unidos **ser** uma superpotência mundial.
d) Os Alpes **ficar** na Suíça; os Andes **estar situado** na América do Sul.
e) Hífen **ter** acento, mas hifens não **ter**.
f) Não conheço seus vizinhos, mas sei que se **tratar** de boas pessoas.
g) Elisa monta bem, mas não **arriar** cavalos.
h) Quero saber se eu, com 200kg, **caber** nesse carro.
i) A mulher disse que ela sempre **parir** em paz.
j) "Eu sempre **parir** em paz", disse a mulher.

SOLUÇÕES

1. a) ridículo **b)** convalescença **c)** buzina **d)** nascença **e)** torção **f)** besouro **g)** receoso **h)** cabeleireiro **i)** pirulito **j)** periquito

2. a) campainha **b)** juiz **c)** juízes **d)** ciúme **e)** ciumento **f)** egoísta **g)** coroinha **h)** ataúde **i)** júnior **j)** juniores
[O plural de **júnior** é *juniores* (ô), e não "júniores".]

3. a) Os homens-rãs **imergiram** no rio à busca dos corpos dos afogados. (*emergiram – imergiram*)
b) Muitos italianos **emigraram** no século XIX para tentar vida nova no Brasil. (*emigraram – imigraram*)
c) O indivíduo maldoso é incapaz de **discriminar** o bom do mau, o bem do mal, o joio do trigo, o certo do errado. (*descriminar – discriminar*)
d) Não posso **infringir** a lei, senão serei punido. (*infringir – infligir*)
e) O pai **infligiu** ao filho severo castigo. (*infringiu – infligiu*)
f) Esse acontecimento só veio **ratificar** minhas previsões. (*ratificar – retificar*)
g) O ministro procurou a imprensa para **retificar** o que dissera no dia anterior. (*ratificar – retificar*)
h) O presidente **tachou** o jornalista de irresponsável. (*tachou – taxou*)
i) O jornalista **tachou** o presidente de injusto. (*tachou – taxou*)
j) **Taxei** meu filho de gênio. (*tachei – taxei*)

4. a) Recebi os **c**umprimentos do ex-presidente. (**Comprimento** é extensão; **cumprimento** é saudação.)
b) O rapaz queria montar sem sela. (Frase correta.)
c) Essa notícia me passou inteiramente **des**percebida. (Ainda que alguns dicionários registrem *despercebido* e *desapercebido* como formas variantes, não são.)
d) O que aconteceu veio apenas **r**atificar o meu pensamento; eu sabia que estava certo. (**Ratificar** é confirmar; *retificar* é emendar, consertar.)
e) O terremoto provocou vul**to**sos prejuízos ao país. (**Vultoso** é que significa *elevado*.)
f) Os cinemas paulistas nos apresentam várias se**ss**ões à noite. (*Seção* é repartição, divisão; **sessão** é que dá ideia de reunião de pessoas.)
g) Entre 1935 **e** 1945 o que se viu foi uma impressionante **e**migração do povo europeu para todas as Américas. (Depois de **entre** cabe o uso de "e", e não de "a"; *emigração* é saída; *imigração* é entrada.)
h) Espero que vocês via**j**em bem, pois a nossa via**g**em foi tranquila. (O verbo é com **j**; o substantivo, com **g**.)
i) Que falta de sorte! O professor **r**etificou minha nota de 9 para 6. (V. letra *d*.)
j) O condenado foi recolhido à cela, depois de caçar passarinhos. (Frase correta.)

5. a) arte **culinária**
b) parto **gemelar**
c) estátua **equina**
d) festa **pascal**
e) animal **alado**
f) plantas **palustres**
g) som **gutural**
h) ataque **cardíaco**
i) amigo **cordial**
j) estância **balneária**

EXERCÍCIOS PARA *não errar mais*

6. a) amolecer b) endurecer c) emudecer d) aquietar-se e) enervar-se f) amedrontar-se g) enlouquecer h) endoidar i) amadurecer j) adoecer

7. a) O povo brasileiro não é **cristão**, é **cristianíssimo**!
b) A resposta não foi **sábia**, foi **sapientíssima**!
c) Não foi um juramento **sagrado**, foi um juramento **sacratíssimo**!
d) Esse artista não é **velho**, é **vetérrimo**!
e) O palácio do governo não é **magnífico**, é **magnificentíssimo**!
f) Essa não era a opinião **geral**, era a opinião **generalíssima**!
g) As sementes do quiuí não são **miúdas**, são **minutíssimas**!
h) Ela chegou não com um ar **soberbo**, mas com um ar **superbíssimo**!
i) Sua influência não me é **benéfica**, me é **beneficentíssima**!
j) Este presunto não é **tenro**, é **teneríssimo**!

8. a) Vendem-se estas casas.
b) Compram-se quaisquer coisas velhas.
c) Alugam-se apartamentos.
d) Coisas úteis não se jogam fora.
e) Fizeram-se dois apelos às autoridades.
f) Dão-se aulas particulares.
g) Coisas dadas não se rejeitam.
h) Viram-se dois óvnis.
i) Dão-se informações a turistas.
j) Notas de dinheiro não se amassam nem se rasgam.

9. a) A melancia foi partida em metades. ("Duas metades" constitui redundância.)
b) **Rapei** minha cabeça por causa dos piolhos. (É **rapar** que significa cortar rente; *raspar* é limpar superfície com alguma coisa.)
c) Não fica bem mulheres não **raparem** as axilas. (V. letra *a*.)
d) Essa gente é difícil **de convencer**. (Depois de *difícil de, fácil de*, etc., não se usa "se".)
e) Meu trabalho é fácil **de fazer**. (V. letra *d*.)
f) Faça essas crianças dormir. (Frase correta; o v. **fazer** permite o uso do infinitivo no singular.)
g) É preciso muitos exercícios para aprender isso. (Frase correta; subentende-se *fazer* depois de *preciso*.)
h) É **necessária** muita calma, ao lidar com essa gente. (Aqui é obrigatória a concordância com *calma*.)
i) É **proibida** a entrada de estranhos. (Se o substantivo está determinado, **proibido** varia; não estando determinado, não varia. Portanto, está correta a frase *É proibido entrada de estranhos*.)
j) É **vedada** a estranhos a entrada neste recinto. (V. letra *i*.)

10. a) A turma aqui não **gosta** de folia.
b) Um bando de pombos sempre **pousa** no beiral do telhado. (Nome coletivo seguido de complemento no plural exige o verbo no **singular**, embora alguns desavisados afirmem que também se possa usar o plural.)
c) Os Estados Unidos **são** uma superpotência mundial. (Se o artigo estiver no plural, o verbo e determinantes vai ao plural obrigatoriamente.)
d) Os Alpes **ficam** na Suíça; os Andes **estão situados** na América do Sul. (V. letra *c*.)

e) Hífen **tem** acento, mas hifens não **tem**. (Subentende-se *a palavra* hífen, *a palavra* hifens; daí o verbo no singular.)
f) Não conheço seus vizinhos, mas sei que se **trata** de boas pessoas. (*Tratar-se de* jamais varia.)
g) Elisa monta bem, mas não **arreia** cavalos. (O verbo aí é **arrear**; *arriar* é baixar.)
h) Quero saber se eu, com 200kg, **caibo** nesse carro.
i) A mulher disse que ela sempre **pare** em paz.
j) "Eu sempre **pairo** em paz", disse a mulher.

MÓDULO 20

1. Só corrija as palavras erradas:

a) bandeija   b) bandejão   c) carangueijo   d) caranguejada
e) carangueijeira   f) mantegueira   g) carceireiro   h) diminuitivo
i) pexotada   j) brecha

2. Acentue ou não:

a) Sonia   b) Monica   c) Euridice   d) Airton   e) Jailson   f) Claudia
g) Carmen   h) Lucia   i) Pamela   j) Jeferson

3. Complete as frases com uma das palavras dadas entre parênteses, conforme convier:

a) Durante o ... desse governador, o povo impetrou ... de segurança contra alguns atos seus considerados ilícitos. (**mandado – mandato**)
b) O governo gastou ... soma em dinheiro nessa obra. (**vultosa – vultuosa**)
c) A ... testa do rapaz o tornou ... entre os colegas. (**preeminente – proeminente**)
d) Só passei ... dos fiscais do aeroporto porque estava ... de objetos ou malas suspeitos. (**despercebido – desapercebido**)
e) Não houve ... de direitos, houve ... de bens. (**seção – sessão – cessão**)
f) A ... começava às 20h, e eu não podia perder aquele filme. (**cessão – seção – sessão**)
g) ... a nossa cidade, ministro! (**Bem-vindo – Benvindo**)
h) Trata-se de um ato institucional para ... corruptos. (**caçar – cassar**)
i) Nunca houve nenhum ... entre mim e Teresa, nem mesmo depois do ... na rodovia com tantos mortos. (**acidente – incidente**)
j) O pai ... aos filhos castigos bastante severos, e isso ... a própria lei. (**infringia – infligia**)

4. Passe para o singular tudo o que for possível, fazendo todas as modificações necessárias:

a) Ganhamos dois dropes de hortelã e dois toca-CDs.
b) Tomamos três chopes e comemos quatro pastéis.
c) Compramos dois clipes e dois chicletes.
d) Não trouxemos os picles do supermercado.
e) Ganhamos dois quebra-cabeças e três suspensórios.
f) Nossas férias foram curtas, mas estavam ótimas!
g) Isilda comeu jiló e começou a sentir muitas náuseas.
h) Juçara dava ares de entendida no assunto.
i) Deixamos nossos afazeres para atendê-los.
j) Os brócolis que você comprou estão na geladeira.

5. Use o verbo em destaque no presente do indicativo ou no presente do subjuntivo, conforme convier:

a) Ninguém quer que os guardas **bloquear** a estrada.
b) Mesmo que **pentear** o cabelo, não nos vão reconhecer.
c) Quero que você **pentear** o cabelo como nós **pentear**, e não como eles **pentear**.
d) Ninguém quer que nós **bloquear** a passagem.
e) Espero que vocês **providenciar** as passagens urgentemente.
f) A vida não **premiar** vagabundos.
g) Você não **cambiar** o carro como eu **cambiar**.
h) Todos **ansiar** pela sua chegada, Jeni, embora alguns a **odiar**.
i) O mundo pede que o Papa **intermediar** a aproximação entre os Estados Unidos e Cuba.
j) Eu **intermediar** qualquer transação imobiliária na minha cidade.

6. Algumas destas frases não estão de acordo com a norma padrão. "Corrija-as":

a) Fiquei com tanta dó do cão que teve de ser sacrificado! Nunca senti tanta dó na vida.
b) Comprei dois echarpes que ainda não usei.
c) Você viu a que preço foi o alface? O alface está caro demais!
d) Deixe que eu mesmo faço isso, disse a cozinheira.
e) Luísa, Lurdes e Marisa viajaram com nós; todas três chegaram bem.
f) Os rapazes saíram da empresa dizendo muito obrigados.
g) Comprei cinco revistas hoje aqui nos Estados Unidos; todas cinco trazem notícias do Brasil.
h) Os fatos falam por si só.
i) Nós próprio somos responsáveis por nossas escolhas.
j) Queremos que sua estadia em nossa casa seja a mais prazeirosa possível.

7. Complete os espaços com mas ou com mais, conforme convier:

a) Estudei muito, ... não passei; isso é ... que uma injustiça.
b) Acordei tarde, ... consegui chegar a tempo de concorrer a ... um prêmio.
c) Ela é branca, ... tão branca, que reluz e ainda quer ... sombra do que sol na praia.
d) Éramos ... felizes antigamente, ... ainda não está tão ruim.
e) Vivemos ... por nossos filhos que por nós mesmos, ... isso um dia vai mudar.
f) As mulheres sempre são ... dedicadas que os homens, ... estes não concordam com isso.
g) Quanto mais se vive, ... se aprende.
h) Não estou nervoso, ... estou chateado.
i) Comprei ... dois livros este mês.
j) Ela tentou gostar do rapaz, ... não conseguiu.

8. Complete as frases com as formas adequadas dos verbos em destaque:

a) Eu **estrear-se** muito bem na televisão.
b) O motorista **frear** o ônibus bruscamente.
c) Eu **recear** que os ladrões voltassem.
d) Ontem eu **recear** isso, mas hoje não **recear** mais.
e) Eu **pentear** os cabelos conforme me pediram.
f) Qual é o pente que te **pentear**?
g) Se o motorista não **frear** o ônibus bruscamente, o acidente seria certo.
h) Eles **cear** todos os dias às 18h; nós **cear** às 19h.
i) Se vocês **cear** como nós **cear**, estariam felizes.
j) Eles querem que nós **cear** num horário impróprio.

9. Algumas destas frases apresentam problema de concordância. "Corrija-as":

a) Água mineral é bom para a saúde.
b) É perigoso natação neste local.
c) É necessário presença obrigatória amanhã na escola.
d) Foi por todos comentado a notícia dos jornais.
e) Dado a palavra final, temos de acatá-la.
f) Anunciado as regras do campeonato, os jogos começaram.
g) É utilizado para a perfuração desse material uma série de brocas.
h) Tive dela a pior das impressões possíveis. Teve ela de nós a melhor das atenções possível.
i) Comprem cervejas o mais geladas possível!
j) Rosa leciona na sétima e oitava série, mas Rosana somente na primeira e na segunda série.

EXERCÍCIOS PARA *não errar mais* 113

10. Algumas destas frases não estão de acordo com a norma padrão. "Corrija-as":

a) O Flamengo está com uma moral daquela: conseguiu um empate com o Palmeiras de 0 a 0.
b) Vendi o televisor em branco e preto e comprei um a cores.
c) Tudo foi mostrado pela televisão ao vivo e a cores.
d) Quando ele se viu perante ao juiz, tremeu.
e) Ante ao exposto, peço a condenação do réu.
f) Meu genitor tem 50 anos; já meu progenitor tem 80.
g) Vem pra Caixa você também e não deixe de apostar na mega-sena da virada!
h) Lima Duarte fez naquela novela uma personagem engraçada.
i) As autoridades sanitárias não acreditam que o cólera, o covid-19 e o dengue façam muitas vítimas.
j) Estamos alerta a tudo o que ocorre no país.

SOLUÇÕES

1. a) band**ej**a   b) bandejão   **c)** carangu**ej**o   d) caranguejada   **e)** carangu**ej**eira   **f)** mant**ei**gueira   **g)** carc**er**eiro   **h)** dimin**ut**ivo   i) pexotada   j) brecha

2. a) Sônia   b) Mônica   c) Eurídice   d) Aírton   e) Jaílson   f) Cláudia   g) Cármen   h) Lúcia   i) Pâmela   j) Jéferson

3. a) Durante o **mandato** desse governador, o povo impetrou **mandado** de segurança contra alguns atos seus considerados ilícitos. (**mandado – mandato**)
b) O governo gastou **vultosa** soma em dinheiro nessa obra. (**vultosa – vultuosa**)
c) A **proeminente** testa do rapaz o tornou **preeminente** entre os colegas. (**preeminente – proeminente**)
d) Só passei **despercebido** dos fiscais do aeroporto porque estava **desapercebido** de objetos ou malas suspeitos. (**despercebido – desapercebido**)
e) Não houve **cessão** de direitos, houve **cessão** de bens. (**seção – sessão – cessão**)
f) A **sessão** começava às 20h, e eu não podia perder aquele filme. (**cessão – seção – sessão**)
g) **Bem-vindo** a nossa cidade, ministro! (**Bem-vindo – Benvindo**)
h) Trata-se de um ato institucional para **cassar** corruptos. (**caçar – cassar**)
i) Nunca houve nenhum **incidente** entre mim e Teresa, nem mesmo depois do **acidente** na rodovia com tantos mortos. (**acidente – incidente**)
j) O pai **infligia** aos filhos castigos bastante severos, e isso **infringia** a própria lei. (**infringia – infligia**)

4. a) Ganhei um drope de hortelã e um toca-CDs. (Tanto *toca-discos* quanto *toca-CDs* só se usam com o substantivo ou com a abreviatura no plural.)
b) Tomei um chope e comi um pastel. (Só caipira diz "um chopes" e "um pastéis".)
c) Comprei um clipe e um chiclete. (Só quem fugiu da escola diz "um clipes" e "um chicletes".)
d) Não trouxe os picles do supermercado. (**Picles** é palavra que só se usa no plural.)

e) Ganhei um quebra-cabeça e uns suspensórios. (**Suspensórios** é palavra que se usa só no plural.)
f) Minhas férias foram curtas, mas estavam ótimas! (**Férias** é palavra só usada no plural.)
g) Isilda comeu jiló e começou a sentir muitas náuseas. (**Náuseas** é palavra só usada no plural.)
h) Juçara dava ares de entendida no assunto. (**Ares**, no plural, é que significa *aparência*.)
i) Deixei meus afazeres para atendê-los. (**Afazeres** só se usa no plural.)
j) Os brócolis que você comprou estão na geladeira. (**Brócolis** é palavra só usada no plural.)

5. a) Ninguém quer que os guardas **bloqueiem** a estrada.
b) Mesmo que **penteemos** o cabelo, não nos vão reconhecer.
c) Quero que você **penteie** o cabelo como nós **penteamos**, e não como eles **penteiam**.
d) Ninguém quer que nós **bloqueemos** a passagem.
e) Espero que vocês **providenciem** as passagens urgentemente.
f) A vida não **premia** vagabundos.
g) Você não **cambia** o carro como eu **cambio**.
h) Todos **anseiam** pela sua chegada, Jeni, embora alguns a **odeiem**.
i) O mundo pede que o Papa **intermedeie** a aproximação entre os Estados Unidos e Cuba.
j) Eu **intermedeio** qualquer transação imobiliária na minha cidade.

6. a) Fiquei com **tanto** dó do cão que teve de ser sacrificado! Nunca senti **tanto** dó na vida.
b) Comprei **duas** echarpes que ainda não usei.
c) Você viu a que preço foi **a** alface? A alface está **cara** demais!
d) Deixe que eu **mesma** faço isso, disse a cozinheira.
e) Luísa, Lurdes e Marisa viajaram **conosco**; todas três chegaram bem. (Não se usa o artigo antes do numeral na expressão com *todos* ou *todas*, desde que já citados os elementos a que se referem.)
f) Os rapazes saíram da empresa dizendo muito obrigados. (Frase correta; **obrigado** concorda com *rapazes*.)
g) Comprei cinco revistas hoje aqui nos Estados Unidos; todas cinco trazem notícias do Brasil. (V. letra *e*.)
h) Os fatos falam por si **sós**. (A expressão **por si só** é variável, e disso os nossos jornalistas precisam saber urgentemente!)
i) Nós **próprios** somos responsáveis por nossas escolhas.
j) Queremos que sua **estada** em nossa casa seja a mais praz**er**osa possível. (**Estada** não se confunde com *estadia*; a primeira se usa com pessoas; a segunda, com veículos. É assim desde Camões, mas há quem conteste.)

7. a) Estudei muito, **mas** não passei; isso é **mais** que uma injustiça.
b) Acordei tarde, **mas** consegui chegar a tempo de concorrer a **mais** um prêmio.
c) Ela é branca, **mas** tão branca, que reluz e ainda quer **mais** sombra do que sol na praia.
d) Éramos **mais** felizes antigamente, **mas** ainda não está tão ruim.
e) Vivemos **mais** por nossos filhos que por nós mesmos, **mas** isso um dia vai mudar.
f) As mulheres sempre são **mais** dedicadas que os homens, **mas** estes não concordam com isso.
g) Quanto mais se vive, **mais** se aprende.
h) Não estou nervoso, **mas** estou chateado.
i) Comprei **mais** dois livros este mês.
j) Ela tentou gostar do rapaz, **mas** não conseguiu.
(**Mas** equivale a *porém, no entanto*; **mais** é advérbio.)

EXERCÍCIOS PARA *não errar mais*

8. a) Eu **me estreei** muito bem na televisão.
b) O motorista **freou** o ônibus bruscamente.
c) Eu **receava** que os ladrões voltassem.
d) Ontem eu **receei** isso, mas hoje não **receio** mais.
e) Eu **penteei** os cabelos conforme me pediram.
f) Qual é o pente que te **penteia**?
g) Se o motorista não **freasse** o ônibus bruscamente, o acidente seria certo.
h) Eles **ceiam** todos os dias às 18h; nós **ceamos** às 19h.
i) Se vocês **ceassem** como nós **ceamos**, estariam felizes.
j) Eles querem que nós **ceemos** num horário impróprio.

9. a) Água mineral é bom para a saúde. (Frase correta; subentende-se *tomar* antes de *água*.)
b) É perigoso natação neste local. (Frase correta; subentende-se *praticar* depois de *perigoso*.)
c) É necessário presença obrigatória amanhã na escola. (Frase correta; subentende-se *fazer* depois de *necessário*.)
d) Foi por todos **comentada** a notícia dos jornais.
e) **Dada** a palavra final, temos de acatá-la.
f) **Anunciadas** as regras do campeonato, os jogos começaram.
g) É **utilizada** para a perfuração desse material uma série de brocas.
h) Tive dela **a** pior das impressões **possível**. Teve ela de nós **a** melhor das atenções possível. (*Possível* sempre concorda com o artigo.)
i) Comprem cervejas o mais geladas possível! (V. letra *h*.)
j) Rosa leciona na sétima e oitava **séries**, mas Rosana somente na primeira e na segunda série. (**Série** só não varia quando se repete o artigo: na primeira e n**a** segunda)

10. a) O Flamengo está com **um** moral **daqueles**: conseguiu um empate com o Palmeiras **em** (ou **por**) 0 a 0. (**Um moral** = um estado de ânimo.)
b) Vendi o televisor em **preto e branco** e comprei um **em** cores. (A expressão correta é *em preto e branco*, e nada existe "a" cores.)
c) Tudo foi mostrado pela televisão ao vivo e **em** cores. (V. letra *b*.)
d) Quando ele se viu **perante o** juiz, tremeu. (*Perante*, que é preposição, não aceita nova preposição posposta.)
e) **Ante o** exposto, peço a condenação do réu. (Caso idêntico ao anterior.)
f) Meu genitor tem 50 anos; já meu progenitor tem 80. (Frase correta; **genitor** é pai; **progenitor** é avô, apesar da mídia brasileira desconhecer o fato.)
g) **Venha** pra Caixa você também e não deixe de apostar na **megassena** da virada! (A Caixa Econômica Federal, no entanto, espalha tudo diferente.)
h) Lima Duarte fez naquela novela **um** personagem engraçad**o**. (*A personagem* se usa de preferência apenas com mulher; essa palavra tem origem no francês e deveria ser aplicada tanto ao homem quanto à mulher, mas seu uso generalizado no masculino acabou consagrando tal gênero, que, porém, só aconselhamos empregar em referência a homens.)
i) As autoridades sanitárias não acreditam que **a** cólera, **a** covid-19 e **a** dengue façam muitas vítimas. (Jornalistas brasileiros escrevem "Covid-19", com inicial maiúscula, assim como fazem com "Carnaval" e "Ano-Novo". Eles são ótimos!)
j) Estamos alerta a tudo o que ocorre no país. (Frase correta; **alerta**, como advérbio que é, não varia nunca.)

MÓDULO 21

1. Só corrija as palavras erradas:

a) adeante b) encarnar c) incorporar d) degladiar e) distilar
f) defamar g) réstia h) creação i) meeiro j) antiontem

2. Acentue ou não:

a) bone b) fuba c) picole d) guarana e) bufalo f) tunica g) calice
h) cha i) cru j) nu

3. Complete corretamente as frases:

a) Termin... ontem os quatro dias de f...lia.
b) A gente dev... ou não dev... reagir a tanta violência?
c) O que você acha: exist... ou não exist... os dinossauros?
d) O que você acha: exist... ou não exist... os alienígenas?
e) O que você acha: dev... ou não dev... existir penas mais duras para crimes hediondos?
f) Falt... dois minutos para as seis horas.
g) Dev... faltar poucas horas para a cirurgia.
h) De... agora mesmo seis horas.
i) Ca... do pé agora ... pouco várias mangas maduras.
j) Est... ou não est... havendo muitos assaltos no Brasil?

4. Use o particípio adequado do verbo em destaque:

a) Os meninos tinham **soltar** balões.
b) O carteiro já tinha **entregar** todas as cartas.
c) O treinador já tinha **aceitar** todas as cláusulas do contrato.
d) A polícia tem **empregar** a violência sempre que necessária.
e) A empregada tem **limpar** o banheiro diariamente.
f) O povo brasileiro tem **eleger** gente desqualificada.
g) A polícia havia **prender** o homem errado.
h) As crianças têm **acender** todas as luzes da casa.
i) O Papa havia **chegar** ao Brasil em julho.
j) Tenho **falar** todos os dias que isso é perigoso.

5. Use o sinal grave no a, indicando haver crase, quando necessário:

a) Tão logo desceram **a** terra, os aviadores foram calmamente assistir **a** sessão; logo após voltaram **as** pressas, deixando os repórteres **a** meio quarteirão de distância.

b) **A** certa altura do debate, comentou-se a decisão do STF, que **a** tantos prejudicou.
c) Não pagues **a**queles que **a** ninguém pagam!
d) Os preços dos automóveis continuam **a** subir.
e) A cena **a** que assistimos ontem **a** tarde, **a** saída da escola, deixou-nos muito tristes.
f) Isso está me cheirando **a** falcatrua, **a** cambalacho.
g) Essa lavadeira só lava **a** mão, nunca usou máquina.
h) Foi **a** casa **a** cem por hora quando soube que o pai estava **a** Momo para sair num bloco de carnaval.
i) Quanto **a** minissaia, **a** que você se refere **a** toda hora, tenho a dizer-lhe que é moda passageira.
j) Essa moça é candidata **a** governador do nosso estado.

6. Algumas destas frases não estão de acordo com a norma padrão. "Corrija-as":

a) Saiu duas edições extra do jornal naquele dia.
b) Estou quites com o banco. Você está quites?
c) A revista foi considerada publicação de lesa-pátria.
d) Jornais e revistas brasileiros cometem diariamente aberrações de leso-idioma.
e) Remeti anexo a nota fiscal; em anexo remeti ainda as xérox.
f) Já está incluso na despesa a comissão do garçom.
g) As folhas dessa árvore caem por si só.
h) Não há nenhumas condições de viajar com essa cerração.
i) Vocês não são nenhuns coitadinhos.
j) Emprestei dinheiro do banco para comprar o carro.

7. Complete as frases com o plural do que está em destaque:

a) Não trago só um **guarda-chuva**, trago dois ...
b) Não vi apenas um **guarda-noturno**, vi dois ...
c) Não instalei só um **alto-falante**, instalei dois ...
d) Na escola não havia apenas um **mapa-múndi**, havia dois ...
e) Se um **pai-nosso** não bastar, reze dez ...!
f) Se uma **ave-maria** não bastar, reze vinte ...!
g) Se uma **salve-rainha** não bastar, reze duas ...!
h) Não era só um **dedo-duro**, eram dois ...
i) Não tomei só uma **coca-cola**, tomei duas ...
j) Não vimos apenas um **arco-íris**, vimos dois ...

8. Pronuncie corretamente:

a) escola **Ibero**-Americana
b) os **subsídios** à agricultura
c) os **fornos** crematórios
d) os **caroços** da maçã e os **carocinhos** do quiuí
e) os **cervos** do Pantanal
f) fazer **subemendas** à Constituição
g) fazer **questão** de **sublinhar** uma frase num texto
h) ter **quatorze** anos de idade
i) os afazeres do **quotidiano**
j) a **quota** dos negros nas universidades

9. Algumas destas frases não estão de acordo com a norma padrão. "Corrija-as":

a) Fiz ele ver que estava errado.
b) Fiz elas chorar de emoção.
c) Joana, preciso muito falar consigo.
d) Papai sempre dá o carro para mim dirigir.
e) O carteiro disse que entregou a encomenda em mão.
f) Sem eu aqui, a empresa já estaria falida.
g) Mês passado não fiz a prova; fá-la-ei este mês.
h) Ontem ela não fez a faxina que lhe cabia; hoje, porém, fá-la com vontade.
i) Ele tem dado-se muito bem com o clima daqui.
j) Ele nasceu em Petrópolis, tendo formado-se no Rio de Janeiro.

10. Use a forma adequada dos verbos em destaque:

a) Se ela **vir** mais cedo, avise-me, porque se ela nos **ver** aqui, será danoso.
b) Depois de tantos anos de fartura, **sobrevir** vários anos de fome.
c) Apesar de tudo, ele não se **deter** e alcançou o pico da montanha.
d) Nós nunca **contrapor-se** a seus planos.
e) Se você **manter-se** discreto, quando ele **vir** poderá até ser recompensado por isso.
f) Assim que eu o **ver**, dar-lhe-ei teu recado.
g) Quando vocês o **ver**, digam-lhe que, se não **repor** o dinheiro, irá para a cadeia.
h) Como **gear** nesta terra, meu Deus do céu!
i) A impunidade **premiar** o crime, por isso alguns **ansiar** por falcatruas.
j) Mesmo que **chover** cães e gatos, vou à praia hoje.

EXERCÍCIOS PARA *não errar mais* 119

SOLUÇÕES

1. a) adi**a**nte b) en**c**arnar c) in**c**orporar **d)** di**g**ladiar **e)** de**s**tilar **f)** di**f**amar g) réstia h) criação i) meeiro **j)** ant**e**ontem

2. a) bon**é** **b)** fub**á** **c)** picol**é** **d)** guaran**á** **e)** b**ú**falo **f)** t**ú**nica **g)** cálice **h)** ch**á** i) cru j) nu

3. a) Termin**aram** ontem os quatro dias de folia.
b) A gente dev**e** ou não dev**e** reagir a tanta violência?
c) O que você acha: exist**iram** ou não exist**iram** os dinossauros?
d) O que você acha: exist**em** ou não exist**em** os alienígenas?
e) O que você acha: dev**em** ou não dev**em** existir penas mais duras para crimes hediondos?
f) Falt**am** dois minutos para as seis horas.
g) Dev**em** faltar poucas horas para a cirurgia.
h) D**eram** agora mesmo seis horas.
i) Ca**í**ram do pé agora **há** pouco várias mangas maduras.
j) Est**á** ou não est**á** havendo muitos assaltos no Brasil?

4. Use o particípio adequado do verbo em destaque:
a) Os meninos tinham **soltado** (ou **solto**) balões.
b) O carteiro já tinha **entregado** todas as cartas. (Não existe "tinha entregue". No portal IG, porém se leu em manchete: **Monteiro diz ter entregue vídeo bruto sobre suborno, mas MP nega**. Nossos jornalistas são ótimos!)
c) O treinador já tinha **aceitado** todas as cláusulas do contrato. (Não existe "tinha aceito".)
d) A polícia tem **empregado** a violência sempre que necessária. (Não existe "tem empregue".)
e) A empregada tem **limpado** (ou **limpo**) o banheiro diariamente.
f) O povo brasileiro tem **elegido** (ou **eleito**) gente desqualificada.
g) A polícia havia **prendido** o homem errado. (Não existe "havia preso".)
h) As crianças têm **acendido** todas as luzes da casa.
i) O Papa havia **chegado** ao Brasil em julho. (Não existe "havia chego".)
j) Tenho **falado** todos os dias que isso é perigoso. (Não existe "tenho falo".)

5. a) Tão logo desceram **a** terra, os aviadores foram calmamente assistir **à** sessão; logo após voltaram **às** pressas, deixando os repórteres **a** meio quarteirão de distância. (**Terra**, antônimo de *bordo*, não exige artigo; não exigindo artigo, impossível haver crase; *meio* é palavra masculina; os demais casos já foram estudados aqui.)
b) **A** certa altura do debate, comentou-se a decisão do STF, que **a** tantos prejudicou. (**Certa** é pronome indefinido, que jamais se usa com artigo; não havendo artigo, impossível haver crase; **tantos** é de gênero masculino.)
c) Não pagues **àqueles** que **a** ninguém pagam! (**Pagar** é transitivo indireto de pessoa; **ninguém** é pronome indefinido, que nunca exige artigo.)
d) Os preços dos automóveis continuam **a** subir. (Antes de verbo jamais ocorre crase.)
e) A cena **a** que assistimos ontem **à** tarde, **à** saída da escola, deixou-nos muito tristes. (Não se usa "à" antes de que, a não ser que a seja pronome demonstrativo, como nesta frase: *Sua camisa é igual à que comprei ontem*. Os demais casos já foram estudados aqui.)

f) Isso está me cheirando **a** falcatrua, **a** cambalacho. (O v. cheirar exige a preposição a, e os substantivos seguintes, mesmo sendo femininos, têm ideia vaga: *sua camisa cheira a cigarro, seus cabelos cheiram a nicotina*, etc.)
g) Essa lavadeira só lava **à** mão, nunca usou máquina.
h) Foi **a** casa **a** cem por hora quando soube que o pai estava **à** Momo para sair num bloco de carnaval. (O verbo **ir** pede a preposição **a**, mas **casa**, no sentido de *lar*, não exige artigo, portanto, não pode haver crase; antes de numeral não se usa **a** acentuado; estar **à** Momo = estar vestido como Momo.)
i) Quanto **à** minissaia, **a** que você se refere **a** toda hora, tenho a dizer-lhe que é moda passageira. (A expressão é *quanto a* + o artigo **a**, de *minissaia*, formam uma crase; antes de pronome indefinido não se usa **a** acentuado.)
j) Essa moça é candidata **a** governador do nosso estado. (**Governador** é nome masculino; não cabe o uso de feminino depois da expressão *candidato a* ou *candidata a*.)

6. a) **Saíram** duas edições **extras** do jornal naquele dia.
b) Estou **quite** com o banco. Você está **quite**? (**Quite** no singular; *quites* apenas no plural.)
c) A revista foi considerada publicação de lesa-pátria. (Frase correta; **lesa** concorda com o gênero de *pátria*.)
d) Jornais e revistas brasileiros cometem diariamente aberrações de leso-idioma. (Frase correta; *idioma* é palavra masculina.)
e) Remeti **anexa** a nota fiscal; **anexas** remeti ainda as xérox. (**Anexo** varia normalmente.)
f) Já está **inclusa** na despesa a comissão do garçom. (**Incluso**, assim como *anexo*, varia normalmente.)
g) As folhas dessa árvore caem por si **sós**. (*Por si só* varia normalmente.)
h) Não há nenhumas condições de viajar com essa cerração. (Frase correta; **nenhum** ou **nenhuma** varia normalmente e se usa, no plural, apenas antes do substantivo. No entanto, declarou certa vez um empresário: *O país está sem condições "nenhuma" de congelar novamente os preços*. Ainda que usasse nenhumas aí, haveria impropriedade, porque não se usa o plural *nenhumas* depois de substantivo.)
i) Vocês não são nenhuns coitadinhos. (Frase correta. V. letra *h*.)
j) **Tomei** dinheiro **emprestado** do banco para comprar o carro.

7. a) Não trago só um **guarda-chuva**, trago dois **guarda-chuvas**. (O elemento **guarda**, antes de substantivo, não varia, porque é verbo.)
b) Não vi apenas um **guarda-noturno**, vi dois **guardas-noturnos**. (O elemento **guarda**, antes de adjetivo, varia, porque é substantivo.)
c) Não instalei só um **alto-falante**, instalei dois **alto-falantes**. (**Alto** é advérbio, palavra invariável.)
d) Na escola não havia apenas um **mapa-múndi**, havia dois **mapas-múndi**.
e) Se um **pai-nosso** não bastar, reze dez **pai-nossos** (ou **pais-nossos**)!
f) Se uma **ave-maria** não bastar, reze vinte **ave-marias**!
g) Se uma **salve-rainha** não bastar, reze duas **salve-rainhas**!
h) Não era só um **dedo-duro**, eram dois **dedos-duros**.
i) Não tomei só uma **coca-cola**, tomei duas **coca-colas**.
j) Não vimos apenas um **arco-íris**, vimos dois **arco-íris**. (**Arco-íris** é composto invariável.)

EXERCÍCIOS PARA *não errar mais* 121

8. a) escola **Ibéro**-Americana
b) os **subssídios** à agricultura
c) os **fórnos** crematórios
d) os **caróços** da maçã e os **caròcinhos** do quiuí
e) os **cérvos** do Pantanal (a mídia brasileira só fala em "cêrvo", "cêrvos", pronúncia errônea.)
f) fazer **su-be-mendas** à Constituição
g) fazer **kestão** de **sub-linhar** uma frase num texto
h) ter **catorze** anos de idade
i) os afazeres do **cotidiano**
j) a **cota** dos negros nas universidades

9. a) **Fi-lo** ver que estava errado.
b) **Fi-las** chorar de emoção.
c) Joana, preciso muito falar **contigo** (ou com você). (Em Portugal, no entanto, usa-se *consigo* dessa forma.)
d) Papai sempre dá o carro para **eu** dirigir. ("Mim" não dirige nunca.)
e) O carteiro disse que entregou a encomenda em mão. (Frase correta; a expressão legítima é *em mão*, mas a mídia insiste em usar "em mãos".)
f) Sem **mim** aqui, a empresa já estaria falida. (Depois de preposição, usa-se **mim**, e não "eu".)
g) Mês passado não fiz a prova; fá-la-ei este mês. (Frase correta.)
h) Ontem ela não fez a faxina que lhe cabia; hoje, porém, fá-la com vontade. (Frase correta.)
i) Ele tem **se** dado muito bem com o clima daqui. (Nunca se usa pronome oblíquo depois de particípio. O uso do hífen ligando o pronome oblíquo já não é obrigatório.)
j) Ele nasceu em Petrópolis, tendo **se** formado no Rio de Janeiro. (V. letra **i**.)

10. a) Se ela **vier** mais cedo, avise-me, porque se ela nos **vir** aqui, será danoso.
b) Depois de tantos anos de fartura, **sobrevieram** vários anos de fome.
c) Apesar de tudo, ele não se **deteve** e alcançou o pico da montanha.
d) Nós nunca **nos contrapusemos** a seus planos.
e) Se você **se mantiver** discreto, quando ele **vier** poderá até ser recompensado por isso.
f) Assim que eu o **vir**, dar-lhe-ei teu recado.
g) Quando vocês o **virem**, digam-lhe que, se não **repuserem** o dinheiro, irá para a cadeia.
h) Como **geia** nesta terra, meu Deus do céu!
i) A impunidade **premia** o crime, por isso alguns **anseiam** por falcatruas.
j) Mesmo que **chovam** cães e gatos, vou à praia hoje.

MÓDULO 22

1. Só corrija as palavras erradas:

a) criolina b) dispender c) discreção d) atrasado e) traseiro f) mexer
g) descente h) descência i) reinvindicar j) reincidente

2. Acentue ou não:

a) cateter b) ureter c) masseter d) Pacaembu e) Morumbi f) infantis
g) gentis h) colibris i) prototipo j) Mooca

3. Algumas destas frases não estão de acordo com a norma padrão. "Corrija-as":

a) A grosso modo podemos dizer que vencemos bem o jogo.
b) Quantos dias de trabalho você já faltou este mês?
c) Rosa não quis vim na festa.
d) Um dos acidentados não resistiu aos ferimentos e veio a óbito.
e) Ele foi condenado porque legisferou.
f) As garotas estavam meias zangadas; os rapazes meios desconfiados.
g) É preferível ser derrotado do que ser colonizado.
h) Meu amigo, residente à Rua da Paz, ainda não chegou.
i) O supermercado, sito na Avenida Atlântica, está fechado.
j) Moro à Praça da Liberdade, e não ao Beco do Pesadelo.

4. Substitua o verbo existir por haver, conforme convier:

a) No Brasil não existiam desertos, não existiam terremotos, não existiam políticos incompetentes.
b) Caso existam descontentes, notifique-nos!
c) Existirão descontentes em nossa empresa?
d) Sempre existiram corruptos na vida pública.
e) Nunca existiram tantos analfabetos como agora.
f) Existirão tantas crianças com fome no Brasil?
g) Mesmo que existissem chances de recuperação, ele ficaria paralítico.
h) Quando existirem políticos decentes no país, progrediremos.
i) Enquanto não existirem políticos absolutamente honestos, padeceremos.
j) Espero que existam muitos sobreviventes desse acidente.

5. Complete as frases com a ou com à, conforme convier:

a) Feriram-me ... bala, ... faca, ... cassetete, ... tudo.
b) Fiquei olhando ... distância, não quis me meter.
c) Chegaremos ... zero hora, em barco ... vela ou ... remo.
d) Quem vai ... campo de futebol, hoje, fica sujeito ... chuvas e trovoadas.
e) O carteiro não sabia ... quem entregar a encomenda, se ... mãe ou se ... filha.
f) O termômetro subiu ... 39 graus ... sombra.
g) Naquela época ainda se usava sapato ... Luís XV.
h) Ele se vestiu ... Napoleão e foi ... festa.
i) Não vou ... festa, ... baile, ... balada, ... coisa nenhuma.
j) Não vou ... festas, ... bailes, ... baladas, ... nada.

6. Complete as frases usando os elementos gramaticais necessários, sempre tendo em vista a norma padrão:

a) As privações ... passamos nos deixaram fracos.
b) Esta é a única mulher ... tenho confiança.

c) Eram regras ... não deveríamos jamais desobedecer.
d) Cristina foi a mulher ... mais quis na vida.
e) Este era o cargo ... mais queria na vida.
f) Voltei para buscar o pacote ... me havia esquecido.
g) Voltei para buscar o documento ... havia esquecido.
h) São situações ... não deverei lembrar.
i) São situações ... não me deverei lembrar.
j) O chinês é a língua ... o livro foi traduzido.

7. Complete as frases com eu, mim ou me, conforme convier:

a) Não se ponha entre ... e ela, que você poderá se dar mal!
b) Entre ... e você nunca haverá discussões.
c) Deixe ... ver isso que você tem em mão!
d) Para ..., elas estão gozando de boa saúde.
e) Até ... gosto de ver mulher bonita.
f) É fácil para ... explicar tudo isso.
g) Isso é para ... ou para ... deixar com água na boca?
h) Isso é para ... ou para ... ficar com água na boca?
i) Perante ... ela diz uma coisa; perante outros, outra coisa.
j) Ante ... ela negou tudo.

8. Algumas destas frases não estão de acordo com a norma padrão. "Corrija-as":

a) Vocês devem ser francos com nós, porque com nós, professores, não deve haver falsidades.
b) Perante mim ela confirmou tudo; perante tu não.
c) Essa mulher só pensa nela mesma e, na rua, fala com ela mesma o tempo todo.
d) Os deputados e senadores majoraram o salário deles mesmos.
e) No momento que ela dispor de tempo, me telefonará.
f) Ela não me quereria hoje como quis naquela época.
g) Será que ela me quererá como eu lhe quis?
h) Quem media os encontros da garota com o namorado é o irmão.
i) Quem é que intermedeia a doação de livros à biblioteca municipal?
j) Ela ficou muda perante ao magistrado.

9. Leia corretamente:

a) o **suor** das axilas
b) o voo do **condor**
c) a **crosta** do pão
d) a **crosta** terrestre
e) o servo caçou dois **cervos**

f) **Roraima** é rico em recursos naturais
g) **aerossóis** são partículas minutíssimas
h) **Hermeto** é um **virtuose** do acordeom
i) sou **destro**, e não canhoto
j) ele é um dos jogadores mais **longevos** do país

10. Só acentue quando absolutamente necessário:

a) maquinaria   b) transistor   c) aligator   d) aligatores   e) pegada
f) crisantemo   g) triplex   h) duplex   i) boemia   j) Caraibas

SOLUÇÕES

1. a) cre olina   **b)** de spender   **c)** discrição   **d)** atrasado   **e)** traseiro   **f)** mexer   **g)** dec ente   **h)** dec ência   **i) rei** vindicar   **j)** reincidente

2. a) cateter   b) ureter   c) masseter   d) Pacaembu   e) Morumbi   f) infantis   g) gentis   h) colibris   **i)** prot**ó**tipo   j) Mooca

3. a) Grosso modo podemos dizer que vencemos bem o jogo. (**Grosso modo** é expressão latina, dispensa "a" anteposto.)
b) **A** quantos dias de trabalho você já faltou este mês? (Quem falta, falta **a** dias de trabalho.)
c) Rosa não quis **vir** na festa. (O verbo principal tem de estar no infinitivo, nessa locução verbal.)
d) Um dos acidentados não resistiu aos ferimentos e **foi** a óbito. (A expressão correta é *ir a óbito*.)
e) Ele foi condenado porque **legiferou**. (O verbo correto é **legiferar**, sinônimo de *legislar*.)
f) As garotas estavam **meio** zangadas; os rapazes **meio** desconfiados. (**Meio** não varia quando advérbio.)
g) É preferível ser derrotado **a** ser colonizado. (**Preferível** rege **a**.)
h) Meu amigo, residente **na** Rua da Paz, ainda não chegou. (**Residente** rege **em**.)
i) O supermercado, sito na Avenida Atlântica, está fechado. (Frase correta: **sito** rege **em**.)
j) Moro **na** Praça da Liberdade, e não **no** Beco do Pesadelo. (**Morar** rege **em**.)

4. a) No Brasil não **havia** desertos, não **havia** terremotos, não **havia** políticos incompetentes.
b) Caso **haja** descontentes, notifique-nos!
c) **Haverá** descontentes em nossa empresa?
d) Sempre **houve** corruptos na vida pública.
e) Nunca **houve** tantos analfabetos como agora.
f) **Haverá** tantas crianças com fome no Brasil?
g) Mesmo que **houvesse** chances de recuperação, ele ficaria paralítico.
h) Quando **houver** políticos decentes no país, progrediremos.
i) Enquanto não **houver** políticos absolutamente honestos, padeceremos.
j) Espero que **haja** muitos sobreviventes desse acidente.

5. a) Feriram-me **à** bala, **à** faca, **a** cassetete, **a** tudo.
b) Fiquei olhando **a** distância, não quis me meter.

c) Chegaremos **à** zero hora, em barco **à** vela ou **a** remo.
d) Quem vai a campo de futebol, hoje, fica sujeito **a** chuvas e trovoadas.
e) O carteiro não sabia **a** quem entregar a encomenda, se **à** mãe ou se **à** filha.
f) O termômetro subiu **a** 39 graus **à** sombra.
g) Naquela época ainda se usava sapato **à** Luís XV.
h) Ele se vestiu **à** Napoleão e foi **à** festa.
i) Não vou **a** festa, **a** baile, **a** balada, **a** coisa nenhuma.
j) Não vou **a** festas, **a** bailes, **a** baladas, **a** nada.

6. a) As privações **por que** passamos nos deixaram fracos. (Quem passa, passa **por** privações.)
b) Esta é a única mulher **em quem** tenho confiança. (Quem tem confiança, tem confiança **em** alguém; como se trata de pessoa, usa-se **quem**, e não "que".)
c) Eram regras **a que** não deveríamos jamais desobedecer. (**Desobedecer** é sempre verbo transitivo indireto, assim como *obedecer*.)
d) Cristina foi a mulher **a quem** mais quis na vida. (**Querer** = estimar é verbo transitivo indireto.)
e) Este era o cargo **que** mais queria na vida. (**Querer** = desejar é verbo transitivo direto.)
f) Voltei para buscar o pacote **de que** me havia esquecido. (Quem se esquece, se esquece **de** alguma coisa.)
g) Voltei para buscar o documento **que** havia esquecido. (Quem esquece, esquece alguma coisa.)
h) São situações **que** não deverei lembrar. (Quem lembra, lembra alguma coisa.)
i) São situações **de que** não me deverei lembrar. (Quem se lembra, se lembra **de** alguma coisa.)
j) O chinês é a língua **para a qual** o livro foi traduzido. (Usa-se **o qual** e variações com preposições dissílabas.)

7. a) Não se ponha entre **mim** e ela, que você poderá se dar mal!
b) Entre **mim** e você nunca haverá discussões.
c) Deixe-**me** ver isso que você tem em mão!
d) Para **mim**, elas estão gozando de boa saúde.
e) Até **eu** gosto de ver mulher bonita.
f) É fácil para **eu** explicar tudo isso.
g) Isso é para **mim** ou para **me** deixar com água na boca?
h) Isso é para **mim** ou para **eu** ficar com água na boca?
i) Perante **mim** ela diz uma coisa; perante outros, outra coisa.
j) Ante **mim** ela negou tudo.

8. a) Vocês devem ser francos **conosco**, porque com nós, professores, não deve haver falsidades. (Usa-se **com nós** apenas quando houver aposto posposto.)
b) Perante mim ela confirmou tudo; perante **ti** não. (Depois de perante usa-se **mim** ou **ti**, conforme o caso.)
c) Essa mulher só pensa **em si** mesma e, na rua, fala **consigo** mesma o tempo todo. (Casos de pronome reflexivo.)
d) Os deputados e senadores majoraram o salário **de si** mesmos. (V. letra *c*.)
e) No momento que ela **dispuser** de tempo, me telefonará.
f) Ela não me quereria hoje como quis naquela época. (Frase correta.)
g) Será que ela me quererá como eu lhe quis? (Frase correta.)

h) Quem **medeia** os encontros da garota com o namorado é o irmão. (O verbo **mediar** conjuga-se como se terminasse em **-ear**.)
i) Quem é que **intermedeia** a doação de livros à biblioteca municipal? (**Intermediar** é derivado de mediar e, naturalmente, por ele se conjuga.)
j) Ela ficou muda perante **o** magistrado. (**Perante** não aceita **a**.)

9. a) o **suór** das axilas
b) o voo do **condôr**
c) a **crôsta** do pão
d) a **crôsta** terrestre
e) o servo caçou dois **cérvos**
f) **Rorâima** é rico em recursos naturais
g) **aerossóis** são partículas minutíssimas
h) **Herméto** é um **virtuôse** do acordeom
i) sou **dêstro**, e não canhoto (a 6.ª ed. do VOLP, no entanto, registra também *déstro*, mas a correta sempre foi com **e** fechado.)
j) ele é um dos jogadores mais **longévos** do país

10. a) maquinaria b) transistor **c)** aligátor d) aligatores e) pegada **f)** crisântemo
g) triplex h) duplex i) boemia **j)** Caraíbas

MÓDULO 23

1. Só corrija as palavras erradas:

a) espontaniedade   b) homogeneidade   c) heterogeniedade
d) contemporaniedade   e) pixe f) pixaim   g) xucro   h) pêcego
i) pokan j) muçarela

2. Acentue ou não:

a) monolito b) megalito c) fagocito d) safari e) tulipa f) pudico
g) decano h) decada i) barbaria j) prurido

3. Algumas destas frases não estão de acordo com a norma padrão. "Corrija-as":

a) Estamos em regime de contenção de despesas.
b) As lojas cerrarão as portas ao meio-dia e meia.
c) Recebi dela um cumprimento muito frio.
d) Só um doido pensará em vadear esse rio.
e) A Dona Jeni chorou porque desejava viajar pelo mar, e não pela terra.
f) O marceneiro veio para consertar a porta.
g) Vou pôr um possante auto-falante no meu carro.

h) As crianças prostaram-se à minha direita.
i) O novo código de trânsito já está vigindo.
j) Procurei agir com a máxima descrição, porque sou discreto.

4. Substitua as expressões em destaque por um sinônimo:

a) Eis aí pessoas **que não têm paciência**.
b) Tive uma forte cólica **de rim** ontem.
c) O ex-presidente foi condenado a prisão **em casa**.
d) Todo funcionário **sem aptidão** deveria ser despedido.
e) Seus problemas **no casamento** são **impossíveis de solucionar**?
f) O brasileiro perdeu muito seu poder **de aquisição** no último ano.
g) Encontrei no hospital médicos **sem ânimo** e pacientes **sem esperanças**.
h) O povo está **sem defesa**, porque o Estado já não é capaz de garantir a segurança do cidadão.
i) Para a Igreja, o casamento é uma união **que não se dissolve**.
j) A água é um líquido **sem cheiro, sem cor** e **sem sabor**.

5. Complete adequadamente estas frases, tendo por base a primeira de cada conjunto:

a) **Pode deixar, que ele se vira sozinho!**
   Pode deixar, que eu ... ... sozinho!
   Pode deixar, que nós ... ... !

b) **O povo se aborrece com tamanha carga de impostos.**
   Eu ... ... com tamanha carga de impostos.
   Nós ... ... com tamanha carga de impostos.

c) **Quando ele viu a onça na sua frente, apavorou-se.**
   Quando vi a onça na ... frente, ...
   Quando ... a onça na nossa frente, ...

d) **Ele se preocupa com o futuro do Brasil.**
   Eu ... ... com o futuro do Brasil.
   Nós ... ... com o futuro do Brasil.

e) **Você se incomodará se eu ficar a seu lado?**
   Não, ... não ... ... se ... ficar a ... lado.
   Não, nós não ... ... se ... ficar a ... lado.

6. Complete com há **ou** a, **conforme convier:**

a) Estamos ... muitos anos do século XXII e ... muitos anos do século XV.
b) Não chegaremos ... tempo, porque daqui ... dez minutos começará o *show*.
c) Saímos ... cerca de três minutos; daqui ... pouco eles chegarão.
d) Não vejo Lurdes ... mais ou menos cem dias.
e) Rute e Judite estão ... dois minutos daqui.
f) As Olimpíadas terão início ... 18 de setembro.
g) ... séculos ele bebe cerveja e não fica embriagado.
h) Falei ainda ... pouco a todos os presentes.
i) ... dois dias o marido morreu; ... dois dias da morte do marido, ela morreu.
j) Elisa me visitou ... pouco tempo.

7. Assinale a letra que corresponde aos conjuntos que não trazem ambas as palavras corretas:

a) micro-organismo/microrganismo
b) ritmo/rítimo
c) nebrina/neblina
d) micro-ondas/microndas
e) carbo-hidrato/carboidrato
f) advinhar/adivinhar
g) sobressalente/sobresselente
h) aspeto/aspecto
i) circunspeto/circunspecto
j) aritmética/arimética

8. Complete com mal **ou** mau, **conforme convier:**

a) Não quero ... a ninguém, nem mesmo a quem é ...
b) Se você é ..., com certeza irá se dar ... na vida.
c) Hernâni é um ... sujeito, mas não gosta que falem ... dele.
d) Não há nada de ... em ir à praia à noite.
e) O ... do Brasil é a corrupção, é a impunidade, é o mau-caratismo.
f) Haraldo dirige ... no trânsito, sempre foi um ... motorista.
g) Um ... advogado geralmente fala ...
h) O negócio vai ... porque nesta cidade tudo é ...
i) Estou enxergando ...: preciso de uns bons óculos.
j) Ele não quer ficar ...visto pela população.

9. Algumas destas frases não estão de acordo com a norma padrão. "Corrija-as":

a) Vossa Excelência ides à praia hoje?
b) Vossa Excelência não quer ir à praia, por isso deixem-na em paz!

c) Costuma acontecer abalos de terra por aqui.
d) Costuma haver fósseis por esta região.
e) Não existe razões para fazer o que você fez.
f) Falta poucos minutos para dez horas.
g) Fazem muitos anos que saí da escola.
h) Ia fazer muitos anos que eu tinha saído da escola.
i) Pode até haver insatisfeitos na empresa, mas eu não sei deles.
j) Vai haver comemorações hoje ou amanhã?

10. Complete de forma gramaticalmente adequada:

a) Teresinha é a pessoa ... falam mal por aí.
b) Teresa é a pessoa ... casa dormimos.
c) Esse é o rio ... águas estão poluídas desde 1980.
d) Esse é o rio ... águas navegaram os bandeirantes.
e) Hiroxima e Nagasáqui são as cidades ... foram lançadas bombas atômicas em 1945.
f) Este é um problema ... não tem solução.
g) Este é um problema ... solução ainda não conversamos.
h) Este é um assunto ... ainda não tratamos.
i) Esse foi o drama ... passamos no meio do mar revolto.
j) Este é o bairro ... ruas continuam inundadas.

SOLUÇÕES

1. a) espontan**ei**dade b) homogeneidade **c)** heterogen**ei**dade **d)** contemporan**ei**dade **e)** pi**ch**e f) pixaim g) xucro **h)** pê**ss**ego **i)** pon**cã** j) muçarela

2. a) mon**ó**lito **b)** meg**á**lito **c)** fag**ó**cito **d)** saf**á**ri e) tulipa f) pudico g) decano **h)** d**é**cada i) barbaria j) prurido

3. a) Estamos em regime de contenção de despesas. (Frase correta.)
b) As lojas cerrarão as portas ao meio-dia e meia. (Frase correta.)
c) Recebi dela um cumprimento muito frio. (Frase correta.)
d) Só um doido pensará em vadear esse rio. (Frase correta.)
e) **Dona** Jeni chorou porque desejava viajar **por** mar, e não **por** terra. (A palavra **dona** não admite artigo; **mar** e **terra**, neste caso, também não admitem artigo.)
f) O marceneiro veio para consertar a porta. (Frase correta.)
g) Vou pôr um possante **alto**-falante no meu carro. (Só mesmo "artistas" usam "auto-falantes" em seus carros.)
h) As crianças **postaram**-se à minha direita. (É **postar**-se que significa *colocar-se em determinado lugar*.)
i) O novo código de trânsito já está vig**e**ndo. (O verbo é viger, e não vigir.)
j) Procurei agir com a máxima di**s**crição, porque sou discreto. (**Descrição** é substantivo correspondente do verbo *descrever*.)

4. a) Eis aí pessoas **impacientes**.
b) Tive uma forte cólica **renal** ontem.
c) O ex-presidente foi condenado a prisão **domiciliar**.
d) Todo funcionário **inapto** deveria ser despedido.
e) Seus problemas **conjugais** são **insolúveis**?
f) O brasileiro perdeu muito seu poder **aquisitivo** no último ano.
g) Encontrei no hospital médicos **desanimados** e pacientes **desesperançosos**.
h) O povo está **indefeso**, porque o Estado já não é capaz de garantir a segurança do cidadão.
i) Para a Igreja, o casamento é uma união **indissolúvel**.
j) A água é um líquido **inodoro, incolor** e **insípido**.

5. a) **Pode deixar, que ele se vira sozinho!**
Pode deixar, que eu **me viro** sozinho!
Pode deixar, que nós **nos viramos sozinhos**!

b) **O povo se aborrece com tamanha carga de impostos.**
Eu **me aborreço** com tamanha carga de impostos.
Nós **nos aborrecemos** com tamanha carga de impostos.

c) **Quando ele viu a onça na sua frente, apavorou-se.**
Quando vi a onça na **minha** frente, **apavorei-me**.
Quando **vimos** a onça na nossa frente, **apavoramo-nos**.

d) **Ele se preocupa com o futuro do Brasil.**
Eu **me preocupo** com o futuro do Brasil.
Nós **nos preocupamos** com o futuro do Brasil.

e) **Você se incomodará se eu ficar a seu lado?**
Não, eu não **me incomodarei** se **você** ficar a **meu** lado.
Não, nós não nos incomodaremos se *você* ficar a **nosso** lado.

6. a) Estamos **a** muitos anos do século XXII e **a** muitos anos do século XV. (Em nenhum caso, é possível a substituição por faz; portanto, usa-se **a**.)
b) Não chegaremos **a** tempo, porque daqui **a** dez minutos começará o *show*. (V. letra *a*.)
c) Saímos **há** cerca de três minutos; daqui **a** pouco eles chegarão. (No primeiro caso, **há** = *faz*.)
d) Não vejo Lurdes **há** mais ou menos cem dias.
e) Rute e Judite estão **a** dois minutos daqui.
f) As Olimpíadas terão início **a** 18 de setembro.
g) **Há** séculos ele bebe cerveja e não fica embriagado.
h) Falei ainda **há** pouco a todos os presentes.
i) **Há** dois dias o marido morreu; **a** dois dias da morte do marido, ela morreu.
j) Elisa me visitou **há** pouco tempo.

7. a) micro-organismo/microrganismo
b) ritmo/rítimo (apenas **ritmo** é correta)
c) nebrina/neblina
d) micro-ondas/microndas (apenas **micro-ondas** é correta)
e) carbo-hidrato/carboidrato
f) advinhar/adivinhar (apenas **adivinhar** é correta)
g) sobressalente/sobresselente

h) aspeto/aspecto
i) circunspeto/circunspecto
j) aritmética/arimética (apenas **aritmética** é correta)

8. a) Não quero **mal** a ninguém, nem mesmo a quem é **mau**. (**Mal** substitui-se por *bem*; **mau**, por *bom*.)
b) Se você é **mau**, com certeza irá se dar **mal** na vida.
c) Hernâni é um **mau** sujeito, mas não gosta que falem **mal** dele.
d) Não há nada de **mal** em ir à praia à noite.
e) O **mal** do Brasil é a corrupção, é a impunidade, é o mau-caratismo. (Neste caso, cabe ainda o uso de **mau**, contrário de **bom**, que caberia na frase fosse outro o contexto.)
f) Haraldo dirige **mal** no trânsito, sempre foi um **mau** motorista.
g) Um **mau** advogado geralmente fala **mal**.
h) O negócio vai **mal** porque nesta cidade tudo é **mau**.
i) Estou enxergando **mal**: preciso de uns bons óculos.
j) Ele não quer ficar **mal**visto pela população.

9. a) Vossa Excelência **vai** à praia hoje? (Os pronomes de tratamento exigem o verbo na 3.ª pessoa.)
b) **Sua** Excelência não quer ir à praia, por isso deixem-na em paz! (Usa-se **vossa** quando se fala com a pessoa; quando dela se fala, usa-se **sua**.)
c) Costuma**m** acontecer abalos de terra por aqui. (O sujeito de **costumar** é *abalos*.)
d) Costuma haver fósseis por esta região. (Frase correta, em vista de **haver** significar *existir*.)
e) Não existe**m** razões para fazer o que você fez. (O sujeito de existir é **razões**.)
f) Falta**m** poucos minutos para dez horas. (O sujeito de **faltar** é *minutos*.)
g) **Faz** muitos anos que saí da escola. (**Fazer** em orações temporais não varia nunca.)
h) Ia fazer muitos anos que eu tinha saído da escola. (Frase correta: o verbo auxiliar segue sempre o principal; v. letra *g*.)
i) Pode até haver insatisfeitos na empresa, mas eu não sei deles. (V. letra *h*.)
j) Vai haver comemorações hoje ou amanhã? (V. letra *h*.)

10. a) Teresinha é a pessoa **de quem** falam mal por aí. (Quem fala mal, fala mal **de** alguém.)
b) Teresa é a pessoa **em cuja** casa dormimos. (Dormimos **em** casa alheia.)
c) Esse é o rio **cujas** águas estão poluídas desde 1980. (Entre dois substantivos, usam-se o pronome **cujo** e variações.)
d) Esse é o rio **em cujas** águas navegaram os bandeirantes. (Quem navega, navega **em** águas.)
e) Hiroxima e Nagasáqui são as cidades **sobre as quais** foram lançadas bombas atômicas em 1945. (Quem lança bombas, lança bombas **sobre**; o uso de *os quais* se justifica pela preposição dissílaba.)
f) Este é um problema **que** não tem solução. (Não há verbo transitivo indireto na frase.)
g) Este é um problema **sobre cuja** solução ainda não conversamos. (Quem conversa, conversa **sobre** algum assunto.)
h) Este é um assunto **que** (ou **de que**) ainda não tratamos. (O v. **tratar**, nessa acepção, pode ser transitivo direto ou transitivo indireto, indiferentemente: *tratei o/do assunto*.)
i) Esse foi o drama **por que** passamos no meio do mar revolto. (Quem passa, passa **por** drama.)
j) Este é o bairro **cujas** ruas continuam inundadas. (Entre substantivos usa-se **cujas**, que combina sempre com o segundo substantivo.)

MÓDULO 24

1. Só corrija as palavras erradas:

a) coriza b) tele-entrega c) ascensão d) compreenção e) capcioso f) urticária g) radiovitrola h) pajear i) turboélice j) sebo

2. Algumas destas frases não estão de acordo com a norma padrão. "Corrija-as":

a) Comprei um par de sapato de cromo alemão.
b) No meu prédio não há para-raio.
c) Não sinto nenhuma cócega na planta do pé, mas na costa sinto uma cócega incrível!
d) Esqueci meu óculos em casa. Empresta-me o seu?
e) Sua namorada está com olheira profunda hoje!
f) As pessoas que eu interessei pela causa venceram a questão judicial.
g) Havia muitos candidatos a deputados e vários candidatos a vereadores.
h) Teresa é um dos nossos melhores engenheiros.
i) Leila Pereira foi um dos presidentes do Palmeiras.
j) Marta Suplicy foi um dos prefeitos de São Paulo.

3. Complete as frases com os elementos gramaticais necessários à integridade frasal, tendo sempre em vista a norma padrão:

a) Essa é uma festa ... não fui convidado.
b) O filme ... vimos hoje não foi aquele ... assistimos ano passado.
c) Então, Casimiro, esse é o cargo ... tanto aspiras?
d) Essa é a imagem ... me ajoelhei e fiz minhas preces.
e) São conhecidos os motivos ... Hersílio se demitiu.
f) Aquele é o deputado ... casa estivemos ontem.
g) Aquele é o deputado ... casa está à venda.
h) As pessoas ... causa me interessei estão agradecidas.
i) Esta é a lagoa ... águas nadamos quando crianças.
j) Esta é a lagoa ... águas se esconde um monstro.

4. Complete com as formas adequadas do verbo ser:

a) Não ... eu que fiz isso. Não ... eu que faço isso.
b) Não ... eu que fazia isso. Não ... eu que farei isso.
c) Não ... nós que fazemos isso. Não somos nós quem ... isso.
d) Não ... nós que fizemos isso. Não fomos nós quem ... isso.
e) Quem faz tudo aqui ... eu. Fui eu quem ... tudo isso.

5. Complete corretamente:

a) pentagram...   b) paralelogram...   c) aforism...
d) cataclism...   e) cromossom...   f) catequi...ar
g) cateque...e   h) e...ce...ão   i) contor...ão   j) aster...

6. Una todas as palavras que seguem, usando o hífen ou não, conforme convier, fazendo ainda todas as alterações necessárias:

a) rádio vitrola   b) rádio relógio   c) rádio patrulha   d) rádio amador
e) sobre loja   f) moto serra   g) áudio visual   h) sub diretor
i) extra classe   j) co herdeiro

7. Algumas destas frases não estão de acordo com a norma padrão. "Corrija-as":

a) Dado a elevada inflação, ninguém conseguia poupar.
b) Dado o elevado índice inflacionário, ninguém conseguia poupar.
c) Dado a grande procura de ingressos, o jogo foi transferido para um estádio maior.
d) É vedado aos candidatos a utilização de calculadoras nos exames.
e) Não havia nenhumas razões para você faltar da aula.
f) Não tens razões nenhumas para faltares das aulas.
g) Transcreveram errada a carta que enviei ao jornal.
h) A medida tornou inelegível vários candidatos.
i) O voto eletrônico tornou impossível as fraudes?
j) Devem haver muitos interessados nessa casa.

8. Transforme os verbos em seus substantivos correspondentes:

a) ceder os direitos = a ce... dos direitos.
b) inverter os papéis = a inver... dos papéis.
c) rescindir o contrato = a re... do contrato.
d) acender os holofotes = o acen... dos holofotes.
e) ascender (o balão) = a a... do balão.
f) aferir a balança = a afer... da balança.
g) escandir os versos = a escan... dos versos.
h) inserir a chave na fechadura = a inser... da chave na fechadura.
i) conter as despesas = a conten... das despesas.
j) manter uma família = a man... de uma família.

9. Dê o plural:

a) testemunha bomba   f) filme pornô
b) passeata monstro   g) carro esporte

c) meia bege
d) mãe coruja
e) peça chave

h) garota *sexy*
i) morena jambo
j) uma *blitz*

10. Substitua as formas compostas dos verbos dados pelas suas formas simples:
a) Judite nos disse que **tinha ido** à praia mais cedo.
b) Susana nos disse que **tinha tido** pesadelo à noite.
c) Contei-lhe que **tínhamos estado** alerta durante toda a noite.
d) Verificaram que eu **tinha vindo** só.
e) Os pais tinham certeza de que a babá **tinha entretido** bem as crianças.

SOLUÇÕES

1. a) coriza b) tele-entrega c) ascensão **d)** compreen**s**ão e) capcioso f) urticária g) radiovitrola h) pajear i) turboélice j) sebo

2. a) Comprei um par de sapato**s** de cromo alemão. (Depois de palavra coletiva, usa-se plural.)
b) No meu prédio não há para-raio**s**. (A palavra é sempre **para-raios**.)
c) Não sinto nenhuma**s** cócega**s** na planta do pé, mas na**s** costa**s** sinto uma**s** cócega**s** incríve**is**! (**Cócegas** e **costas**, dorso, são palavras só usadas no plural.)
d) Esqueci meu**s** óculos em casa. Empresta-me o**s** seu**s**? (**Óculos** é palavra só usada no plural.)
e) Sua namorada está com olheira**s** profunda**s** hoje! (**Olheiras** é palavra só usada no plural.)
f) As pessoas **por cuja** causa me interessei venceram a questão judicial. (Quem se interessa, se interessa por alguma coisa; como há dois substantivos, e o segundo está no feminino singular, usa-se **cuja**.)
g) Havia muitos candidatos a **deputado** e vários candidatos a **vereador**. (A expressão **candidato** ou **candidata a** exige palavra no singular e no masculino: Elas são candidatas a *prefeito*, já que subentende-se *cargo*.)
h) Teresa é um dos nossos melhores engenheiros. (Frase correta; entre os engenheiros, Teresa é um deles.)
i) Leila Pereira foi um dos presidentes do Palmeiras. (Frase correta: Entre os presidentes, Leila foi um.)
j) Marta Suplicy foi um dos prefeitos de São Paulo. (Leia letra *i*.)

3. a) Essa é uma festa **para a qual** não fui convidado. (Quem é convidado, é convidado **para** alguma coisa; usa-se **a qual**, e não "que", por causa da preposição dissílaba.)
b) O filme **que** vimos hoje não foi aquele **a que** assistimos ano passado. (Quem vê, vê alguma coisa, mas quem assiste, assiste **a**.)
c) Então, Casimiro, esse é o cargo **a que** tanto aspiras? (O v. **aspirar**, no sentido de desejar, é transitivo indireto.)
d) Essa é a imagem **ante a qual** (ou **perante a qual**, ou **junto a qual**, ou **diante da qual**) me ajoelhei e fiz minhas preces.

e) São conhecidos os motivos **por que** Hersílio se demitiu. (Quem se demite, se demite **por** algum motivo.)
f) Aquele é o deputado **em cuja** casa estivemos ontem.
g) Aquele é o deputado **cuja** casa está à venda.
h) As pessoas **por cuja** causa me interessei estão agradecidas.
i) Esta é a lagoa **em cujas** águas nadamos quando crianças.
j) Esta é a lagoa **sob cujas** águas se esconde um monstro.
(Estou certo de que da letra f à letra j você, por si só, já percebeu o porquê do uso tanto de **cuja(s)** quanto das preposições.)

4. a) Não **fui** eu que fiz isso. Não **sou** eu que faço isso.
b) Não **era** eu que fazia isso. Não **serei** eu que farei isso.
c) Não **somos** nós que fazemos isso. Não somos nós quem **faz** isso.
d) Não **fomos** nós que fizemos isso. Não fomos nós quem **fez** isso.
e) Quem faz tudo aqui **sou** eu. Fui eu quem **fez** tudo isso.

5. a) pentagram**a**   b) paralelogram**o**   c) aforism**o***   d) cataclism**o**   e) cromossom**o**
f) catequi**z**ar   g) catequ**e**se   h) ex**ce**ção   i) contor**ç**ão   j) aster**isco**
*A 6.ª ed. do VOLP registra ainda *aforisma* e *cromossoma*, que há pouco tempo eram cacografias. Rejeite-as!)

6. a) radiovitrola   b) rádio-relógio   c) radiopatrulha   d) radioamador   e) sobreloja
f) motosserra   g) audiovisual   h) subdiretor   i) extraclasse   j) coerdeiro*
*Aberração ortográfica, surgida com o último Acordo Ortográfico.

7. a) Dad**a** a elevada **inflação**, ninguém conseguia poupar. (**Dado** ou **dada**, em frases assim, significa *por causa de* e nunca se usa com a preposição *a*.)
b) Dado o elevado índice inflacionário, ninguém conseguia poupar. (V. a letra *a*.)
c) Dad**a** a grande **procura** de ingressos, o jogo foi transferido para um estádio maior. (V. a letra *a*.)
d) É vedad**a** aos candidatos **a utilização** de calculadoras nos exames.
e) Não havia nenhumas razões para você faltar **à** aula. (O v. faltar, neste caso, rege **a**.)
f) Não tens **razão nenhuma** para faltares das aulas. (O pronome indefinido nenhum ou nenhuma, quando posposto, usa-se apenas no singular.)
g) Transcreveram **errado** a carta que enviei ao jornal. (**Errado** aí está por *erradamente*; trata-se de advérbio, portanto invariável.)
h) A medida tornou **inelegíveis** vários candidatos. (O adjetivo se refere a *candidatos*, que está no plural.)
i) O voto eletrônico tornou **impossíveis** as fraudes? (O adjetivo se refere a *fraudes*; e a resposta é não...)
j) **Deve** haver muitos interessados nessa casa. (Você já está cansado de saber: o verbo **haver** aí é impessoal.)

8. a) ceder os direitos = a ce**ssão** dos direitos.
b) inverter os papéis = a inver**são** dos papéis.
c) rescindir o contrato = a re**scisão** do contrato.
d) acender os holofotes = o acen**dimento** dos holofotes.
e) ascender (o balão) = a a**scensão** do balão.
f) aferir a balança = a **aferição** da balança.
g) escandir os versos = a escan**são** dos versos.

h) inserir a chave na fechadura = a inser**ção** da chave na fechadura.
i) conter as despesas = a conten**ção** das despesas.
j) manter uma família = a man**utenção** de uma família.

9. a) testemunhas bomba
b) passeatas monstro
c) meias bege
d) mães coruja
e) peças chave
f) filmes pornô
g) carros esporte
h) garotas *sexy*
i) morenas jambo
j) duas *blitze*

10. a) Judite nos disse que **fora** à praia mais cedo.
b) Susana nos disse que **tivera** pesadelo à noite.
c) Contei-lhe que **estivéramos** alerta durante toda a noite.
d) Verificaram que eu **viera** só.
e) Os pais tinham certeza de que a babá **entretivera** bem as crianças.

MÓDULO 25

1. Só corrija as palavras erradas:

a) cafageste   b) berinjela   c) geringonça   d) buginganga   e) criolo
f) gorjeta   g) gorjeio   h) cuscus   i) senusite   j) arripio

2. Transforme todos os adjetivos em destaque em substantivos correspondentes:

a) As pessoas espontâneas = a espontan... das pessoas.
b) As substâncias homogêneas = a homogen... das substâncias.
c) As substâncias heterogêneas = a heterogen... das substâncias.
d) As sentinelas impassíveis = a impassi... das sentinelas.
e) A água fria = a fri... da água.
f) Uma mulher fria = a fri... de uma mulher.
g) Um príncipe fleumático = a fle... de um príncipe.
h) Políticos persuasivos = a persua... de políticos.
i) Os comerciantes idôneos = a idon... dos comerciantes.
j) Os humoristas hilariantes = a hilar... dos humoristas.

3. Algumas destas frases não estão de acordo com a norma padrão. "Corrija-as":

a) Estarei em casa entre uma e duas horas da tarde.
b) O acidente aconteceu por volta de nove horas da noite.

c) O governador chegou a palácio por volta de zero hora; saiu de palácio depois de seis horas da manhã.
d) Estados Unidos mantém acordo com Brasil.
e) O barão do Rio Branco foi um iminente brasileiro.
f) Aurélio Buarque de Holanda, apesar de ter elaborado um dicionário, não tinha qualquer habilitação em Letras, muito menos em Pedagogia.
g) Quero imigrar para Portugal, mas não me deixam!
h) O Brasil progride, independente dos políticos que tem.
i) Utilizou o telefone para achincalhar a ex-mulher.
j) Está chovendo desde de manhãzinha.

4. Complete com eu ou mim, conforme convier:

a) Entre ... e minha namorada sempre houve muita compreensão.
b) Trouxeram um livro para ... ler e um disco para ... ouvir.
c) Sem ... ler o documento, não o assino, e esse documento não pode sair daqui sem ... assiná-lo.
d) Isso é para ... guardar ou é para ... vender?
e) As crianças não dormem sem ..., sem ... estar a seu lado.
f) Resolver isso é muito fácil para ...
g) Para ..., resolver isso é muito fácil.
h) Para ..., viver sem ela é um martírio!
i) É um martírio para ... viver sem ela.
j) Para ..., votar em patriotas é muito importante.

5. Substitua o que está em destaque por um adjetivo pátrio composto equivalente:

a) aliança **entre a Inglaterra e os Estados Unidos**
b) aliança **entre o Brasil e a Colômbia**
c) aliança **entre a Colômbia e a Argentina**
d) guerra **entre a Bolívia e o Chile**
e) guerra **entre a Espanha e os Estados Unidos**
f) acordos **entre a Alemanha e o Japão**
g) amizade **entre o Japão e o Brasil**
h) acordos **entre a China e a Rússia**
i) amizade **entre a Dinamarca e a Noruega**
j) amizade **entre a Finlândia e a Suécia**

6. Use o verbo em destaque no pretérito perfeito do indicativo ou no pretérito imperfeito do subjuntivo, conforme convier:

a) Eu **depor** as armas, mas não esperava que eles as ...
b) Eu **supor** isso, mas não esperava que eles também ...
c) Eu me **precaver** de tudo, pior seria se não me ...

d) Eu **prover** a geladeira de legumes, mas... e se não a ... ?
e) Eu me **contradizer**, mas seria pior se não me ... ?
f) Nós **depor** as armas, mas não esperávamos que eles as ...
g) Nós **supor** isso, mas não esperávamos que ela também ...
h) Nós nos **precaver** de tudo. Seria ruim se não nos ...
i) Nós **prover** a geladeira de legumes. Será muito ruim se não a ...
j) Nós nos **contradizer**, mas seria muito pior se ela se ...

7. Complete convenientemente:

a) O rei foi ... caça, e a rainha foi ... costureiro.
b) O programa começará exatamente ... meio-dia e mei...
c) Se peguei a senha de número 80, sou o oct...gésimo da fila.
d) Mais amor e men...s confiança, Man...el, disse ...figênia.
e) Eu lhe pago ... champanha se meu time perder hoje.
f) Ela mesm... lava e passa suas roupas.
g) Ela própri... lava e passa suas roupas.
h) Elas mesm... lavam e passam suas roupas.
i) Elas própri... lavam e passam suas roupas.
j) Hoje veio muito men...s gente que ontem.

8. Pronuncie corretamente:

a) Comprei muitos **ovinhos** de Páscoa.
b) É uma torcida que **esbraveja** nos estádios e sempre **apedreja** os adversários.
c) A polícia só agora se **inteira** da situação e usa os **cassetetes** sem dó.
d) Eu também **gaguejo** quando você **gagueja**.
e) O **rodão** do trator foi comprado no **lojão** da construção.
f) Meu rádio não **capta** as rádios que os seus **captam**.
g) Se eu **opto** por medicina, ela também **opta**.
h) Os veículos **impregnam** o ar de monóxido de carbono.
i) Esse trânsito **empoeira** todas as casas da rua.
j) Os bons companheiros sempre fazem boa **companhia**.

9. Use os verbos em destaque no tempo e modo exigidos pelo contexto:

a) Enganar-se-ia quem o **supor** um irresponsável.
b) Se eu **dispor** de algum dinheiro, comprarei um carro.
c) Se eu **pôr** a mão no fogo, o que acontecerá?
d) Se eu **pôr** a mão no fogo, o que aconteceria?
e) Poderei colaborar se você não se **opor**.
f) Faça-me uma visita assim que lhe **convir**.
g) Valeu a pena **pôr** a mão no fogo e te queimares?

EXERCÍCIOS PARA *não errar mais*

h) Se você se **compor** com seu adversário, talvez vencesse as eleições.
i) Se você se **compor** com seu adversário, talvez vença as eleições.
j) Eu esperava que vocês **propor** medidas mais duras para coibir a violência no país.

10. Algumas destas frases não estão de acordo com a norma padrão. "Corrija-as":

a) Tudo aconteceu muito rapidamente, em que pese os esforços do motorista em evitar o acidente.
b) Sou um dos que pensa que Tiradentes foi um herói.
c) É de se admirar os magníficos rios e praias brasileiros.
d) Se caso quiserem me trazer outro copo d'água, poderia ser menos gelada?
e) Ofereceram uma gorda janta a duas milhares de pessoas pobres.
f) Duzentas milhões de latinhas de cerveja foram recolhidas das areias da praia.
g) A minha nenê vai chamar Clarice, que é o nome da bebê da minha tia.
h) Espero que você divirta bastante nas férias, Míriam.
i) Daqui no Rio de Janeiro é só cincoenta quilômetros.
j) Houveram mais de três terremotos no Japão este ano.

SOLUÇÕES

1. a) cafa**je**ste b) berinjela c) geringonça d) buginganga **e)** crio**u**lo f) ajeitar
g) gorjeio **h)** cuscu**z** **i) s**inusite **j)** arr**e**pio

2. a) As pessoas espontâneas = a espontan**eidade** das pessoas.
b) As substâncias homogêneas = a homogen**eidade** das substâncias.
c) As substâncias heterogêneas = a heterogen**eidade** das substâncias.
d) As sentinelas impassíveis = a impassi**bilidade** das sentinelas.
e) A água fria = a fri**aldade** da água.
f) Uma mulher fria = a fri**gidez** de uma mulher.
g) Um príncipe fleumático = a fle**uma** de um príncipe.
h) Políticos persuasivos = a persua**são** de políticos.
i) Os comerciantes idôneos = a idon**eidade** dos comerciantes.
j) Os humoristas hilariantes = a hilar**idade** dos humoristas.

3. a) Estarei em casa entre **a** uma e **as** duas horas da tarde. (O nome das horas exige artigo; é justamente a presença obrigatória desse artigo que nos faz usar o acento grave no em às 2h, às 15h, etc.)
b) O acidente aconteceu por volta d**as** nove horas da noite. (V. letra *a*.)
c) O governador chegou a palácio por volta d**a** zero hora; saiu de palácio depois d**as** seis horas da manhã. (**Palácio**, sede do governo, é palavra que rejeita artigo; v. letra *a*.)
d) **Os** Estados Unidos **mantêm** acordo com **o** Brasil. (A maioria dos nomes de países exigem artigo; nos títulos de notícias, os jornalistas não o usam.)

e) O barão do Rio Branco foi um **e**minente brasileiro. (**Eminente** significa *ilustre*; *iminente* significa próximo, imediato: *Uma guerra é **iminente** no Oriente Médio*).
f) Aurélio Buarque de Holanda, apesar de ter elaborado um dicionário, não tinha **nenhuma** habilitação em Letras, muito menos em Pedagogia. (**Qualquer** não tem valor negativo, portanto não se usa por *nenhum* ou *nenhuma*.)
g) Quero **emigrar** para Portugal, mas não me deixam! (Quem sai do país **emigra**; quem entra *imigra*.)
h) O Brasil progride, independente**mente** dos políticos que tem. (*Independente* é adjetivo, não cabe aí; o advérbio é *independentemente*.)
i) Utilizou-**se d**o telefone para achincalhar a ex-mulher. (O verbo que se usa por *servir-se, lançar mão*, é **utilizar-se**, que rege *de*.)
j) Está chovendo desde manhãzinha. (Usa "de" com *desde* quem nunca esteve na escola.)

4. a) Entre **mim** e minha namorada sempre houve muita compreensão. (Depois de preposição, usa-se **mim**.)
b) Trouxeram um livro para **eu** ler e um disco para **eu** ouvir. (Antes de verbo, usa-se **eu**, e não "mim".)
c) Sem **eu** ler o documento, não o assino, e esse documento não pode sair daqui sem **eu** assiná-lo. (V. letra *a*.)
d) Isso é para **eu** guardar ou é para **eu** vender? (V. letra *a*.)
e) As crianças não dormem sem **mim**, sem **eu** estar a seu lado. (V. as letras *a* e *b*.)
f) Resolver isso é muito fácil para **mim**. (V. letra *a*.)
g) Para **mim**, resolver isso é muito fácil. (V. letra *a*.)
h) Para **mim**, viver sem ela é um martírio! (V. letra *a*.)
i) É um martírio para **mim** viver sem ela. (Note que a frase está com seus elementos invertidos; compare com a letra *h*; *mim* aí não tem nada a ver com *viver*. Na verdade, *para mim* deveria estar entre vírgulas.)
j) Para **mim**, votar em patriotas é muito importante. (v. letra *a*. O problema é que muitos, em casos como este, não usam a vírgula depois do pronome *mim*; então, fica parecendo que *mim* tem algo a ver com *votar*; não tem.)

5. a) aliança **anglo-americana**
b) aliança **brasilo-colombiana**
c) aliança **colombo-argentina**
d) guerra **bolivo-chilena**
e) guerra **hispano-americana**
f) acordos **germano-japonesas** (ou **teuto-japonesas**)
g) amizade **nipo-brasileira**
h) acordos **sino-russos**
i) amizade **dano-norueguesa**
j) amizade **fino-sueca**

6. a) Eu **depus** as armas, mas não esperava que eles as **depusessem**.
b) Eu **supus** isso, mas não esperava que eles também **supusessem**.
c) Eu me **precavi** de tudo, pior seria se não me **precavesse**.
d) Eu **provi** a geladeira de legumes, mas... e se não a **provesse**?
e) Eu me **contradisse**, mas seria pior se não me **contradissesse**?
f) Nós **depusemos** as armas, mas não esperávamos que eles as **depusessem**.
g) Nós **supusemos** isso, mas não esperávamos que ela também supusesse
h) Nós nos **precavemos** de tudo. Seria ruim se não nos **precavêssemos**.

i) Nós **provemos** a geladeira de legumes. Seria muito ruim se não a **provêssemos**.
j) Nós nos **contradizemos**, mas seria muito pior se ela se **contradissesse**.

7. a) O rei foi **à** caça, e a rainha foi **ao** costureiro. (O v. **ir** pede a preposição *a*.)
b) O programa começará exatamente **ao** meio-dia e meia. (Nomes das horas usam-se com o artigo; meio-dia e meia = meio dia e meia **hora**.)
c) Se peguei a senha de número 80, sou o oct**o**gésimo da fila. (O ordinal de *oitenta* se escreve com **to** na segunda sílaba, e não com "ta".)
d) Mais amor e men**os** confiança, Man**u**el, disse **I**figênia. ("Menas" não existe.)
e) Eu lhe pago **um** champanha se meu time perder hoje.
f) Ela mesm**a** lava e passa suas roupas.
g) Ela própri**a** lava e passa suas roupas.
h) Elas mesm**as** lavam e passam suas roupas.
i) Elas própri**as** lavam e passam suas roupas.
j) Hoje veio muito men**os** gente que ontem.

8. a) Comprei muitos **òvinhos** de Páscoa.
b) É uma torcida que **esbravêja** nos estádios e sempre **apedrêja** os adversários.
c) A polícia só agora se **intêira** da situação e usa os **cassetétes** sem dó.
d) Eu também **gaguêjo** quando você **gaguêja**.
e) O **ròdão** do trator foi comprado no **lòjão** da construção.
f) Meu rádio não **cápta** as rádios que os seus **cáptam**.
g) Se eu **ópto** por medicina, ela também **ópta**.
h) Os veículos **imprégnam** o ar de monóxido de carbono.
i) Esse trânsito **empoêira** todas as casas da rua.
j) Os bons companheiros sempre fazem boa **companhia**. ("Compania" é pronúncia viciosa; existe essa palavra?)

9. a) Enganar-se-ia quem o **supusesse** um irresponsável.
b) Se eu **dispuser** de algum dinheiro, comprarei um carro.
c) Se eu **puser** a mão no fogo, o que acontecerá?
d) Se eu **pusesse** a mão no fogo, o que aconteceria?
e) Poderei colaborar se você não se **opuser**.
f) Faça-me uma visita assim que lhe **convier**.
g) Valeu a pena **pores** a mão no fogo e te queimares?
h) Se você se **compusesse** com seu adversário, talvez vencesse as eleições.
i) Se você se **compuser** com seu adversário, talvez vença as eleições.
j) Eu esperava que vocês **propusessem** medidas mais duras para coibir a violência no país.

10. a) Tudo aconteceu muito rapidamente, em que pese **a**os esforços do motorista em evitar o acidente. (A locução é *em que pese* **a**, prepositiva; e toda locução prepositiva termina por preposição.)
b) Sou um dos que pensa**m** que Tiradentes foi um herói. (Não só eu pensa assim; portanto, verbo no plural.)
c) É **de admirar** os magníficos rios e praias brasileiros. (A expressão **de** + **infinitivo** quando equivalem a um adjetivo, no caso admirável, dispensa o "se".)
d) Se **a**caso quiserem me trazer outro copo d'água, poderia ser menos gelada? (Se **acaso** = se por acaso.)
e) Ofereceram **um** gord**o** janta**r** a **dois** milhares de pessoas pobres. ("Janta" é excrescência popular; **milhar** é e sempre foi palavra masculina.)

f) Duzent**os** milhões de latinhas de cerveja foram recolhid**os** das areias da praia. (**Milhão** é e sempre foi palavra masculina.)

g) **O meu** nenê vai chamar-**se** Clari**ss**e, que é o nome d**o** bebê d**e** minha tia. (**Nenê** e **bebê** sempre foram nomes masculinos; agora, me aparece uma edição do VOLP registrando tais palavras como s2gên, como num passe de mágica; ninguém apenas "chama", mas chama-**se**; **Clarisse** é a forma correta desse nome feminino; antes de nomes de parentesco não convém usar artigo.)

h) Espero que você **se** divirta bastante nas férias, Míriam. (O verbo é *divertir-se*, e não apenas "divertir" neste caso.)

i) Daqui **a**o Rio de Janeiro são só cinquenta quilômetros. (**Daqui** exige **a**; **cinquenta** exige verbo no plural; "cincoenta" não existe nem nunca existiu.)

j) **Houve** mais de três terremotos no Japão este ano. (**Haver** é verbo impessoal no sentido de acontecer, ou seja, só é usado na 3.ª pessoa do singular.)

MÓDULO 26

1. Só corrija as palavras erradas:

a) bochecha b) acidez c) quatorze d) corrupio e) obceno f) propiedade
g) próprio h) óbolo i) herege j) beneficiente

2. Acentue somente quando absolutamente necessário:

a) interim b) austero c) autopsia d) necropsia e) polipo f) hieroglifo
g) pudico h) rubrica i) patena j) onix

3. Algumas destas frases não estão de acordo com a norma padrão. "Corrija-as":

a) Você formou em Direito ou em Medicina?
b) O jogador machucou no jogo de ontem.
c) Se meu time não classificar para a próxima fase, vou pixar os muros do clube.
d) As crianças chegaram tudo sujas.
e) Não sei como fui me simpatizar com essa moça.
f) A partir de agora, a Ucrânia vai ficar sempre em alerta contra os russos.
g) Vocês são em quantos na sua casa?
h) Em casa somos em vinte: treze mulheres e sete homens.
i) O Flamengo perdeu, mas vendeu cara a derrota.
j) Querida, amanhã começa minhas férias. Vamos viajar por esse Brasil afora?

EXERCÍCIOS PARA *não errar mais*

4. No lugar do verbo em destaque use sua forma adequada, no pretérito perfeito do indicativo; e o verbo ser, use-o sempre no pretérito imperfeito do indicativo:

a) Não se **registrar** acidentes nesta rodovia hoje.
b) Não se **querer** todas as coisas ao mesmo tempo.
c) Não se **deter** perigosos marginais esta semana.
d) Lá não se **dar** aulas particulares de piano.
e) Aqui nunca se **fazer** greve, nunca se **permitir** greves.
f) Quando se **ouvir** essas notícias, já **ser** duas horas.
g) Quando se **fazer** essas propostas, **ser** 2 de abril.
h) Quando se **decidir** tais questões, já **ser** 10 de janeiro.
i) Nunca se **promover** tantos encontros como agora.
j) Nunca se **descascar** tantas batatas quanto naquele dia.

5. Dê o substantivo correspondente a cada um destes verbos:

a) absorver b) obter c) repercutir d) necessitar e) eletrocutar
f) nascer g) frustrar h) incrustar i) extorquir j) prevenir

6. Leia corretamente:

a) a cidade de Antioquia
b) ter um netão e uma netona
c) esse jogador é um bolão
d) uma poça d'água
e) Guerra do Peloponeso
f) crostas de sujeira
g) prêmio Nobel
h) não cavouque aí
i) vitamina E
j) ver jogo em telão

7. Troque masculinos por femininos ou por heterônimos femininos, fazendo todas as alterações necessárias:

a) O poeta assistiu à peça ao lado do embaixador da França.
b) Vi mortos um elefante, um veado, um perdigão e um javali.
c) Não encontrei nem o hortelão nem o lavrador.
d) O anfitrião parecia um capiau.
e) Parecia um deus sentado naquela poltrona.
f) Um profeta é como um píton: prevê o futuro.
g) Era o único varão da família e considerado um diabo.
h) O oficial de justiça era bacharel em direito.
i) O coronel era excelente piloto.
j) O imperador era um grande músico.

8. Complete com o ou com a, conforme convier:

a) ... fênix é uma ave lendária.
b) O pedreiro ainda não trouxe ... cal.

c) Renato é ... sentinela que está a postos hoje.
d) O aperitivo me despertou ... apetite.
e) Você comprou ... aguardente e ... champanha que pedi?
f) Carla era ... caixa mais eficiente do banco.
g) Um periquito era ... mascote da Sociedade Esportiva Palmeiras.
h) ... matinê do cinema começava sempre às 14h.
i) O acidente aconteceu porque o piloto esqueceu de acionar ... manete.
j) A poncã é ... cultivar da tangerina que mais aprecio.

9. Algumas destas frases não estão de acordo com a norma padrão. "Corrija-as":

a) Em vez de trazer um só giz, ele trouxe dois gizes.
b) Usou uma motosserra para cortar dois sassafrases.
c) Há dois tipos de álcoois: o anidro e o hidratado.
d) Comprou um maço de cigarro e uma caixa de fósforo.
e) Um moleque arreou os quatro pneus do carro dela.
f) O presidente subscreveu o acordo internacional.
g) Enquanto assuava o nariz, o povo assoava o cantor.
h) As Forças Armadas continuam alerta.
i) Foi iniciado com meia hora de atraso a votação no Congresso.
j) Escolhi bons lugar e hora para descansar.

10. Complete com todo, todo o, toda **ou** toda a, **conforme convier:**

a) ... homem é mortal.
b) ... cidadão deve ter registro de nascimento.
c) ... cidade ficou às escuras ontem.
d) ... cidade sueca é uma verdadeira maravilha.
e) ... mundo um dia vai morrer.
f) ... mundo deixará de receber a luz solar, se houver uma guerra nuclear.
g) ... cabelo um dia cai, disso ... mundo sabe.
h) ... mulher carioca tem um charme especial.
i) ... mulher ficou ensopa com o temporal.
j) O homem normal come ... dia, os gulosos é que comem ... dia, sem parar.

SOLUÇÕES

1. a) bochecha   b) acidez   c) quatorze   d) corrupio   e) obsceno
f) propriedade   **g)** próprio   h) óbolo   i) herege   **j)** benefi**cen**te

2. a) ínterim   b) austero   c) autopsia*   d) necropsia   **e)** pólipo
f) hieroglifo**   g) pudico   h) rubrica   **i)** pátena   **j)** ônix
*Autopsia existe a par de autópsia.
** Hieroglifo existe a par de hieróglifo.

EXERCÍCIOS PARA *não errar mais*

3. a) Você **se** formou em Direito ou em Medicina? (Verbo pronominal não prescinde do pronome oblíquo.)
b) O jogador **se** machucou no jogo de ontem. (V. letra *a*.)
c) Se meu time não **se** classificar para a próxima fase, vou **pichar** os muros do clube. (V. letra **a**; **pichar** é derivada de *piche*.)
d) As crianças chegaram **todo** sujas. (Usar "tudo" por **todo** é próprio da língua popular despretensiosa. Outro exemplo: *Os ladrões levaram "tudas" joias*.)
e) Não sei como **fui simpatizar** com essa moça. (O v. *simpatizar* não é pronominal.)
f) A partir de agora, a Ucrânia vai ficar **sempre alerta** contra os russos. (Não existe *"em" alerta*.)
g) Vocês **são quantos** na sua casa? (Não se usa "em" nesse tipo de pergunta.)
h) Em casa **somos vinte**: treze mulheres e sete homens. (Não se usa "em" antes do numeral nesse caso. Outro exemplo: *Estávamos dez no Fusca*.)
i) O Flamengo perdeu, mas vendeu car**o a vitória**. (Caro aí é advérbio, portanto não varia; e o que se vende sempre se supõe ser algo precioso, algo que a derrota não é.)
j) Querida, amanhã começa**m** minhas férias. Vamos viajar por **este** Brasil afora? (O sujeito de começar é férias; supõe-se que a pessoa que fala esteja no Brasil; sendo assim, só deve usar *este*.)

4. a) Não se **registraram** acidentes nesta rodovia hoje.
b) Não se **quiseram** todas as coisas ao mesmo tempo.
c) Não se **detiveram** perigosos marginais esta semana.
d) Lá não se **deram** aulas particulares de piano.
e) Aqui nunca se **fez** greve, nunca se **permitiram** greves.
f) Quando se **ouviram** essas notícias, já **eram** duas horas.
g) Quando se **fizeram** essas propostas, **eram** 2 de abril.
h) Quando se **decidiram** tais questões, já **eram** 10 de janeiro.
i) Nunca se **promoveram** tantos encontros como agora.
j) Nunca se **descascaram** tantas batatas quanto naquele dia.

5. a) absorção b) obtenção c) repercussão d) necessidade e) eletrocussão
f) nascimento g) frustração h) incrustação i) extorsão j) prevenção

6. a) a cidade de Antioqu**í**a
b) ter um n**è**tão e uma n**è**tona
c) esse jogador é um b**ò**lão
d) uma p**ô**ça d'água
e) Guerra do Pelopon**é**so
f) cr**ô**stas de sujeira
g) prêmio Nob**é**l
h) não cav**ô**u que aí
i) vitamina **é**
j) ver jogo em t**è**lão

7. a) A **poetisa** assistiu à peça ao lado da **embaixadora** da França. (Há uma corrente que aplica "poeta" a mulheres; a funcionária estatal é **embaixadora**; a esposa do embaixador, *embaixatriz*.)
b) Vi mortos uma elefanta, uma veada (ou corça), uma perdiz e uma javalina. ("Elefoa" foi invenção de algum infeliz; **corça** se pronuncia com vogal tônica fechada: *côrça*; a javalina, quando velha, recebe o nome de *gironda*.)
c) Não encontrei nem a **horteloa** nem a **lavradeira**. (A mídia brasileira usa "lavradora" como feminino de *lavrador*. Normal.)
d) A **anfitriã** parecia uma **capioa**. (*Anfitrioa* é feminino melhor que *anfitriã*, que, porém, tem a preferência popular.)
e) Parecia uma **deusa** (ou **diva**, ou **deia**) sentada naquela poltrona.

f) Uma **profetisa** é como uma **pitonisa**: prevê o futuro.
g) Era a única **varoa** (ou **virago**) da família e considerada uma **diaba** (ou **diáboa** ou **diabra**). (*Virago*, em verdade, se usa com mais propriedade àquela que na língua popular se diz *sapatão*.)
h) A **oficiala** de justiça era **bacharela** em direito.
i) A **coronela** era excelente **pilota**. (A mídia brasileira usa "a piloto", o que não deixa de ser humor.)
j) A **imperatriz** era uma grande **música**.

8. a) **A** fênix é uma ave lendária.
b) O pedreiro ainda não trouxe **a** cal.
c) Renato é **a** sentinela que está a postos hoje.
d) O aperitivo me despertou **o** apetite.
e) Você comprou **a** aguardente e **o** champanha que pedi?
f) Carla era **o** caixa mais eficiente do banco.
g) Um periquito era **a** mascote da Sociedade Esportiva Palmeiras.
h) **A** matinê do cinema começava sempre às 14h.
i) O acidente aconteceu porque o piloto esqueceu de acionar **o** manete.
j) A poncã é **a** cultivar da tangerina que mais aprecio.

9. a) Em vez de trazer um só giz, ele trouxe dois gizes. (Frase correta.)
b) Usou uma motosserra para cortar dois sassafrases. (Frase correta.)
c) Há dois tipos de álcoois: o anidro e o hidratado. (Frase correta.)
d) Comprou um maço de cigarro**s** e uma caixa de fósforo**s**. (Depois de nome coletivo, usa-se plural.)
e) Um moleque **arriou** os quatro pneus do carro dela. (*Arrear* é colocar arreios; **arriar** é baixar.)
f) O presidente subscreveu o acordo internacional. (Frase correta.)
g) Enquanto **assoava** o nariz, o povo **assuava** o cantor. (**Assuar** é vaiar, apupar.)
h) As Forças Armadas continuam alerta. (Frase correta: **alerta** é advérbio.)
i) Foi iniciad**a** com meia hora de atraso a votação no Congresso. (Votação só pode ser iniciad**a**.)
j) Escolhi **bom** lugar e hora para descansar. (Adjetivo antes de substantivos concorda sempre com o mais próximo.)

10. a) **Todo** homem é mortal.
b) **Todo** cidadão deve ter registro de nascimento.
c) **Toda a** cidade ficou às escuras ontem.
d) **Toda** cidade sueca é uma verdadeira maravilha.
e) **Todo o** mundo um dia vai morrer.
f) **Todo o** mundo deixará de receber a luz solar, se houver uma guerra nuclear.
g) **Todo** cabelo um dia cai, disso **todo o** mundo sabe.
h) **Toda** mulher carioca tem um charme especial.
i) **Toda a** mulher ficou ensopa com o temporal.
j) O homem normal come **todo** dia, os gulosos é que comem **todo o** dia, sem parar.

MÓDULO 27

1. Só corrija as palavras erradas:

a) trapézio b) mimeógrafo c) pique-nique d) ouriço e) beneficiência
f) marquesa g) cachecol h) enchente i) rabugento j) uso

2. Acentue ou não:

a) fusiveis b) balaustre c) moinho d) coroa e) Lisboa f) ideia
g) abençoe h) abençoo i) destroi j) destroem

3. Complete adequadamente:

a) Havi... muitas pessoas na fila do banco, por isso houv... muitas reclamações.
b) Nos desertos nunca houv... rios, nunca houv... mananciais.
c) Enquanto houv... pessoas boas no mundo, não haver... castigos à humanidade.
d) Eu me enganei, quando achei que houvess... sobreviventes entre os escombros.
e) E se no sistema solar houvess... mais de dez planetas?
f) Nesta floresta já houv... muitos animais, já houv... muitas árvores raras.
g) Será que ainda haver... ingressos para o jogo?
h) Est... havendo muitos protestos contra a carga de impostos.
i) I... haver manifestações de protesto nas ruas.
j) I... acontecer mais manifestações de protesto nas ruas.

4. Coloque no plural:

a) conta fantasma
b) país tampão
c) eleitor fantasma
d) notícia bomba
e) fita creme
f) corretor laranja
g) escola padrão
h) produto pirata
i) visita surpresa
j) um arroz-doce

5. Use o particípio correto do verbo em destaque:

a) Ele havia **trazer** muita cerveja para a festa.
b) Naquele dia o goleiro tinha **entregar** o jogo, foi comprado.
c) Eu tinha **chegar** muito tarde aquela noite.
d) Ela já havia **trazer** todos os documentos.
e) Todo o mundo tinha **empregar** muito dinheiro naquele fundo de investimento.

f) As crianças tinham **pegar** forte resfriado no Canadá.
g) Ele já tinha **aceitar** ser o candidato do partido.
h) Você já tinha **pagar** a conta?
i) Ele já tinha **gastar** todas as energias ali.
j) Quem mais havia **ganhar** deles era eu.

6. Algumas destas frases não estão de acordo com a norma padrão. "Corrija-as":

a) Se o para-queda não abrir, meu amigo, sabe o que a ti te vai acontecer?
b) Quando pressentir que vai ouvir asneiras, tampe os ouvidos!
c) Levei muitas mordidas de borrachudo em Ilhabela.
d) Aposto como o Corinthians será vice-campeão este ano.
e) Quando se gosta de alguém, não se olha defeitos.
f) Não levanto cedo nem que me matem; deito tarde todos os dias, como é que posso levantar cedo?
g) Nosso pessoal está mais bem treinado que o seu.
h) Benzinha, eu te amo tanto! Por que não crês em mim, Beatriz?
i) Vão para dez anos que tudo isso aconteceu.
j) Há séculos que não nos beijávamos, que não nos acariciávamos.

7. Acentue sempre o a em destaque, quando convier:

a) As alunas não responderam **a** chamada, **as** quais se vai impor castigo.
b) **A** título de experiência, vou colocá-lo na turma **a** que você não pertence.
c) O pobre homem não tinha direito **a** aposentadoria.
d) Não tenho direito **a** aposentadoria, **a** abonos, **a** auxílio, **a** nada.
e) **A** certa altura apareceram pessoas autoritárias **a** cujas ordens ninguém queria obedecer.
f) Já formulamos o pedido **a** Sua Excelência, **a** cuja boa vontade todos se referem.
g) Compete **a** Vossa Excelência e **a** mais ninguém tomar a decisão final.
h) O deputado usou desculpa idêntica **a** que o senador usara.
i) Essas revistas são iguais **as** que compramos ontem.
j) O barco regressou **a** terra sem um peixe sequer.

8. Passe para o plural o que está em destaque, procedendo a todas as alterações necessárias:

a) Por aqui faz **um** dia de chuva, outro de sol.
b) Faz o serviço com perfeição **esse** pedreiro.
c) Só **um** caso de covid-19 houve na minha cidade.
d) **Meu** amigo se houve com muita coragem nesse caso.
e) **Momento** havia que **eu** já me levantava da cama apavorado.

f) Houve **dia** em que eu queria só dormir e mais nada.
g) Veja a alegria desse pessoal! Trata-se de **pessoa** estrangeira.
h) Deu **uma** hora agora mesmo. **Preciso** ir-me.
i) Deu uma hora agora mesmo o relógio da sala. Vou embora, mas **venho** aqui novamente amanhã.
j) Hoje em dia há bastante **casamento** frustrado.

9. Complete com tão pouco **ou com** tampouco, **conforme convier:**

a) Você falou ...! Gostaria de ouvi-lo mais.
b) Recebi ..., que nada pude comprar.
c) Ela não veio e ... telefonou avisando por que não veio.
d) Diz ele que não pagou o guaraná e ... a cerveja.
e) Ela não me procurou nem eu ... a ela.

10. Algumas destas frases não estão de acordo com a norma padrão. "Corrija-as":

a) As chuvas nos deteram no quilômetro quinze da rodovia.
b) A professora sobresteu a todas as contrariedades.
c) Odio gente que pentia o cabelo toda a hora.
d) Dinheiro nunca é de mais, mas você gasta demais!
e) Não conheço nenhum deputado de Roraima.
f) Vários senadores de Pernambuco são meus amigos.
g) O discurso prosseguiu na mesma diapasão, monótono.
h) Todos dizem que eu pareço contigo. Agora, não sei se isso é bom ou mal.
i) Eu já disse aqui de que quando começar haver protestos, ninguém mais contém a população.
j) Isso não tem nada haver, o povo brasileiro é pacífico.

SOLUÇÕES

1. a) trapézio **b)** mimeógrafo **c)** piquenique **d)** ouriço **e)** beneficência **f)** marquesa **g)** cachecol **h)** enchente **i)** rabugento **j)** uso

2. a) fusíveis **b)** balaústre **c)** moinho **d)** coroa **e)** Lisboa **f)** ideia **g)** abençoe **h)** abençoo **i)** destrói **j)** destroem

3. a) Havia muitas pessoas na fila do banco, por isso **houve** muitas reclamações. (O v. **haver**, quando significa *existir* ou *acontecer*, é impessoal, só é usado na 3.ª pessoa do singular.)
b) Nos desertos nunca **houve** rios, nunca **houve** mananciais.
c) Enquanto **houver** pessoas boas no mundo, não **haverá** castigos à humanidade.
d) Eu me enganei, quando achei que **houvesse** sobreviventes entre os escombros.
e) E se no sistema solar **houvesse** mais de dez planetas?
f) Nesta floresta já **houve** muitos animais, já **houve** muitas árvores raras.

g) Será que ainda **haverá** ingressos para o jogo?
h) **Está** havendo muitos protestos contra a carga de impostos.
i) **Ia** haver manifestações de protesto nas ruas.
j) **Iam** acontecer mais manifestações de protesto nas ruas. (Como o v. **acontecer** não é impessoal, seu auxiliar varia normalmente.)

4. a) contas fantasma
b) países tampão
c) eleitores fantasma
d) notícias bomba
e) fitas creme
f) corretores laranja
g) escolas padrão
h) produtos pirata
i) visitas surpresa
j) dois arrozes-doces
(Todo substantivo que exerce função adjetiva não varia.)

5. a) Ele havia **trazido** muita cerveja para a festa. (Evite usar "trago" como particípio!)
b) Naquele dia o goleiro tinha **entregado** o jogo, foi comprado. (Evite usar "entregue" como particípio!)
c) Eu tinha **chegado** muito tarde aquela noite. (Evite usar "chego" como particípio!)
d) Ela já havia **trazido** todos os documentos. (V. letra *a*.)
e) Todo o mundo tinha **empregado** muito dinheiro naquele fundo de investimento. (Evite usar "empregue" como particípio!)
f) As crianças tinham **pegado** forte resfriado no Canadá. (Evite usar "pego" com os verbos *ter* e *haver*.)
g) Ele já tinha **aceitado** ser o candidato do partido. (Evite usar "aceito" como particípio!)
h) Você já tinha **pagado** (ou **pago**) a conta? (O v. **pagar** tem dois particípios, que podem ser usados um pelo outro com os verbos *ter* e *haver*.)
i) Ele já tinha **gastado** (ou **gasto**) todas as energias ali. (O v. **gastar** tem dois particípios, que podem ser usados um pelo outro com os verbos *ter* e *haver*.)
j) Quem mais havia **ganhado** (ou **ganho**) deles era eu. (O v. **ganhar** tem dois particípios, que podem ser usados um pelo outro com os verbos *ter* e *haver*.)

6. a) Se o **paraquedas** não abrir, meu amigo, sabe o que a ti te vai acontecer?
b) Quando pressentir que vai ouvir asneiras, **tape** os ouvidos! (Só se tampa aquilo que tem tampa.)
c) Levei muitas **picadas** de borrachudo em Ilhabela. (Só dá mordidas quem tem dentes.)
d) Aposto **que** o Corinthians será vice-campeão este ano. (Ninguém aposta "como" nem jura "como".)
e) Quando se gosta de alguém, não se olha **a** defeitos. (O v. *olhar*, quando significa *reparar em, levar em conta*, usa-se com a preposição **a**.)
f) Não **me** levanto cedo nem que me matem; **me** deito tarde todos os dias, como é que posso **me** levantar cedo? (Os verbos **levantar** e **deitar** são rigorosamente pronominais neste caso; a colocação pronominal vista aqui diz respeito ao português brasileiro.)
g) Nosso pessoal está mais bem treinado que o seu. (Frase correta; antes de particípio, melhor será usar **mais bem** que *melhor*; o particípio, neste caso, pode vir ligado a *bem* por hífen ou não.)
h) Benzinh**o**, eu te amo tanto! Por que não crês em mim, Beatriz? (Não existe "benzinha". Nem mesmo quando se quer fazer as pazes com ela...)
i) **Vai** para dez anos que tudo isso aconteceu. (Em **ir para**, o verbo não varia nunca.)
j) **Havia** séculos que não nos beijávamos, que não nos acariciávamos. (*Havia* e *beijávamos*, ambos no pretérito imperfeito do indicativo; note que só **havia** se substitui por *fazia*, e não "há".)

EXERCÍCIOS PARA *não errar mais* 151

7. a) As alunas não responderam **à** chamada, **às** quais se vai impor castigo. (O v. *responder* é transitivo indireto neste caso; quem impõe castigo, impõe castigo **a**; portanto crase com o **a** de *as quais*.)
b) **A** título de experiência, vou colocá-lo na turma **a** que você não pertence. (Antes de palavra masculina, não se usa **a** acentuado, nem antes de **que**, como vistos nestes casos.)
c) O pobre homem não tinha direito **a** aposentadoria. (A palavra *aposentadoria* não exige artigo; sendo assim, não pode haver crase. Note que dizemos: *requeri aposentadoria*, e não requeria "a" aposentadoria.)
d) Não tenho direito **a** aposentadoria, **a** abonos, **a** auxílio, **a** nada. (Todos os substantivos têm ideia generalizada; antes de pronome indefinido não se usa **a** acentuado.)
e) **A** certa altura apareceram pessoas autoritárias **a** cujas ordens ninguém queria obedecer. (Antes de pronome indefinido não se usa **a** acentuado nem antes de *cuja* ou *cujas*.)
f) Já formulamos o pedido **a** Sua Excelência, **a** cuja boa vontade todos se referem. (Antes de pronomes de tratamento não se usa **a** acentuado nem antes de *cuja*.)
g) Compete **a** Vossa Excelência e **a** mais ninguém tomar a decisão final. (V. as letras *e* e *f*.)
h) O deputado usou desculpa idêntica **à** que o senador usara. (Usa-se acento no **a** equivalente de *aquela*.)
i) Essas revistas são iguais **às** que compramos ontem. (V. a letra *h*.)
j) O barco regressou **a** terra sem um peixe sequer. (**Terra**, antônima de *bordo*, não se usa com artigo; sendo assim, não há possibilidade de haver crase.)

8. a) Por aqui faz **uns dias** de chuva, **outros** de sol.
b) **Fazem** o serviço com perfeição **esses** pedreiros.
c) Só **dois** casos de covid-19 houve na minha cidade.
d) **Meus** amigos se **houveram** com muita coragem nesse caso. (**Haver-se** = comportar-se: o v. *haver* varia normalmente, já que não é impessoal.)
e) **Momentos** havia que **nós** já **nos levantávamos** da cama apavorado**s**.
f) Houve **dias** em que eu queria só dormir e mais nada.
g) Veja a alegria desse pessoal! Trata-se de **pessoas** estrangeiras. (**Tratar-se de** não varia nunca.)
h) **Deram duas** horas agora mesmo. **Precisamos** ir-nos.
i) Deu uma hora agora mesmo o relógio da sala. **Vamos** embora, mas **vimos** aqui novamente amanhã.
j) Hoje em dia há bastante**s casamentos** frustrado**s**.

9. a) Você falou **tão pouco**! Gostaria de ouvi-lo mais.
b) Recebi **tão pouco**, que nada pude comprar.
c) Ela não veio e **tampouco** telefonou avisando por que não veio.
d) Diz ele que não pagou o guaraná e **tampouco** a cerveja.
e) Ela não me procurou nem eu **tampouco** a ela.

10. a) As chuvas nos **detiveram** no quilômetro quinze da rodovia.
b) A professora **sobresteve** a todas as contrariedades. (O v. **sobrestar** se conjuga por *estar*.)
c) **Odeio** gente que **penteia** o cabelo toda a hora.
d) Dinheiro nunca é de mais, mas você gasta demais! (Frase correta; **de mais** = a mais; **demais** = bastante, muito.)
e) Não conheço nenhum deputado **por** Roraima. (**Deputado** e **senador** se usam com **por**.)
f) Vários senadores **por** Pernambuco são meus amigos. (V. a letra *e*.)

g) O discurso prosseguiu n**o** mesm**o** diapasão, monótono. (**Diapasão** = nível é de gênero masculino.)
h) Todos dizem que eu **me** pareço contigo. Agora, não sei se isso é bom ou **mau**. (**Parecer**, neste caso, é pronominal; **mau**, antônimo de *bom*; *mal* é antônimo de *bem*.)
i) Eu já disse aqui que quando começar **a** haver protestos, ninguém mais contém a população. (O v. **dizer** é transitivo direto, por isso rejeita "de"; o v. **começar**, antes de infinitivo, não dispensa a preposição **a**.)
j) Isso não tem nada **a ver**, o povo brasileiro é pacífico. ("Nada haver" não tem nada a ver...)

MÓDULO 28

1. Só corrija o que estiver errado:

a) aborígine   b) mimimi   c) almaço   d) maisena   e) querosene   f) ao envez de   g) burguesa   h) limpeza   i) framboesa   j) ciriguela

2. Não há correlação adequada em:

a) jovem – jovial   b) fígado – figadal   c) dedo – digital   d) quartel – caserna   e) feijão – faseolar

3. Leia corretamente:

a) Querem que eu **enfeixe** todos os meus poemas num só volume.
b) O prefeito **embandeira** a cidade nos dias de festa.
c) Esse ruído **endoida** qualquer cidadão.
d) Vocês querem que eu **endoide** de vez?
e) Eu **noivo** só uma vez por semana. Você **noiva** quantas vezes?
f) Não faço horas **extras** nem leio edições **extras**.
g) Aquilo é um **extraterrestre** ou é um ciclone **extratropical**?
h) Eu **festejo** seu aniversário como eles **festejam**.
i) Ele sempre **afrouxa** o nó da gravata nas reuniões.
j) Um acidente dessa magnitude **aleija** muita gente.

4. Complete as frases, usando os elementos necessários à sua integridade gramatical:

a) Passarei aí entre ... uma e meia ... duas horas.
b) Trabalhei ... ... uma e meia ... ... duas horas.
c) Aguinaldo não perdoava ... empregado nem ... empregada o mínimo erro. A Justiça divina não ... perdoou.
d) Virgílio não pagava nem ... cozinheira nem ... mordomo. Virgílio também não ... pagou, Ilda?

EXERCÍCIOS PARA *não errar mais*

e) Os pais visam sempre ... bem dos filhos e ... seu conforto.
f) É preciso aspirar ... um novo Brasil, ... novas esperanças.
g) A Terra existe ... bilhões de anos, mas daqui ... alguns anos ela poderá deixar de existir.
h) ... dias venho insistindo numa reunião com os empresários do setor.
i) As férias terminarão ... 10 de fevereiro.
j) O presidente morreu ... três passos de mim.

5. Algumas destas frases não estão de acordo com a norma padrão. "Corrija-as":

a) Lurdes queria saber em que estádio da civilização apareceu a lâmpada elétrica.
b) Leite facilmente se estraga se ficar fora da geladeira, haja vista o que aconteceu ontem.
c) Costuma chegar bastante turistas no Brasil nesta época do ano.
d) Os atores ficaram entre mim e a plateia.
e) Para mim é fácil subir a uma árvore dessas.
f) É fácil para mim subir a uma árvore dessas.
g) A Olimpíada de Tóquio quase teve de ser cancelada.
h) Quando trabalho no sol, soo demais; ela também soa.
i) O juiz expediu um mandato de busca e apreensão.
j) Hoje, afinal, é dois ou três de março?

6. Complete as frases, deixando-as gramaticalmente íntegras:

a) Ela mesm... confessou que não estava certa.
b) Ela confessou mesm... isso?
c) Quero falar com as cozinheiras mesm..., e não com os garçons.
d) Calisto comprou na feira abacate e laranja madur...
e) Encontrei na feira apenas madur... laranja e abacates.
f) Passei dia e noite fri... na Europa.
g) Nesta região, num só dia, pode fazer calor e frio intens...
h) Assisti a verdadeir... milagre e acontecimentos na Guatemala.
i) O Atlântico é um dos oceanos que banh... o Brasil.
j) Sou um dos brasileiros que mais trabalh...

7. Use o verbo em destaque no pretérito perfeito do indicativo, conforme convier:

a) **Fazer** dias muito frios na Sibéria.
b) **Faltar** muitos convidados na festa, por isso é que **sobrar** tantos alimentos.
c) **Faltar** muitas crianças na festa, por isso é que **sobrar** tanto doce.
d) Nunca se **dizer** tantas tolices quanto na campanha eleitoral passada.

e) Aqui nunca se **alugar** casas para bandidos.
f) **Dar** uma hora, **dar** duas horas, e o sono não vinha.
g) Na minha família nunca se **crer** em boatos nem nunca se **dar** ouvidos a asneiras.
h) Não conheço as decisões tomadas, mas sei que se **tratar** de todos os assuntos pendentes durante a reunião.
i) Trinta por cento do edifício **ficar** em pé; dois terços dele **vir** abaixo.
j) Nada **obstar** a que você prosseguisse com seus planos.

8. Algumas destas frases não estão de acordo com a norma padrão. "Corrija-as":

a) Pode notar: todo mundo que fuma tem pigarra.
b) Convém que os cruzmaltinos se precavejam domingo contra os flamenguistas.
c) Daqui em Criciúma é longe à beça!
d) Daqui há alguns dias começará as férias.
e) Choveu, no entretanto não refrescou.
f) O advogado impetrou mandato de segurança e conseguiu do juiz a liminar.
g) Essa atriz é a ídola de minha irmã.
h) Cassilda agora quer ser soldada.
i) Se você puxar seu pai, está perdido; se puxar sua mãe, está arruinado!
j) Pedi para ela me trazer um copo d'água gelado.

9. Use os verbos em destaque no presente do subjuntivo, conforme convier:

a) Todos esperamos que a cadela **parir** normalmente.
b) Quero que **pôr** mais azeite em vossa maionese.
c) Eles querem que **pôr** mais azeite em nossa maionese.
d) Se eles quiserem reter meu pagamento, que o **reter**!
e) Se vocês desejarem remir-se de todas as suas culpas, é bom que **remir-se** logo.
f) Se nós queremos mesmo transpor essa barreira, que a **transpor** logo.
g) Todos querem que nós **crer** em suas palavras, porém, inutilmente.
h) Espero que o rapaz **polir** meu carro como poliu o seu.
i) Faço questão de que seus filhos **ir** conosco.
j) Ninguém fez questão de que seus filhos **ir** conosco.

10. Complete as frases, deixando gramaticalmente íntegras as frases:

a) As despesas atingem ... montante considerável.
b) Luís atingiu ... mais elevado posto na hierarquia militar.
c) As despesas atingem ... quantia de mil reais.

d) Obedeça sempre ... mais velhos, respeite-... sempre!
e) Todos devem obedecer ... regimento interno do condomínio.
f) Você conseguiu visar ... passaporte visando ... viagem ... Marrocos?
g) Você já pagou ... carregador das nossas malas?
h) A garotinha parecia ter ódio ... babá.
i) Ele se considera imbro...vel.
j) Fui até ... portão para ver o que estava acontecendo.

SOLUÇÕES

1. a) aborígine **b)** mi-mi-mi   c) almaço   d) maisena   e) querosene
f) ao invés de   g) burguesa   h) limpeza   i) framboesa   j) ciriguela

2. a) jovem – jovial   b) fígado – figadal   c) dedo – digital   d) quartel – caserna
e) feijão – faseolar
(**Jovial** nada tem que ver com *jovem*; significa *alegre*; há muitos idosos que são joviais.)

3. a) Querem que eu **enfêixe** todos os meus poemas num só volume.
b) O prefeito **embandêira** a cidade nos dias de festa.
c) Esse ruído **endôida** qualquer cidadão.
d) Vocês querem que eu **endôide** de vez?
e) Eu **nôivo** só uma vez por semana. Você **nôiva** quantas vezes?
f) Não faço horas **éxtras** nem leio edições **éxtras**. (**extra** é redução de *extraordinário*; nas abreviações, o timbre da vogal é aberto; v. o caso de *fotografia*, em que *fo* se transforma em *fó* na abreviação *foto*.)
g) Aquilo é um **èxtraterrestre** ou é um ciclone **èxtratropical**? (V. a letra *f*.)
h) Eu **festêjo** seu aniversário como eles **festêjam**.
i) Ele sempre **afrôuxa** o nó da gravata nas reuniões.
j) Um acidente dessa magnitude **alêija** muita gente.

4. a) Passarei aí entre **a** uma e meia e **as** duas horas. (O nome das horas exige artigo.)
b) Trabalhei **desde a** uma e meia **até as** duas horas. (V. a letra *a*.)
c) Aguinaldo não perdoava **ao** empregado nem **à** empregada o mínimo erro. A Justiça divina não **lhe** perdoou.
d) Virgílio não pagava nem **à** cozinheira nem **ao** mordomo. Virgílio também não **lhe** pagou, Ilda?
e) Os pais visam sempre **ao** bem dos filhos e **a** (ou **ao**) seu conforto. (O v. **visar** é transitivo indireto no sentido de *desejar*; antes de pronome possessivo é facultativo o uso do artigo, a menos que se trate de nome de parentesco, quando não se aconselha empregar artigo.)
f) É preciso aspirar **a** um novo Brasil, **a** novas esperanças. (O v. **aspirar**, no sentido de *desejar*, é transitivo indireto.)
g) A Terra existe **há** bilhões de anos, mas daqui **a** alguns anos ela poderá deixar de existir. (**Há** se substitui por *faz*; quando isso não for possível, use **a**!)
h) **Há** dias venho insistindo numa reunião com os empresários do setor. (V. a letra *g*.)
i) As férias terminarão **a** 10 de fevereiro.
j) O presidente morreu **a** três passos de mim.

5. a) Lurdes queria saber em que estádio da civilização apareceu a lâmpada elétrica. (Frase corretíssima, em que se usa a palavra rigorosamente certa: **estádio**, que significa *fase, etapa*.)
b) Leite facilmente se estraga se ficar fora da geladeira, haja vista o que aconteceu ontem. (Frase correta; o verbo **estragar** é pronominal e **haja vista** é expressão verbal imutável, imexível...)
c) **Costumam** chegar bastantes turistas ao Brasil nesta época do ano. (**Costumar** deve concordar com *turistas*, sujeito; **chegar** exige a preposição **a**.)
d) Os atores ficaram entre mim e a plateia. (Frase correta: depois de **entre** se usa **mim** ou **ti**, nunca "eu" ou "tu".)
e) Para mim é fácil subir a uma árvore dessas. (Frase correta; a ordem direta da frase é esta: *Subir a uma árvore dessas é fácil para mim*, ou seja, *mim* nada tem a ver com *subir*.)
f) É fácil para mim subir a uma árvore dessas. (Frase correta; v. a letra *e*.)
g) **As Olimpíadas** de Tóquio quase **tiveram** de ser cancelada**s**. (Nos tempos modernos só existem **as Olimpíadas** ou Jogos Olímpicos; só os caturras defendem o uso do singular *a Olimpíada*, coisa que existiu muito antes de Cristo, na Grécia.)
h) Quando trabalho no sol, **suo** demais; ela também **sua**. (Campainha é que *soa*; gente que trabalha **sua**.)
i) O juiz expediu um mandado de busca e apreensão. (*Mandato* é coisa de político, principalmente; **mandado**, de magistrado.)
j) Hoje, afinal, **são** dois ou três de março? (O v. **ser**, neste caso, deve concordar com o numeral; aparecendo a palavra **dia**, porém, a concordância se faz com ela: *Hoje, afinal, é dia dois ou dia três de março?*)

6. a) Ela mesma confessou que não estava certa. (**Mesmo** só não varia quando significa *de fato*. V. item seguinte.)
b) Ela confessou mesmo isso? (Neste caso **mesmo** significa *de fato*, por isso é invariável.)
c) Quero falar com as cozinheiras mesm**as**, e não com os garçons.
d) Calisto comprou na feira abacate e laranja madur**os**. (A concordância é no masculino, por causa de *abacate*.)
e) Encontrei na feira apenas madur**a** laranja e abacates. (Quando o adjetivo vem antes de dois ou mais substantivos, concorda com o mais próximo.)
f) Passei dia e noite fri**os** na Europa. (É obrigatória a variação do adjetivo, quando os substantivos são antônimos.)
g) Nesta região, num só dia, pode fazer calor e frio intens**os**. (V. a letra *f*.)
h) Assisti a verdadeir**o** milagre e acontecimentos na Guatemala. (V. a letra *e*.)
i) O Atlântico é um dos oceanos que banh**a** o Brasil. (Aliás, o Atlântico é o **único** oceano que banha o Brasil; portanto, verbo no singular.)
j) Sou um dos brasileiros que mais trabalh**am**. (Não sou o único brasileiro que mais trabalha; portanto, verbo no plural.)

7. a) **Fez** dias muito frios na Sibéria. (O verbo **fazer** é impessoal nas orações temporais.)
b) **Faltaram** muitos convidados na festa, por isso é que **sobraram** tantos alimentos.
c) **Faltaram** muitas crianças na festa, por isso é que **sobrou** tanto doce.
d) Nunca se **disseram** tantas tolices quanto na campanha eleitoral passada.
e) Aqui nunca se **alugaram** casas para bandidos.
f) **Deu** uma hora, **deram** duas horas, e o sono não vinha. (O v. **dar** concorda com o número de horas.)
g) Na minha família nunca se **creu** em boatos nem nunca se **deram** ouvidos a asneiras. (Note: **creu**, no singular, porque é v. transitivo indireto.)

EXERCÍCIOS PARA *não errar mais*

h) Não conheço as decisões tomadas, mas sei que se **tratou** de todos os assuntos pendentes durante a reunião. (*Tratar-se de* jamais varia.)
i) Trinta por cento do edifício **ficaram** (ou **ficou**) em pé; dois terços dele **vieram** abaixo. (Números percentuais podem ou não mandar no verbo, dependendo do seu complemento; já os números fracionários exigem a concordância do verbo com o numerador.)
j) Nada **obstou** a que você prosseguisse com seus planos. (O v. **obstar** nada tem a ver com *estar*.)

8. a) Pode notar: todo **o** mundo que fuma tem pigarro. (*Pigarra* é galinha que tem.)
b) Convém que os cruz-maltinos se **previnam** domingo contra os flamenguistas. (Os vascaínos são, em verdade, **cruz-maltinos**, com hífen; o v. **precaver** só se usa nas formas arrizotônicas; suas supostas formas rizotônicas são substituídas por sinônimos de *precaver*.)
c) Daqui **a** Criciúma é longe à beça! (*Daqui* pede **a**.)
d) Daqui **a** alguns dias começarão as férias. (V. a letra *c*.)
e) Choveu, no **entanto** não refrescou. (A locução é **no entanto**, sinônima de *entretanto*.)
f) O advogado impetrou manda**d**o de segurança e conseguiu do juiz a liminar. (Juízes emitem manda**d**os.)
g) Essa atriz é a ídola de minha irmã. (*Ídolo* tem feminino.)
h) Cassilda agora quer ser soldada. (Frase correta; só mesmo os insanos usam "a soldado" ou, o que é bem pior: "a mulher soldado".)
i) Se você puxar **a** seu pai, está perdido; se puxar **a** sua mãe, está arruinado! (O v. **puxar**, neste caso, é transitivo indireto.)
j) Pedi **que** ela me **trouxesse** um copo d'água gelad**a**. (*Pedir para* só se usa quando houver subentendida a palavra *licença*; do contrário, usa-se **pedir que**; gelad**a** tem de ser a água, não o copo.)

9. a) Todos esperamos que a cadela **paira** normalmente.
b) Quero que **ponhais** mais azeite em vossa maionese.
c) Eles querem que **ponhamos** mais azeite em nossa maionese.
d) Se eles quiserem reter meu pagamento, que o **retenham**!
e) Se vocês desejarem remir-se de todas as suas culpas, é bom que **se redimam** logo. (O v. **remir** não tem formas rizotônicas; usam-se, então, formas do verbo **redimir**.)
f) Se nós queremos mesmo transpor essa barreira, que a **transponhamos** logo.
g) Todos querem que nós **creiamos** em suas palavras, porém, inutilmente.
h) Espero que o rapaz **pula** meu carro como poliu o seu.
i) Faço questão de que seus filhos **vão** conosco.
j) Ninguém fez questão de que seus filhos **vão** conosco.

10. a) As despesas atingem **um** montante considerável. (O v. **atingir** é sempre transitivo direto.)
b) Luís atingiu **o** mais elevado posto na hierarquia militar. (V. a letra *a*.)
c) As despesas atingem **a** quantia de mil reais. (V. a letra *a*.)
d) Obedeça sempre **aos** mais velhos, respeite-**os** sempre! (O v. **obedecer** é sempre transitivo indireto.)
e) Todos devem obedecer **ao** regimento interno do condomínio. (V. a letra *d*.)
f) Você conseguiu visar **o** passaporte visando **à** viagem **a** Marrocos? (O v. **visar**, no sentido de *carimbar*, é transitivo direto, mas no de *objetivar* é transitivo indireto; **Marrocos** não se usa com artigo.)

g) Você já pagou **ao** carregador das nossas malas? (O v. **pagar** é sempre transitivo indireto para pessoa.)
h) A garotinha parecia ter ódio **à** babá. (Quem tem ódio, tem ódio **a** alguém, e não "de" alguém.)
i) Ele se considera imbro**x**ável. (Há quem aceite com ch.)
j) Fui até **o** (ou **ao**) portão para ver o que estava acontecendo. (Com **até**, usa-se a preposição **a** ou não, indiferentemente; daí, portanto, construímos: *Fui até o mercado* ou *Fui até ao mercado*; *Fui até a farmácia* ou *Fui até à farmácia*; *Trabalhei até as 23h* ou *Trabalhei até às 23h*.)

MÓDULO 29

1. Só corrija as palavras erradas:

a) raso   b) razante   c) atrasado   d) enfisema   e) cafuzo   f) confuso
g) brasa   h) vaso   i) vazante   j) ansioso

2. Use o acento grave no a, quando convier:

a) Alguns alunos fizeram a redação a Machado de Assis.
b) Os homens do campo são acostumados a intempéries.
c) A garota tinha aversão a tudo e a todos, mas não a mim.
d) Nunca vou a festa alguma, a balada alguma, a coisa nenhuma.
e) Os camponeses domesticam os animais a seu serviço.
f) O avião subiu a altura de 900m.
g) Ele usava bigode a Hitler e chapéu a Napoleão.
h) Fiquei a distância, a pouca distância; ela ficou a boa distância.
i) Fiquei a distância de vinte metros; ela ficou a distância maior.
j) Ele riu a bandeiras despregadas quando lhe pedi que fizesse o pagamento a crédito, a prestação.

3. Complete adequadamente:

a) Onde há mais de um cidadão, há vários ...
b) Nasci ... Tocantins, mas atualmente não moro ... Tocantins.
c) Já estive ... Marrocos, mas nunca morei ... Marrocos.
d) ... sábad..., naquela época, não ... aulas.
e) Você sabe quantas guerras mundiais ... no século passado?
f) Hortên...ia não comia ... vários dias.
g) Alc...bíades não tinha amizade com Her...ílio nem com Ju...ara.
h) Tod... os Estados Unidos est... preocupad... com esse furacão.
i) Rui Barbosa ficou conhecido como ... Águia de Haia.
j) Essa mulher pertence ... irmandade de São Vicente de Paul...

4. Dê o substantivo correspondente a cada um destes verbos:

a) descansar b) dançar c) isentar d) cochichar e) extrair f) exilar
g) obturar h) gorjear i) prever j) solucionar

5. Algumas destas frases não estão de acordo com a norma padrão. "Corrija-as":

a) Tenho de ir a Guarujá, mas dizem que está fazendo dias feios por lá.
b) A camionete não agradou ao caminhoneiro.
c) Dadas as atuais dificuldades por que passa o país, será racionada a energia elétrica.
d) Logo após ao futebol, assista a um excelente filme em cores.
e) Após discursar aos partidários, o presidente se despediu.
f) Peça a seu filho para apagar as luzes, que eu quero dormir.
g) É muito caro o preço desse automóvel.
h) Dado às dificuldades de importação, esta empresa encerrará suas atividades.
i) Dado a alta do dólar, cessaremos por ora nossas importações.
j) Bastava ela chorar, para que conseguisse tudo do marido.

6. Use o verbo em destaque no presente do indicativo, conforme convier:

a) Todos os dias eu e meus amigos **vir** aqui.
b) Nadar e dormir **fazer** bem à saúde.
c) Nascer e morrer **ser** da vida.
d) Nascer e sofrer **ser** da vida.
e) Cada estação, cada lua, cada dia **mudar** o aspecto do oceano.
f) Um dia, uma hora, um minuto **bastar** para acontecer uma desgraça.
g) Caminhar e fazer exercícios físicos diariamente **ajudar** a manter a forma.
h) Isso realmente **ser** ossos do ofício.
i) Dezoito milhões de reais **ser** muito por esse imóvel.
j) Aquilo **parecer** estrelas, mas **ser** planetas.

7. Complete com há ou com a, conforme convier:

a) Venho dizendo isso ... muito tempo: o cometa passou ... milhares de quilômetros da Terra.
b) De hoje ... sábado sairá o empréstimo bancário.
c) Restaurante, só ... vinte quilômetros daqui.
d) Mojimirim fica ... poucos minutos de São Paulo.
e) Mojimirim está ... dias com muitas ruas inundadas.
f) Estávamos ... poucas léguas da costa brasileira.
g) ... poucos passos daqui existe um pronto-socorro.

h) A reunião terminou ... pouco mais de três minutos.
i) O homem suicidou-se ... dez metros de mim.
j) ... tempos que estou para lhe dizer isso.

8. Exagere, usando a forma irregular ou erudita do adjetivo:

a) A uvaia não é uma fruta **amarga**, é uma fruta ...!
b) Pascoal não é um rapaz **humilde**, é um rapaz ...!
c) O fato não se tornou **público**, se tornou ...!
d) Os gatos não são animais **ágeis**, são animais ...!
e) Nosso povo não é **bom**, nosso povo é ...!
f) Suas mãos não são **ásperas**, suas mãos são ...!
g) Nosso povo não é **amável**, nosso povo é ...!
h) Não me sinto **jovem**, me sinto ...!
i) Esses gêmeos não são **semelhantes**, são ...!
j) O Papa João Paulo II não era **pio**, era ...!

9. Algumas destas frases não estão de acordo com a norma padrão. "Corrija-as":

a) Custei bastante a entender o que estava se passando.
b) A verdade é que eu lhe quero muito, Ifigênia, por isso estou disposto a perdoar-lhe.
c) Se você revidasse o murro que levou, apanharia de nós todos.
d) Bons antecedentes e boa apresentação pessoal são condições *sine qua non* para preencher o cargo vago.
e) Basta ele acionar um botão, e o mundo explodirá.
f) Veja com que mestria trabalha aquele marceneiro!
g) Lavem suas mãos antes de sentar na mesa para a janta!
h) Baltasar bebeu tanto, que ficou em coma alcoólica.
i) O lavrador tomou o documento nas mãos e assinou o nome mal e porcamente.
j) Incrível, esse menino é o pai, cuspido e escarrado!

10. Use no particípio o verbo em destaque, conforme convier:

a) A cozinheira havia **fritar** bifes para todo o mundo.
b) Um homem-rã havia **imergir** no lago, onde estava **imergir** um carro.
c) O editor tinha **imprimir** muitos exemplares do livro, que já havia sido **imprimir** por outra editora.
d) Temos **aceitar** cheques pré-datados, que não são **aceitar** por todo o mundo.
e) A polícia tem **prender** muita gente inocente, que nunca foi **prender** anteriormente.

f) O padre tinha **benzer** as novas dependências do banco, que, assim, ficou **benzer** contra assaltos.
g) Tenho **expelir** cálculos. Cálculos têm sido **expelir** por mim.
h) O homem havia **suspender** a alavanca que eu já tinha **suspender** horas antes.
i) A testemunha tinha **omitir** a verdade, que foi **omitir** por orientação do advogado.
j) O árbitro já tinha **expulsar** o jogador, que foi **expulsar** por jogo violento.

SOLUÇÕES

1. a) raso **b)** ra**s**ante c) atrasado d) enfisema e) cafuzo f) confuso g) brasa h) vaso i) vazante j) ansioso

2. a) Alguns alunos fizeram redação **à** Machado de Assis. (Isto é, fizeram redação **à** moda de Machado de Assis.)
b) Os homens do campo são acostumados a intempéries. (Frase correta: antes de palavras no plural não se usa **a** acentuado.)
c) A garota tinha aversão a tudo e a todos, mas não a mim. (Frase correta: antes de pronome indefinido e de pronome oblíquo não se usa **a** acentuado.)
d) Nunca vou a festa alguma, a balada alguma, a coisa nenhuma. (Frase correta: substantivos usados em sentido vago não aceitam artigo; sendo assim, não há crase.)
e) Os camponeses domesticam os animais a seu serviço. (Frase correta: antes de pronome possessivo masculino não se usa **a** acentuado.)
f) O avião subiu **à** altura de 900m. (Locução com palavra feminina; portanto, acento no **a**.)
g) Ele usava bigode **à** Hitler e chapéu **à** Napoleão. (Isto é: **à** moda de Hitler, chapéu **ao** estilo de Napoleão.)
h) Fiquei a distância, a pouca distância; ela ficou a boa distância. (Frase correta; sem determinação exata, não se usa acento no **a** de *a distância*.)
i) Fiquei **à** distância de vinte metros; ela ficou a distância maior. (No primeiro caso, há determinação exata da distância, portanto acento no **a**.)
j) Ele riu a bandeiras despregadas quando lhe pedi que fizesse o pagamento a crédito, **à** prestação. (Antes de palavras no plural não se usa "à"; se numa locução o elemento principal é palavra feminina, o acento é obrigatório.)

3. a) Onde há mais de um cidadão, há vários **cidadãos**.
b) Nasci **no** Tocantins, mas atualmente não moro **no** Tocantins. (Quando surgiu esse estado, com a Constituição de 1988, a mídia não usava o artigo com este nome. Normal.)
c) Já estive **em** Marrocos, mas nunca morei **em** Marrocos. (**Marrocos** não se usa com artigo.)
d) **Aos** sábad**os**, naquela época, não **havia** aulas. (**Aos sábados**, sim, porque há ideia de repetição; **haver** no sentido de *acontecer* é impessoal.)
e) Você sabe quantas guerras mundiais **houve** no século passado? (V. a letra *d*.)
f) Hortê**ns**ia não comia **havia** vários dias. (**Havia**, sim, e não "há"; note que caberia *fazia* no lugar de *havia*, e não "faz".)

g) Alc**i**bíades não tinha amizade com Her**s**ílio nem com Juçara. (Nomes próprios que volta e meia aparecem de forma diferente por aí.)
h) Tod**os** os Estados Unidos est**ão** preocupad**os** com esse furacão. (Esse nome, *Estados Unidos*, exige sempre o plural.)
i) Rui Barbosa ficou conhecido como **a** Águia de Haia. (Jamais "o" Águia de Haia; *o águia* = o velhaco; *a águia* = a perspicácia)
j) Essa mulher pertence **à** irmandade de São Vicente de Paul**o**. (O v. pertencer pede a, que, junto com o artigo de irmandade, forma crase; o nome do santo termina com Paulo, e não com "Paula".)

4. a) descanso b) dança c) isenção d) cochicho e) extração f) exílio g) obturação h) gorjeio i) previsão j) solução

5. a) Tenho de ir a Guarujá, mas dizem que está fazendo dias feios por lá. (Frase correta: *Guarujá* não se usa com artigo.)
b) A camionete não agradou ao caminhoneiro. (Existem as formas *camionete* e *camioneta*, são variantes; no entanto, o VOLP só registra *caminhoneiro*, quando deveria trazer também *camioneiro*, corrente em Portugal, onde se usa *camião* por *caminhão*, de forma absolutamente correta e lógica.)
c) Dadas as atuais dificuldades por que passa o país, será racionada a energia elétrica. (Frase correta: a palavra *dado* concorda sempre com aquela a que se refere, no caso *dificuldades*; equivale a *por causa de* e nunca pede a prep. *a*.)
d) Logo após **o** futebol, assista a um excelente filme em cores. (Depois de *após* não se usa "a".)
e) **Depois de** discursar aos partidários, o presidente se despediu. (Não se usa *após* com infinitivo, fato comuníssimo na mídia brasileira, que ignora inteiramente o assunto.)
f) Peça a seu filho **que apague** as luzes, que eu quero dormir. (*Pedir para* é um uso que só tem cabimento quando existe a palavra *licença* subentendida, como em *Pedi para sair*; do contrário, usa-se **pedir que**.)
g) É muito *alto* o preço desse automóvel. (*Preço* pode ser *alto* ou *baixo*, mas não "caro".)
h) **Dadas as** dificuldades de importação, esta empresa encerrará suas atividades. (V. a letra *c*; depois de *dada* ou *dadas* não se usa acento no a.)
i) **Dada** a alta do dólar, cessaremos por ora nossas importações. (V. a letra *c*.)
j) Bastava-**lhe** chorar, para que conseguisse tudo do marido. (O v. *bastar* é transitivo indireto.)

6. a) Todos os dias eu e meus amigos **vimos** aqui.
b) Nadar e dormir **faz** bem à saúde. (O verbo não varia quando os infinitivos não forem antônimos.)
c) Nascer e morrer **são** da vida. (Infinitivos antônimos; portanto, verbo no plural.)
d) Nascer e sofrer **é** da vida. (V. a letra *b*.)
e) Cada estação, cada lua, cada dia **muda** o aspecto do oceano. (Sujeito composto repetido com *cada*, o verbo concorda com o último elemento.)
f) Um dia, uma hora, um minuto **basta** para acontecer uma desgraça. (Aqui há ideia de gradação; o verbo concorda com o último elemento.)
g) Caminhar e fazer exercícios físicos diariamente **ajuda** a manter a forma. (V. a letra *b*.)
h) Isso realmente **são** ossos do ofício. (Quando o sujeito é pronome demonstrativo, o v. **ser** concorda com o predicativo.)
i) Dezoito milhões de reais **é** muito por esse imóvel. (Quando o predicativo é muito, pouco, demais, etc., o verbo **ser** com ele concorda.)
j) Aquilo **parecem** estrelas, mas **são** planetas. (O v. **parecer**, assim como *ser*, concorda com o predicativo, quando o sujeito é pronome demonstrativo.)

EXERCÍCIOS PARA *não errar mais*

7. a) Venho dizendo isso **há** muito tempo: o cometa passou **a** milhares de quilômetros da Terra. (Só se usa **há** quando puder ser substituído por faz; do contrário, **a**.)
b) De hoje **a** sábado sairá o empréstimo bancário. (V. a letra *a*.)
c) Restaurante, só **a** vinte quilômetros daqui. (V. a letra *a*.)
d) Mojimirim fica **a** poucos minutos de São Paulo. (V. a letra *a*.)
e) Mojimirim está **há** dias com muitas ruas inundadas. (V. a letra *a*.)
f) Estávamos **a** poucas léguas da costa brasileira. (V. a letra *a*.)
g) **A** poucos passos daqui existe um pronto-socorro. (V. a letra *a*.)
h) A reunião terminou **há** pouco mais de três minutos. (V. a letra *a*.)
i) O homem suicidou-se **a** dez metros de mim. (V. a letra *a*.)
j) **Há** tempos que estou para lhe dizer isso. (V. a letra *a*.)

8. a) A uvaia não é uma fruta **amarga**, é uma fruta **amaríssima**!
b) Pascoal não é um rapaz **humilde**, é um rapaz **humílimo**!
c) O fato não se tornou **público**, se tornou **publicíssimo**!
d) Os gatos não são animais **ágeis**, são animais **agílimos**!
e) Nosso povo não é **bom**, nosso povo é **ótimo**!
f) Suas mãos não são **ásperas**, suas mãos são **aspérrimas**!
g) Nosso povo não é **amável**, nosso povo é **amabilíssimo**!
h) Não me sinto **jovem**, me sinto **juveníssimo**!
i) Esses gêmeos não são **semelhantes**, são **simílimos**!
j) O Papa João Paulo II não era **pio**, era **pientíssimo**!

9. a) **Custou-me bastante entender** o que estava se passando. (Aqui é questão de conhecer análise sintática e buscar a razão: o que custou? entender. Portanto, "eu" não custei coisa alguma.)
b) A verdade é que eu lhe quero muito, Ifigênia, por isso estou disposto a perdoar-lhe. (Frase correta: o v. **querer**, no sentido de *estimar*, é transitivo indireto, assim como **perdoar** para pessoa.)
c) Se você revidasse **a**o murro que levou, apanharia de nós todos. (O v. *revidar* é transitivo indireto.)
d) Bons antecedentes e boa apresentação pessoal são condições *sine* **quibus** *non* para preencher o cargo vago. (O plural da expressão latina é esse; *sine qua non* significa *indispensável*; **sine quibus non** = *indispensáveis*.)
e) Basta-**lhe** acionar um botão, e o mundo explodirá. (O v. *bastar* é transitivo indireto.)
f) Veja com que mestria trabalha aquele marceneiro! [Frase correta: **mestria** cabe melhor aí que *maestria*; ou seja, aquele marceneiro trabalha magistralmente (palavra que está ligada a *mestre*, e não a "maestro")].
g) Lavem **as** mãos antes de **se** sentar **à** mesa para **o jantar**! [O artigo faz as vezes de pronome possessivo antes de substantivos que exprimem parte do corpo (mãos); há pessoas que "sentam na mesa", mas as educadas sempre *sentam-se à mesa*; "janta" é palavra meramente popular.)
h) Baltasar bebeu tanto, que ficou em coma alcoólica. (Frase correta.)
i) O lavrador tomou o documento nas mãos e assinou o nome mal e p**a**rcamente. (*Mal e porcamente* é expressão popular, que alguns usam por *mal e parcamente*, porque o povo não tem muita intimidade com o que é *parco*.)
j) Incrível, esse menino é o pai, cuspido e **en**carnado! (*Cuspido e escarrado* é o que o povo acha; o que a língua tem, no entanto, é *cuspido e* **encarnado**, palavra esta que o povo achou melhor substituir pela outra, mais conhecida. Ou mais familiar...)

10. a) A cozinheira havia **fritado** bifes para todo o mundo. (Não se usa "frito" com *ter* e *haver*.)
b) Um homem-rã havia **imergido** no lago, onde estava **imerso** um carro. (**Imergido** se usa com *ter* e *haver*; **imerso**, com *ser* e *estar*.)
c) O editor tinha **imprimido** muitos exemplares do livro, que já havia sido **impresso** por outra editora. (**Imprimido** se usa com *ter* e *haver*; **impresso**, com *ser* e *estar*.)
d) Temos **aceitado** cheques pré-datados, que não são **aceitos** por todo o mundo. (**Aceitado** se usa com *ter* e *haver* e também com *ser* e *estar*; **aceito**, só com *ser* e *estar*.)
e) A polícia tem **prendido** muita gente inocente, que nunca foi **presa** anteriormente. (**Prendido** se usa com *ter* e *haver*; **preso**, com *ser* e *estar*.)
f) O padre tinha **benzido** as novas dependências do banco, que, assim, ficou **benta** contra assaltos. (**Benzido** se usa com *ter* e *haver*; **bento**, com *ser* e *estar*.)
g) Tenho **expelido** cálculos. Cálculos têm sido **expulsos** por mim. (**Expelido** se usa com *ter* e *haver*; **expulso**, com *ser* e *estar*.)
h) O homem havia **suspendido** a alavanca que eu já tinha **suspendido** horas antes. (**Suspendido** se usa com *ter* e *haver*; **suspenso**, com *ser* e *estar*.)
i) A testemunha tinha **omitido** a verdade, que foi **omitida** (ou **omissa**) por orientação do advogado. (**Omitido** se usa com *ter* e *haver* e também com *ser* e *estar*; **omisso**, apenas com *ser* e *estar*.)
j) O árbitro já tinha **expulsado** o jogador, que foi **expulso** por jogo violento. (**Expulsado** se usa com *ter* e *haver*; **expulso**, com *ser* e *estar*.)

MÓDULO 30

1. Só corrija as palavras erradas:

a) nisei b) parmesão c) derrepente d) xampu e) cricri f) confragação g) baço h) pesado i) malifício j) contrafacção

2. Acentue ou não:

a) Madagascar b) fluor c) preferencia d) preferencial e) eletrodo f) filantropo g) alibi h) defice i) superavit j) jiboia

3. Siga este modelo:

acordo luso e brasileiro, acordos luso-brasileiros

a) política econômica e financeira
b) clínica médica e cirúrgica
c) reunião política e partidária
d) tonalidade clara e esverdeada
e) cor amarela e dourada

4. Não há correlação adequada em:

a) ovelha – ovino   b) macaco – simiesco   c) estomatite – estômago
d) fantasma – lemural   e) vontade - volitivo

5. No lugar dos pronomes retos use pronomes oblíquos, fazendo todas as alterações necessárias:

a) Eu vi ela na praia hoje. Será que ela viu eu?
b) Eles cumprimentaram nós com má vontade.
c) Os repórteres querem falar com nós.
d) Os repórteres querem falar com nós todos.
e) Deixe ela em paz! Deixe eu também em paz!

6. Algumas destas frases não estão de acordo com a norma padrão. "Corrija-as":

a) Não façam com nós o que vocês não querem que façam com vocês!
b) Vem pra Caixa você também!
c) Faz um quatro aí para mim ver!
d) Se ela, que é mulher, não gosta de homem, que dirá eu!
e) Fraturei o meu braço direito duas vezes.
f) Depois de ter dito aquela besteira, não abri mais a minha boca.
g) Depois daquele vexame, não sabia mais onde pôr a minha cara.
h) Manuela me disse que mora na Rua Dias Ferreira, número tanto.
i) Minhas vizinhas blasfemiam o dia todo.
j) Vim com o avião das dez.

7. Use a forma adequada do verbo em destaque:

a) Espero que nós **estar** com a razão e que eles **estar** errados.
b) O jogador deseja que se **consumar** logo sua transferência para o futebol italiano.
c) Quando chegamos, o cozinheiro já **dar** o dinheiro ao padeiro.
d) Quando os bispos chegaram, eu já **estar** com o Papa.
e) Quando trabalho, eu **suar** demais. Você não **suar**?
f) Quando o empréstimo foi liberado nesse banco, eu já **obter** empréstimo em outro banco.
g) Se ele me **impor** a viagem, eu teria de sair do emprego.
h) Se eles **desdizer** tudo, estaríamos arruinados.
i) Caso eles **desdizer** tudo, não estaremos arruinados.
j) Se você não se **indispor** com o chefe, teria seu salário aumentado.

8. Complete com as formas adequadas dos verbos em destaque, sempre no pretérito perfeito do indicativo:

a) Os combatentes **depor** as armas. Você não **depor**, por quê?
b) Ainda não me **afazer** a este gênero de vida. Você já se **afazer**?
c) Eu **supor** que Juçara viera para me ajudar. Tu **supor** o quê?
d) A natureza **prover** os animais de muitos meios de defesa.
e) Não **caber** tantas frutas numa cesta só.
f) O que não **poder** fazer antes, faço agora. O que não **poder** ter feito antes, faz agora!
g) O juiz **haver** por bem absolver o réu.
h) Quando **pôr** a mão no meu rosto, compreendi que me amavas.
i) Ninguém me **precaver** de nada. A ti eles te **precaver**?
j) Quando ouvi aquilo, **descrer** de tudo. Você não **descrer**?

9. Complete com as formas adequadas, no tempo e modo convenientes:

a) O rapaz namorava somente quando o pai da moça **querer**.
b) Se você **querer**, terá tudo de mim.
c) Embora não **querer** nenhuma vantagem, não poderíamos aceitar aquilo.
d) Eu esperava que vocês **propor** medidas mais inteligentes.
e) Quando ele **fazer** o serviço, eu também o farei.
f) Se você não **repor** o dinheiro que roubou, levaria uma surra.
g) Quando todos **dispor** de tempo para viajar, será ótimo!
h) Ninguém queria que você **pressupor** o que não tinha intenção de pressupor.
i) Se o motorista **transpor** a barreira feita pelos patrulheiros, iria se dar mal.
j) Se o motorista **transpor** a barreira feita pelos patrulheiros, irá se dar mal.

10. Algumas destas frases não estão de acordo com a norma padrão. "Corrija-as":

a) Segue em anexo a nota fiscal.
b) Não me importo que ela sofra.
c) Desejo-lhe votos de muitas felicidades!
d) O professor de Matemática implicou-se comigo!
e) As uvas chilenas são disparadas as mais saborosas do mundo.
f) Sócrates se avulta entre os filósofos de todos os tempos.
g) A empresa está comemorando bodas de prata de fundação.
h) Ficamos, então, no aguardo de novas notícias.
i) A criança desobedeceu e ainda saiu fazendo fusquinha para a mãe.
j) Preciso de ajudantes, seja homens, seja mulheres.

EXERCÍCIOS PARA *não errar mais* 167

SOLUÇÕES

1. a) nis**s**ei   b) parmesão   **c)** de repente   d) xampu   **e)** cri-cri   **f)** con**fl**ag**r**ação   g) ba**ç**o   h) pe**s**ado   **i)** mal**e**fício   **j)** contra**fa**ção

2. a) Madagascar   **b)** fl**ú**or   **c)** prefer**ê**ncia   d) preferencial   e) eletrodo*   f) filantropo   **g) á**libi   h) défice**   i) superavit***   j) jiboia
Eletrodo existe a par de *elétrodo*.
** A 6.ª ed. do VOLP registra ainda *déficit* e *deficit*.
*** A 6.ª ed. do VOLP registra ainda *superávit*.

3. a) políticas econômico-financeiras
b) clínicas médico-cirúrgicas
c) reuniões político-partidárias
d) tonalidades claro-esverdeadas
e) cor amarelo-dourada
(Note que, no plural, o primeiro elemento sempre fica no masculino e no singular.)

4. a) ovelha – ovino   b) macaco – simiesco   **c)** estomatite – estômago   d) fantasma – lemural   e) vontade – volitivo
(*Estomatite* é inflamação da mucosa da boca.)

5. a) Eu **a** vi na praia hoje. Será que ela **me** viu?
b) Eles **nos** cumprimentaram com má vontade.
c) Os repórteres querem falar **conosco**.
d) Os repórteres querem falar com nós todos. (Frase correta; usa-se **com nós** quando há palavra reforçativa, no caso: *todos*.)
e) Deixe-**a** em paz! Deixe-**me** também em paz!

6. a) Não façam **conosco** o que vocês não querem que façam com vocês!
b) Vem pra Caixa **tu** também! (Ou: **Venha** pra Caixa você também, em que *venha* está para *você*, assim como *vem* está para *tu*.)
c) Faz um quatro aí para **eu** ver! ("Mim" não vê nada...)
d) Se ela, que é mulher, não gosta de homem, que *se dirá de mim*! ("Que dirá eu" é brincadeira de mau gosto.)
e) Fraturei **o braço** direito duas vezes. (Evite usar pronome possessivo quando a ideia de posse é clara; quando dizemos: *Fraturei o braço*, ninguém vai imaginar que o braço é de outra pessoa.)
f) Depois de ter dito aquela besteira, não abri mais **a boca**. (V. a letra *e*.)
g) Depois daquele vexame, não sabia mais onde pôr **a cara**. (V. a letra *e*.)
h) Manuela me disse que mora na Rua Dias Ferreira, número tanto**s**. (Ao não indicarmos o número de uma casa, estabelecimento, telefone, etc., por desconhecimento ou não, usamos o pronome indefinido **tantos**, e não "tanto".)
i) Minhas vizinhas **blasfemam** o dia todo. (O v. é **blasfemar**, e não "blasfemiar".)
j) Vim **no** avião das dez. (Vir "com" o avião só é mesmo possível ao Super-Homem...)

7. a) Espero que nós **estejamos** com a razão e que eles **estejam** errados. (Evite usar "estejemos" e "estejem"!)
b) O jogador deseja que se **consume** logo sua transferência para o futebol italiano. (O v. **consumar** é da 1.ª conjugação, que no presente do subjuntivo tem suas formas

com **e** no final, e não com "a". *Não podemos permitir que a burrice se consume no país*, eis outra frase correta, em que se troca **consume** por "consuma".)
c) Quando chegamos, o cozinheiro já **dera** o dinheiro ao padeiro. (O pretérito perfeito do indicativo é o tempo que indica um fato ocorrido antes de outro fato.)
d) Quando os bispos chegaram, eu já **estivera** com o Papa. (V. a letra *c*.)
e) Quando trabalho, eu **suo** demais. Você não **sua**? (Cuidado para não usar "soo", "soa", etc.!)
f) Quando o empréstimo foi liberado nesse banco, eu já **obtivera** empréstimo em outro banco. (V. a letra *c*.)
g) Se ele me **impusesse** a viagem, eu teria de sair do emprego.
h) Se eles **desdissessem** tudo, estaríamos arruinados.
i) Caso eles **desdigam** tudo, não estaremos arruinados. (**Caso** exige o verbo no presente do subjuntivo; portanto, evite usar caso eles "desdizerem", etc.)
j) Se você não se **indispusesse** com o chefe, teria seu salário aumentado.

8. a) Os combatentes **depuseram** as armas. Você não **depôs**, por quê?
b) Ainda não me **afiz** a este gênero de vida. Você já se **afez**?
c) Eu **supus** que Juçara viera para me ajudar. Tu **supuseste** o quê?
d) A natureza **provê** os animais de muitos meios de defesa.
e) Não **cabem** tantas frutas numa cesta só.
f) O que não **pude** fazer antes, faço agora. O que não **puderes** ter feito antes, faz agora!
g) O juiz **houve** por bem absolver o réu. (**Haver por bem** = resolver, e o verbo *haver* é pessoal: *Os juízes* ***houveram*** *por bem absolver o réu*.)
h) Quando **puseste** a mão no meu rosto, compreendi que me amavas. (Cuidado para não usar "pusestes" com a segunda pessoa do singular!)
i) Ninguém me **precaveu** de nada. A ti eles te **precaveram**?
j) Quando ouvi aquilo, **descri** de tudo. Você não **descreu**?

9. a) O rapaz namorava somente quando o pai da moça **quisesse**.
b) Se você **quiser**, terá tudo de mim.
c) Embora não **quiséssemos** nenhuma vantagem, não poderíamos aceitar aquilo.
d) Eu esperava que vocês **propusessem** medidas mais inteligentes.
e) Quando ele **fizer** o serviço, eu também o farei.
f) Se você não **repusesse** o dinheiro que roubou, levaria uma surra.
g) Quando todos **dispuserem** de tempo para viajar, será ótimo!
h) Ninguém queria que você **pressupusesse** o que não tinha intenção de pressupor.
i) Se o motorista **transpusesse** a barreira feita pelos patrulheiros, iria sair-se mal.
j) Se o motorista **transpuser** a barreira feita pelos patrulheiros, irá sair-se mal.

10. Complete convenientemente:
a) Segue **anexa** a nota fiscal. ("Em anexo" não existe, foi expressão inventada por aqueles que tinham dúvida na flexão do adjetivo.)
b) Não me impor**ta** que ela sofra. (O sujeito do verbo *importar-se* nessa frase é a oração *que ela sofra*, e não "eu". Estará correta, todavia, a frase: *Não me importo com o sofrimento dela*, em que agora, sim, o sujeito é **eu**.)
c) **Formulo**-lhe votos de muitas felicidades. (Ou: Desejo-lhe muitas felicidades. A palavra *voto*, por si só, já contém a ideia de desejo. Portanto, "desejar votos" constitui redundância, semelhante a "demente mental".)
d) O professor de Matemática **implicou** comigo! (O v. **implicar**, no sentido de *antipatizar*, não é pronominal. Por isso é que existe muito velho por aí que *implica muito com crianças*...)

e) As uvas chilenas são, **disparado**, as mais saborosas do mundo. (**Disparado** é invariável quando significa *de longe*.)
f) Sócrates **avulta** entre os filósofos de todos os tempos. (O v. **avultar** é sinônimo de *sobressair*; ambos não são pronominais. Por isso é que Einstein *avulta* (ou *sobressai*) entre os cientistas de todos os tempos.)
g) A empresa está comemorando **jubileu** de fundação. (*Bodas* é termo que se aplica apenas a matrimônio.)
h) Ficamos, então, **a**o aguardo de novas notícias. (Como ninguém fica *"na" espera* de coisa nenhuma, também não fica *"no" aguardo*. Da construção correta Ficar **na aguarda** *de novas notícias* acabou surgindo essoutra. E assim caminha a humanidade.)
i) A criança desobedeceu e ainda saiu fazendo fosquinha para a mãe. (*Fusquinha* era o que uma indústria automotiva fazia aqui no Brasil; **fosquinha** é que significa *careta*.)
j) Preciso de ajudantes, seja homens, seja mulheres. (Frase correta, por tratar-se, aí, de conjunção alternativa: *seja...seja*; e conjunção é palavra invariável. A frase estaria correta ainda se tivéssemos *sejam* no lugar de *seja*. Neste caso, a concordância seria feita com *homens* e *mulheres*.)

MÓDULO 31

1. Só corrija as palavras erradas:

a) pajem b) vajem c) carnicão d) cansaço e) excursão f) empaturrar g) xaranga h) pajear i) jus j) triz

2. Complete estas frases com o pretérito perfeito do indicativo do verbo em destaque:

a) Não **manter** a palavra, porque não me **convir**. Você a **manter**?
b) Como vocês **entreter** as crianças?
c) Eu **reter** os ladrões no banheiro. Você os **reter** onde?
d) Eles se **ater** às provas. Nós nos **ater** aos fatos.
e) Nada sabemos da conversa que ambos **manter**.
f) Você já **requerer** aposentadoria? Nós **requerer** aposentadoria mês passado.
g) Sentei-me na areia e me **entreter** a olhar o mar.
h) Nunca fui uma pessoa que **manter** altas contas bancárias.
i) **Manter** a palavra até o fim, porque sou homem sério.
j) Aqueles que já **reaver** todos os bens perdidos, que se deem por felizes!

3. Algumas destas frases não estão de acordo com a norma padrão. "Corrija-as":

a) Esse cruzamento é perigoso. Hajam visto os acidentes que ali sempre ocorrem.

b) Ninguém está satisfeito com os políticos. Haja visto a grande abstenção na última eleição.
c) Todos aqui gostam de praia, hajam vistos os meus filhos, que não saem de Ipanema.
d) Prefiro milhões de vezes um carro a gasolina do que um a gás.
e) Esta é uma tarefa para mim fazer sozinho; não admito que se reparta as responsabilidades entre eu e outra pessoa.
f) Não se obtém com boa qualidade reproduções de um negativo ou cópia desbotada.
g) Não se fez as pazes, embora se obedecessem todos os pontos do programa.
h) Os polacos não gostam de esfiha e nem de kibe, por causa que eles são arquirrivais dos árabes.
i) Tenho muito menos sorte que você: daqui de dentro não dá para ver nada do que acontece lá fora.
j) Engraçado, daqui de cima, centésimo andar, tudo parece pequenininho lá embaixo.

4. Não há correlação correta de pronúncia em:

a) quinquenal – kuinkuenal
b) quinquagésimo – kuinkuagésimo
c) quatorze – catorze
d) Roraima – Roráima
e) quotidiano - kotidiano

5. Não há correlação correta de abreviaturas em:

a) Roraima – RR
b) Paraná – PR
c) Rio Grande do Sul – RGS
d) Amapá – AP
e) Paraíba - PB

6. Una, usando o hífen ou não, procedendo a todas as alterações necessárias:

a) cárdio respiratória
b) anti infeccioso
c) sócio econômico
d) áudio visual
e) buco maxilo facial
f) sobre loja
g) tele conferência
h) tele trabalho
i) tele entrega
j) extra judicial

7. Substitua as expressões em destaque por uma única palavra de sentido equivalente:

a) osso **da testa**
b) paixão **sem freio**
c) estudo **do sentido** das palavras
d) obras **que se podem fazer**
e) pena **que não prescreve**
f) peça **que não se destrói**
g) noites **sem sono**
h) brisas **de verão**
i) ventos **de inverno**
j) indústria **de tecidos**

8. Substitua o adjetivo dado pelo substantivo correspondente:

a) uma pessoa espontânea = a ... de uma pessoa.
b) um soldado impassível = a ... de um soldado.
c) uma água fria = a ... de uma água.
d) um assassino frio = a ... de um assassino.
e) uma menina muda = a ... de uma menina.
f) uma medida extemporânea = a ... de uma medida.
g) uma pessoa leiga = a ... de uma pessoa.
h) umas crianças malcriadas = as ... de umas crianças.
i) uns homens estúpidos = as ... de uns homens.
j) umas mulheres grávidas = as ... de umas mulheres.

9. Use os verbos em destaque no presente do indicativo, conforme convier:

a) Não **costumar** haver acidentes nesta rodovia.
b) Quantos anos **ir** fazer amanhã que estamos juntos, Beatriz?
c) **Dever** fazer amanhã quinze anos que estamos juntos.
d) **Estar** havendo muitas guerras no mundo hoje.
f) **Poder** haver vários candidatos ao cargo.
g) **Costumar** haver festas em Salvador todos os dias.
h) Não custa levar um agasalho. **Poder** fazer dias frios no Sul.
i) **Chegar** a haver greves em todo o território nacional.
j) A partir de amanhã **ir** fazer dias muito frios em São Paulo.

10. Substitua o verbo pelo substantivo correspondente:

a) conceder regalias = a ... de regalias.
b) ceder os direitos = a ... dos direitos.
c) ressuscitar os mortos = a ... dos mortos.
d) rescindir o contrato = a ... do contrato.

e) extinguir um privilégio = a ... de um privilégio.
f) ingerir um alimento = a ... de um alimento.
g) ingerir-se num assunto = a ... num assunto.
h) ouvir um concerto = a ... de um concerto.
i) subverter a ordem = a ... da ordem.
j) submeter o inimigo = a ... do inimigo.

SOLUÇÕES

1. a) pajem **b)** va**g**em   c) carnicão*   d) cansaço   e) excursão   f) empaturrar**
g) **ch**aranga   h) pajear   i) jus   j) triz
*O povo criou *carnegão* em seu lugar.
**Existe a variante *empanturrar*, mais usada.

2. a) Não **mantive** a palavra, porque não me **conveio**. Você a **manteve**?
b) Como vocês **entretiveram** as crianças?
c) Eu **retive** os ladrões no banheiro. Você os **reteve** onde?
d) Eles se **ativeram** às provas. Nós nos **ativemos** aos fatos.
e) Nada sabemos da conversa que ambos **mantiveram**.
f) Você já **requereu** aposentadoria? Nós **requeremos** aposentadoria mês passado.
g) Sentei-me na areia e me **entretive** a olhar o mar.
h) Nunca fui uma pessoa que **manteve** altas contas bancárias.
i) **Mantive** a palavra até o fim, porque sou homem sério.
j) Aqueles que já **reouveram** todos os bens perdidos, que se deem por felizes!

3. a) Esse cruzamento é perigoso. **Haja vista** os acidentes que ali sempre ocorrem. (No português contemporâneo, tal expressão é invariável.)
b) Ninguém está satisfeito com os políticos. Haja vist**a** a grande abstenção na última eleição. (V. a letra *a*.)
c) Todos aqui gostam de praia, **haja vista** os meus filhos, que não saem de Ipanema. (Há quem ainda varie tal expressão; são os que estão ainda no tempo do Onça...)
d) **Prefiro** um carro a gasolina **a** um a gás. (Quem prefere já prefere milhões de vezes, pois esta ideia se encontra implícita no significado do verbo; **preferir** rege **a**, e não "do que".)
e) Esta é uma tarefa para **eu** fazer sozinho; não admito que se repartam as responsabilidades entre **mim** e outra pessoa. ("Mim" não faz nada; o sujeito de **repartir** é *as responsabilidades*, daí o v. no plural; depois de **entre** só se admite **mim** ou **ti**.)
f) Não se obt**êm** com boa qualidade reproduções de um negativo ou cópia desbotada. (Se o sujeito de **obter** é *reproduções*, só cabe usar a forma de plural.)
g) Não se **fizeram** as pazes, embora se obedecessem **a** todos os pontos do programa. (*Pazes* como sujeito leva o verbo ao plural; **obedecer** é sempre transitivo indireto.)
h) Os pol**o**neses não gostam de esfi**rr**a **nem** de qui**b**e, por causa **de** que eles são arquirrivais dos árabes. ("Polaco" é termo pejorativo; "e nem" só se usa quando está subentendida a palavra *sequer*: *Ela chegou **e nem** me telefonou*. "Por causa que" é expressão própria de quem não aproveitou a contento seus anos escolares.)
i) Tenho muito menos sorte que você: **aqui** de dentro não dá para ver nada do que acontece lá fora. (As expressões corretas não trazem duas preposições: *aqui de dentro, lá de dentro; aqui de fora, lá de cima*, etc.)
j) Engraçado, **aqui** de cima, centésimo andar, tudo parece pequenininho lá embaixo. (V. a letra *i*.)

EXERCÍCIOS PARA *não errar mais*

4. a) quinquenal – kuinkuenal
b) quinquagésimo – kuinkuagésimo
c) quatorze – catorze
d) Roraima – Roráima (A pronúncia sempre foi e sempre deverá ser **Rorâima**.)
e) quotidiano - kotidiano

5. a) Roraima – RR
b) Paraná – PR
c) Rio Grande do Sul – RGS (Há quem use essa no lugar da correta RS.)
d) Amapá – AP
e) Paraíba - PB

6. a) cardiorrespiratória
b) anti-infeccioso
c) socioeconômico
d) audiovisual
e) bucomaxilofacial
f) sobreloja
g) teleconferência
h) teletrabalho
i) tele-entrega
j) extrajudicial

7. a) osso **frontal**
b) paixão **desenfreada**
c) estudo **semântico** das palavras
d) obras **factíveis**
e) pena **imprescritível**
f) peça **indestrutível**
g) noites **insones**
h) brisas **estivais**
i) ventos **hibernais**
j) indústria **têxtil**

8. a) uma pessoa espontânea = a **espontaneidade** de uma pessoa.
b) um soldado impassível = a **impassibilidade** de um soldado.
c) uma água fria = a **frialdade** de uma água.
d) um assassino frio = a **frieza** de um assassino.
e) uma menina muda = a **mudez** de uma menina.
f) uma medida extemporânea = a **extemporaneidade** de uma medida.
g) uma pessoa leiga = a **laicidade** de uma pessoa.
h) umas crianças malcriadas = as **malcriações** (ou **más-criações**) de umas crianças.
i) uns homens estúpidos = as **estupidezes** (ou **estupidezas**) de uns homens.
j) umas mulheres grávidas = as **gravidezes** de umas mulheres. (A 6.ª ed. do VOLP registra *gravideza* como variante de *gravidez*. Pois é.)

9. a) Não **costuma** haver acidentes nesta rodovia. (O v. *haver* impessoal impede a variação de *costumar*.)
b) Quantos anos **vai** fazer amanhã que estamos juntos, Beatriz? (O v. *fazer* impessoal impede a variação de *ir*.)
c) **Deve** fazer amanhã quinze anos que estamos juntos. (V. a letra *b*.)
d) **Está** havendo muitas guerras no mundo hoje. (V. a letra *a*.)
f) **Pode** haver vários candidatos ao cargo. (V. a letra *a*.)
g) **Costuma** haver festas em Salvador todos os dias. (V. a letra *a*.)
h) Não custa levar um agasalho. **Pode** fazer dias frios no Sul. (V. a letra *b*.)

i) **Chega** a haver greves em todo o território nacional. (V. a letra *a*.)
j) A partir de amanhã **vai** fazer dias muito frios em São Paulo. (V. a letra *b*.)

10. a) conceder regalias = a **concessão** de regalias.
b) ceder os direitos = a **cessão** dos direitos.
c) ressuscitar os mortos = a **ressurreição** dos mortos.
d) rescindir o contrato = a **rescisão** do contrato.
e) extinguir um privilégio = a **extinção** de um privilégio.
f) ingerir um alimento = a **ingestão** de um alimento.
g) ingerir-se num assunto = a **ingerência** num assunto.
h) ouvir um concerto = a **audiência** de um concerto.
i) subverter a ordem = a **subversão** da ordem.
j) submeter o inimigo = a **submissão** do inimigo.

MÓDULO 32

1. Só corrija as palavras erradas:

a) mendingo b) carrocel c) base d) colisão e) coalizão f) chimarrão
g) êxito h) hesitar i) tigela j) sarjeta

2. Continue:

a) jérsei b) sutiã c) concencioso d) pacencioso e) goianense
f) gasolina g) taboada h) prazeiroso i) cortume j) brasão

3. Não há correlação adequada em:

a) pombo – columbino b) relâmpago – fulgural c) tio – avuncular
d) vento – eólio e) emoção – comoção

4. Algumas destas frases não estão de acordo com a norma padrão. "Corrija-as":

a) Que horas você entra no serviço?
b) Eu levantei agora de pouco, às 7:15 hrs., mas ainda dá tempo para mim tomar o ônibus que passa na porta de casa.
c) Somos inteiramente favorável a eleições diretas, disse o presidente.
d) Desde criança Luís tem essa pigarrinha, muito embora não fume.
e) Motorista prudente não passa veículo em lombada.
f) Os anjos são seres absolutamente intimoratos e amorais.
g) Nossa despensa está cheia de grãos, mas não sei discriminar soja de feijão.

h) Estudos ainda incipientes revelam que a cura do câncer está próxima.
i) Esse palestrista é insipiente na defesa de suas ideias.
j) Não se atenha a conjunturas, meu rapaz; procure fatos!

5. Use a forma correta do verbo em destaque:

a) A Bolívia é um dos países sul-americanos que não **possuir** saída para o mar.
b) O Brasil é um dos países sul-americanos que não **ter** fronteira com o Equador.
c) O México é um dos países latinos que **fazer** fronteira com os Estados Unidos.
d) O Chile é um dos países sul-americanos que não se **limitar** com o Brasil.
e) O Flamengo é um dos grandes clubes brasileiros que **possuir** sede na Gávea.
f) O Flamengo é um dos grandes clubes brasileiros que **possuir** sede no Rio de Janeiro.
g) O Palmeiras é um dos grandes clubes paulistanos que já **ter** uma presidenta.
h) Virgílio foi um dos que **aprender** a nadar comigo.
i) O Sol é um dos astros que **dar** luz e calor à Terra.
j) A Bahia é um dos estados brasileiros que **produzir** petróleo.

6. Acentue, quando necessário:

a) Não arruino a vida de ninguem, mas eles arruinam.
b) Não coce a ferida, senão ela arruina!
c) Grande esportista era aquele Emerson.
d) Sai dez minutos; neste interim, apareceram os ladrões.
e) Espero que voce apazigue o animo do pessoal.
f) Espero que voces averiguem muito bem esse caso.
g) Esse riacho desagua no rio Tiete.
h) Esse e um futebol onde a bola não para nunca.
i) Pelos corredores havia pelos e pelos, mas nenhum pelo branco.
j) Elas veem o que ninguem ve; a elas convem essas coisas, mas a nos não.

7. Pronuncie corretamente:

a) O fumo **intoxica** todo o organismo.
b) **Félix** viu um **condor**, e não uma **fênix**.
c) Não lance risos **gratuitos** em reuniões sérias!
d) Ainda não foi batido o **recorde** de público nesse estádio.
e) Sentir saudade é uma emoção diferente, que **aniquila** a vida da gente.
f) O incêndio foi causado por um curto-**circuito**.

g) O piloto afirmou que nunca venceu no **circuito** de Monza.
h) O **advogado** disse que cometi um **dolo**.
i) Um governo mal-intencionado **aparelha** todas as repartições públicas.
j) O **homem come** porque está com **fome**, não é mesmo, **Jonas**?

8. Dê o plural de:

a) raio ultravioleta   b) raio infravermelho   c) radiação ultravioleta
d) camisa vinho   e) um pôster

9. Algumas destas frases não estão de acordo com a norma padrão. "Corrija-as":

a) Ele já terminou de ler o jornal, no entretanto não o empresta a ninguém.
b) Muitas reses morreram por causa da epidemia de aftosa que ora grassa na região.
c) Um milhão de corintianos comemoraram o título.
d) Ficou sem teto um milhão de pessoas, depois da tempestade.
e) Foram abrigadas as milhares de pessoas que perderam suas casas com o furacão.
f) Está cheirando queimado. Talvez seje o fuzil na caixa de força.
g) Só ando e converso com gente de minha iguala.
h) Você é igual eu: caseiro.
i) Chegamos bem de viagem, em que pese o mau tempo.
j) Se você terminar de comer antes de mim, não saia da mesa!

10. Continue:

a) Os jogadores se trocaram e saíram rapidamente do vestuário.
b) No jogo ante aos poloneses, os brasileiros saíram muito bem.
c) Se você seguir por esta rua, irá ter no Largo do Paiçandu.
d) Não há como negar: as exportações brasileiras crescem a olhos vistos.
e) A pobreza desses meninos é tamanha, que só faltam comer terra!
f) Esses melões parecem que estão todos podres.
g) Luísa e Zuleica pareciam que eram amigas, mas eram inimigas fidagais.
h) Face aos problemas surgidos, não poderemos prosseguir viajem.
i) Veja que absurdo: só por causa que fiquei na rua até às dez para meia-noite, minha mãe deixou eu de castigo: não posso ir na praia no próximo fim de semana.
j) O preço dos carros nacionais estão muito caros.

EXERCÍCIOS PARA *não errar mais*

SOLUÇÕES

1. a) men**dig**o **b)** carro**ss**el **c)** base **d)** colisão **e)** coalizão **f)** chimarrão **g)** êxito **h)** hesitar **i)** tigela **j)** sarjeta

2. a) jérsei **b)** sutiã **c)** conc**i**encioso **d)** pac**i**encioso **e)** goian**i**ense **f)** gasolina **g)** tab**u**ada **h)** praz**er**oso **i)** c**u**rtume **j)** brasão

3. a) pombo – columbino **b)** relâmpago – fulgural **c)** tio – avuncular **d)** vento – eólio **e)** emoção – comoção (Há dicionários que registram *emoção* e *comoção* como sinônimas, porém, equivocadamente. Conheça a diferença consultando o **Dicionário de erros, dúvidas, dificuldades e curiosidades da língua portuguesa!**)

4. a) A que horas você entra no serviço? (Esse **a** é obrigatório, tão obrigatório quanto o acento no **a** em *cheguei à uma hora*.)
b) Eu **me** levantei agora **há** pouco, às **7h15min**, mas ainda dá tempo para **eu** tomar o ônibus que passa **à** porta de casa. (O v. **levantar** é pronominal nesse caso, não dispensa o pronome oblíquo; não existe *agora "de" pouco*; as horas se abreviam com **h**, sem *s* nem ponto e muito menos com :; "mim" nunca toma ônibus; e passar **na** porta é passar por cima dela, coisa que nenhum motorista de ônibus são fará.)
c) Somos inteiramente favorável a eleições diretas, disse o presidente. (Frase correta, onde há silepse.)
d) Desde criança Luís tem ess**e** pigarrinh**o**, **embora** não fume. (*Pigarra* é coisa de galináceos; *"muito" embora* também não existe.)
e) Motorista prudente não **ultrapassa** veículo em lombada. (É **ultrapassar** que significa *passar à frente de*.)
f) Os anjos são seres absolutamente intimoratos e amorais. (Frase correta; **intimorato** significa *puro* e **amoral**, *indiferente à moral*.)
g) Nossa despensa está cheia de grãos, mas não sei discriminar soja de feijão. (Frase correta.)
h) Estudos ainda incipientes revelam que a cura do câncer está próxima. (Frase correta; **incipientes** significa *iniciais*.)
i) Esse palest**rante** é insipiente na defesa de suas ideias. ("Palestrista" não existe; **insipiente** significa *insensato* e também *ignorante*.)
j) Não se atenha a **conjecturas**, meu rapaz; procure fatos! (É **conjecturas** que significa *suposições, probabilidades, hipóteses*; **conjuntura** é o mesmo que **situação não duradoura**: a atual conjuntura econômica do nosso país é boa?)

5. a) A Bolívia é um dos países sul-americanos que não **possuem** saída para o mar. (Como são dois os países sul-americanos que não possuem saída para o mar, o verbo tem de ir ao plural.)
b) O Brasil é um dos países sul-americanos que não **têm** fronteira com o Equador. (Como são vários os países sul-americanos que não têm fronteira com o Equador, o verbo tem de ir ao plural.)
c) O México é um dos países latinos que **fazem** fronteira com os Estados Unidos. (Como são dois os países latinos que fazem fronteira com os Estados Unidos, o verbo tem de ir ao plural.)
d) O Chile é um dos países sul-americanos que não se **limitam** com o Brasil. (Como são dois os países sul-americanos que não se limitam com o Brasil, o verbo deve ir ao plural.)
e) O Flamengo é um dos grandes clubes brasileiros que **possui** sede na Gávea. (Como o único clube brasileiro que possui sede na Gávea é o Flamengo, o verbo fica no singular.)

f) O Flamengo é um dos grandes clubes brasileiros que **possuem** sede no Rio de Janeiro. (Como o Flamengo é um dos vários grandes clubes brasileiros que possuem sede no Rio de Janeiro, o verbo tem de ir ao plural.)
g) O Palmeiras é um dos grandes clubes paulistanos que já **tiveram** uma presidenta. (Como o Palmeiras não foi o único dos grandes clubes paulistanos que já tiveram uma presidenta, o verbo tem de ir ao plural.)
h) Virgílio foi um dos que **aprenderam** a nadar comigo. (Aqui é mais fácil: a expressão **um dos que** sempre leva o verbo ao plural.)
i) O Sol é um dos astros que **dá** luz e calor à Terra. (O Sol é o único astro que dá luz e calor à Terra; portanto, verbo no singular.)
j) A Bahia é um dos estados brasileiros que **produzem** petróleo. (A Bahia é o único estado brasileiro que produz petróleo?)

6. a) Não arru**í**no a vida de ninguém, mas eles arru**í**nam.
b) Não coce a ferida, senão ela arru**í**na!
c) Grande esportista era aquele Êmerson. (Se o nome tem acento circunflexo, como se explica dizerem "émerson"?)
d) Sa**í** dez minutos; neste **í**nterim, apareceram os ladrões.
e) Espero que voc**ê** apazigue (ou **apazígue**) o **â**nimo do pessoal.
f) Espero que vocês averiguem (ou **averíguem**) muito bem esse caso.
g) Esse riacho desagua (ou **deságua**) no rio Tiete.
h) Esse **é** um futebol onde a bola não para nunca.
i) Pelos corredores havia pelos e pelos, mas nenhum pelo branco.
j) Elas veem o que ningu**é**m v**ê**; a elas conv**ê**m essas coisas, mas a nós não.

7. a) O fumo **intoksica** todo o organismo.
b) **Félis** viu um **condôr**, e não uma **fênis**. (Na língua cotidiana, porém, só ouvimos "Féliks" e "fêniks".)
c) Não lance risos **gratúitos** em reuniões sérias!
d) Ainda não foi batido o **recórde** de público nesse estádio.
e) Sentir saudade é uma emoção diferente, que **anikila** a vida da gente.
f) O incêndio foi causado por um curto-**circúito**.
g) O piloto afirmou que nunca venceu no **circúito** de Monza.
h) O **ád'vogado** disse que cometi um **dólo**.
i) Um governo mal-intencionado **aparêlha** todas as repartições públicas.
j) O **hômem côme** porque está com **fôme**, não é mesmo, **Jônas**? (Na língua cotidiana, porém, só ouvimos "ómem, cóme, fóme, Jónas".)

8. a) raios ultravioleta*   b) raios infravermelhos   c) radiações ultravioleta   d) camisas vinho   e) dois pôsteres
***Ultravioleta** não varia por causa do elemento substantivo que entra em sua formação.

9. a) Ele já **acabou** de ler o jornal, no **entanto** não o empresta a ninguém. ("Terminar" não se usa antes de infinitivo; a locução é **no entanto**, equivalente de *entretanto*.)
b) Muitas reses morreram por causa da **epizootia** de aftosa que ora grassa na região. (*Epidemia* é ocorrência entre pessoas; **epizootia**, entre animais.)
c) Um milhão de corintianos **comemorou** o título. (*Um milhão* não leva o verbo ao plural NUNCA!)

d) Ficou sem teto um milhão de pessoas, depois da tempestade. (Frase corretíssima. Quem usa "ficaram" numa frase dessas não pensa, não raciocina, não é pessoa intelectualmente confiável.)
e) Foram abrigad**os os** milhares de pessoas que perderam suas casas com o furacão. (**Milhar** é palavra masculina, apesar da mídia brasileira...)
f) Está cheirando **a** queimado. Talvez seja o fuzil na caixa de força. (**Cheirar** é v. transitivo indireto; "seje" não existe.)
g) Só ando e converso com gente de minha **igualha**. ("Iguala", comum na boca de incautos, não existe.)
h) Você é igual **a mim**: caseiro. (**Igual** pede pronome oblíquo, e não reto.)
i) Chegamos bem de viagem, em que pese **a**o mau tempo. (A locução é *em que pese a*, prepositiva.)
j) Se você **acabar** de comer antes de mim, não saia da mesa! (V. a letra *a*.)

10. a) Os jogadores **trocaram de roupa** e saíram rapidamente do vestiário. (Na verdade, ninguém "se troca", mas troca de roupa; **vestiário** é o lugar onde as pessoas se vestem.)
b) No jogo **ante os** poloneses, os brasileiros **se** saíram muito bem. (**Ante** não se usa com "a" posposto; o v. é **sair-se** nesse caso, ou seja, é rigorosamente pronominal.)
c) Se você seguir por esta rua, irá ter **a**o Largo do Paiçandu. (A expressão **irá ter** exige *a*.)
d) Não há como negar: as exportações brasileiras crescem a olhos vistos. (Frase correta: **a olhos vistos** é expressão invariável.)
e) A pobreza desses meninos é tamanha, que só **falta comerem** terra! (Aqui só acerta quem raciocina ou quem faz análise sintática: o que só falta? os meninos comerem terra é o que só falta. Portanto, verbo no singular, porque o sujeito é uma oração reduzida de infinitivo.)
f) Esses melões **parece** que estão todos podres. (A ordem direta desta frase é esta: *Parece que esses melões estão todos podres*.)
g) Luísa e Zuleica **parecia** que eram amigas, mas eram inimigas **figadais**. (V. a letra *f* e encontre a ordem direta dessa frase; não existe no mundo inimigo "fidagal".)
h) **Em face d**os problemas surgidos, não poderemos prosseguir via**g**em. (A verdadeira locução é **em face de**, que "adevogados" preferem substituir por "face a", inexistente; **viagem**, substantivo, se grafa com **g**.)
i) Veja que absurdo: só por causa **de** que fiquei na rua até às dez para **a** meia-noite, minha mãe **me** deixou de castigo: não posso ir **à** praia no próximo fim de semana. ("Por causa que" é expressão simplória; **meia-noite** exige artigo; "deixou eu" é construção de gente que não frequentou escola; ir **à** praia é bem melhor que ir "na" praia...)
j) O preço dos carros nacionais **está** muito **alto**. (Se o sujeito está no singular, o verbo tem de ficar no singular; e *preço* nunca é "caro", mas **alto**.)

MÓDULO 33

1. Só corrija as palavras erradas:

a) cedro b) siso c) sisudo d) moringa d) seringa e) toucinho
f) ponteagudo g) friso h) tarraxa i) estrambótico j) efeminado

2. Só acentue as palavras que necessária e absolutamente **devam receber acento gráfico:**

a) odio b) ansia c) silencio d) ortoepia e) cacoepia f) sitio g) caqui
h) estrategia i) sabia j) celtiberos

3. Algumas destas frases não estão de acordo com a norma padrão. "Corrija-as":

a) Quantas mãos de tinta o pintor deu nessa parede?
b) Essa lei privilegia os banqueiros, em detrimento aos trabalhadores.
c) Um carro-bomba fez voar pelos ares a embaixada russa na Síria.
d) Deus lhe pague! Deus lhe ajude!
e) Deus lhe abençoe! Deus lhe ilumine!
f) Quando chegamos, o pessoal já saíra havia meia hora.
g) Achei caros as casas e os apartamentos.
h) Creusa mantinha sempre limpos a pele e os cabelos.
i) Você marcou má hora e lugar para nos encontrarmos.
j) Conservem-se o mais limpos possível!

4. Complete os espaços com este **ou** esse (e suas variações), **conforme convier:**

a) N... vida acontece de tudo.
b) D... vida nada se leva.
c) O único país em que circula o real é ...
d) Um dia d... caiu um meteorito em minha fazenda.
e) Quem sabe se num dia d... não cairá outro?
f) Judite, ... teus olhos verdes são os mais lindos que já vi n... vida.
g) ... ano que passou foi ruim; mas ... que começa poderá ser melhor.
h) Quem é doido de sair à rua com um frio d...?
i) Venha a ... supermercado, se quiser comprar barato!
j) Juro! Vi a mula sem cabeça! Com ... olhos!

5. Use a forma adequada dos verbos em destaque:

a) O governo só se pronunciará quando a oposição **propor** os nomes para as eleições.

EXERCÍCIOS PARA *não errar mais*

b) Não acredito que alguém ainda **remediar** essa situação.
c) Quem **fazer** algazarra na sala poderá ser castigado.
d) Quem **ver** primeiro o óvni deverá fotografá-lo.
e) Na hora que eu **pôr** a mão nesse dinheiro, irei fazer mil viagens.
f) Todos esperam que esse fato se **consumar** logo.
g) Todos pedem que eu **consumir** logo esse dinheiro ganho na loteria.
h) Quando vocês **vir** aqui, eu irei embora.
i) Quando nós **vir** aqui, ela irá embora.
j) Quando eu **ver** que isso vai acontecer, tomarei as providências cabíveis.

6. Faça a distinção de sexo, usando o meio de que nossa língua dispõe:

a) a pulga   b) o sapo   c) o ilhéu   d) o lavrador   e) o patriarca   f) o cupim
g) o jacaré   h) o gorila   i) o bacharel   j) o puma

7. Substitua as expressões em destaque por uma palavra de sentido equivalente:

a) **Pouco a pouco** a chuva para.
b) O motorista agiu **com mestria**.
c) A rádio toca música **sem interrupção**.
d) Todos falavam **ao mesmo tempo**.
e) Ele abate animais **sem piedade**.
f) Ele envelheceu **antes do tempo**.
g) Povo **que adora um só deus**.
h) Não existe homem **que não falha**.
i) Homem **que começa a ter pelos**.
j) Objeto **que desprende calor**.

8. Algumas destas frases não estão de acordo com a norma padrão. "Corrija-as":

a) Carla foi a melhor caixa que trabalhou com nós, bancários.
b) No quartel havia uma coronela que era excelente pilota de avião de caça.
c) O circo trazia como atração duas elefoas e uma faisoa.
d) Cármen, além de soldada, é excelente mecânica.
e) Teresa era a minha chefa naquela época.
f) Sou uma pessoa que gosta de futebol.
g) Jamais serei um profissional que não cumprirei meus deveres.
h) Não éramos nós quem fazia o almoço.
i) Ivã comprou uma Mercedes-Benz e uma BMW.
j) A apresentação de emendas é um direito individual de cada um dos parlamentares.

9. Complete convenientemente:

a) Quando Teresinha se levantou, eu também ...
b) Quando Manuel se abaixou, eu também ...
c) Quando Jeni se deitou, nós também ...
d) Quando eles se enfureceram, nós também ...
e) Quando eles se desavieram, eu também ...

10. Em cada série abaixo existe apenas uma palavra incorreta. Encontre-a:

a) decascar - imbuia - zoeira - lampião - campeão
b) açúcar - discípulo - decente - discente - prezépio
c) feliz - açucena - esplendor - pichação - mixto
d) embigo - camurça - cadalço - alazão - xisto
e) cumiada - excremento - carniça - berço - quis
f) siriema - proeza - maisena - injeção - azia
g) exótico - casemira - êxtase - baço - assessoria
h) imundice - tocha - faixa - fossa - eletrecista
i) exegese - franzinho - através - quota - mixuruca
j) usado - azo - base - fase - longíquo

SOLUÇÕES

1. a) cedro **b)** siso **c)** sisudo **d)** moringa **d)** seringa **e)** toucinho* **f)** pontiagudo **g)** friso **h)** tarraxa **i)** estrambótico** **j)** efeminado***
*Toucinho e *toicinho* são formas variantes.
** *Estrambólico* é forma popular.
****Efeminado* e *afeminado* são formas variantes.

2. a) ódio **b)** ânsia **c)** silencio **d)** ortoepia **e)** cacoepia **f)** sitio **g)** caqui **h)** estratégia **i)** sabia **j)** celtiberos

3. a) Quantas mãos de tinta o pintor deu nessa parede? (Na língua cotidiana usa-se **mão** por **demão**.)
b) Essa lei privilegia os banqueiros, em detrimento **d**os trabalhadores. (A locução é em detrimento **de**, e não em detrimento "a".)
c) Um carro-bomba fez **ir** pelos ares a embaixada da Rússia na Síria. (Voar "pelos ares" constitui visível redundância.)
d) Deus lhe pague! Deus lhe ajude! (Frases corretas, porque ambos os verbos são transitivos indiretos para pessoa.)
e) Deus lhe abençoe! Deus lhe ilumine! (Aqui já é diferente: ambos os verbos são transitivos diretos; portanto, o pronome oblíquo a ser usado é **o** ou **a**.)
f) Quando chegamos, o pessoal já saíra havia meia hora. (Frase correta: com o verbo **sair** no pretérito mais-que-perfeito do indicativo, o v. **haver** tem de ser usado no pretérito imperfeito desse modo.)

g) Achei caros as casas e os apartamentos. (Frase correta: **caros**, como predicativo do objeto, tem de estar no masculino em virtude de *apartamentos* estar nesse gênero.)
h) Creusa mantinha sempre limpos a pele e os cabelos. (Caso idêntico ao anterior, em que **limpos** é predicativo do objeto.)
i) Você marcou má hora e lugar para nos encontrarmos. (Frase correta, em que o adjetivo, **má**, concorda com o substantivo mais próximo, independentemente do gênero do outro.)
j) Conservem-se o mais limpos possível! (Frase correta: **o mais possível** é uma expressão invariável; se, porém, o artigo aparecer no plural, possível varia. Ex.: *Colhi frutas **as** mais maduras **possíveis**.*)

4. a) **Nesta** vida acontece de tudo. (Alguém que use "nessa" em tal frase estará referindo-se a outra vida...)
b) **Desta** vida nada se leva. (V. a letra *a*.)
c) O único país em que circula o real é **este**. (O país em que vivemos sempre é **este**.)
d) Um dia d**esses** caiu um meteorito em minha fazenda. (*Um dia **desses*** se usa para o que passou.)
e) Quem sabe se num dia d**estes** não cairá outro? (*Um dia **destes*** se usa para o que virá.)
f) Judite, **esses** teus olhos verdes são os mais lindos que já vi n**esta** vida. (Não tem cabimento usar "estes" no primeiro caso nem muito menos "nessa" no segundo.)
g) **Esse** ano que passou foi ruim; mas **este** que começa poderá ser melhor. (A frase é autoexplicativa.)
h) Quem é doido de sair à rua com um frio d**estes**? (O frio está sendo sentido pela pessoa que fala; não pode ser, então, *um frio "desses"*, que indicaria um frio distante.)
i) Venha a **este** supermercado, se quiser comprar barato! (Se o convite está sendo feito de um local, cabe apenas o uso de **este** ou **esta**: *Venha a **esta** farmácia, onde os preços são baixos!*)
j) Juro! Vi a mula sem cabeça! Com **estes** olhos! (Quem usasse "esses" neste caso estaria fazendo referência aos olhos de outra pessoa.)

5. a) O governo só se pronunciará quando a oposição **propuser** os nomes para as eleições.
b) Não acredito que alguém ainda **remedeie** essa situação. (O v. **remediar** conjuga-se por *mediar*.)
c) Quem **fizer** algazarra na sala poderá ser castigado.
d) Quem **vir** primeiro o óvni deverá fotografá-lo.
e) Na hora que eu **puser** a mão nesse dinheiro, irei fazer mil viagens.
f) Todos esperam que esse fato se **consume** logo.
g) Todos pedem que eu **consuma** logo esse dinheiro ganho na loteria.
h) Quando vocês **vierem** aqui, eu irei embora.
i) Quando nós **viermos** aqui, ela irá embora.
j) Quando eu **vir** que isso vai acontecer, tomarei as providências cabíveis.

6. a) a pulga macho/a pulga fêmea b) o sapo/a sapa c) o ilhéu/a ilhoa d) o lavrador/a lavradeira e) o patriarca/a matriarca f) o cupim/a arará g) o jacaré macho/o jacaré fêmea h) o gorila macho/o gorila fêmea i) o bacharel/a bacharela j) o puma macho/o puma fêmea
(Há quem "ensine" que o feminino de sapo é "rã"; note que, nos nomes epicenos, o gênero do substantivo não muda no feminino: o jacaré macho/**o** jacaré fêmea. Há quem use "a" gorila e a "bacharel".)

7. a) **Paulatinamente** a chuva para.
b) O motorista agiu **magistralmente**.
c) A rádio toca música **ininterruptamente**.
d) Todos falavam **simultaneamente** (ou **concomitantemente**).
e) Ele abate animais **impiedosamente**.
f) Ele envelheceu **precocemente**.
g) Povo **monoteísta**.
h) Não existe homem **infalível**.
i) Homem **púbere**.
j) Objeto **exotérmico**.

8. a) Carla foi a melhor caixa que trabalhou com nós, bancários. (Frase correta; usa-se **com nós** quando há palavra reforçativa, no caso *bancários*.)
b) No quartel havia uma coronela que era excelente pilota de avião de caça. (Frase correta; mesmo no âmbito militar, não tem cabimento "*a coronel*"; a mídia brasileira usa "a piloto", escancarando-nos todo o seu desconhecimento da língua.)
c) O circo trazia como atração duas **elefantas** e uma faisoa. (O feminino de **elefante** nunca foi "elefoa", embora muitos tenham "ensinado" assim por muito tempo.)
d) Cármen, além de soldada, é excelente mecânica. (Frase corretíssima, contrariando os que preferem usar "a soldado"; mas ninguém tem coragem de usar "a mecânico"...)
e) Teresa era a minha chef**e** naquela época. (Em português sério, **chefe** é nome comum de dois: *o chefe/a chefe*; já em português mambembe se usa largamente "chefa". Qual o seu?)
f) Sou uma pessoa que gosta de futebol. (Frase correta; a expressão *uma ... que* exige o verbo na 3.ª pessoa do singular.)
g) Jamais serei um profissional que não **cumprirá seus** deveres. (V. a letra *f*.)
h) Não éramos nós quem fazia o almoço. (Frase correta: **quem** deixa o verbo na 3.ª pessoa do singular. Essa frase, em outra ordem fica: *Quem fazia o almoço não éramos nós*. Alguém admite usar "fazíamos" aqui?)
i) Ivã comprou **um** Mercedes-Benz e **um** BMW. (Nome de automóvel é sempre masculino.)
j) A apresentação de emendas é um direito individual dos parlamentos. Ou: é um direito de cada um dos parlamentares. (Há visível redundância em "individual de cada um".)

9. a) Quando Teresinha se levantou, eu também **me levantei**.
b) Quando Manuel se abaixou, eu também **me abaixei**.
c) Quando Jeni se deitou, nós também **nos deitamos**.
d) Quando eles se enfureceram, nós também nos enfurecemos.
e) Quando eles se desavieram, eu também **me desavim**.

10. a) **descascar** - imbuia - zoeira - lampião - campeão
b) açúcar - discípulo - decente - discente - **presépio**
c) feliz - açucena - esplendor - pichação - **misto**
d) embigo* - camurça - **cadarço** - alazão - xisto
e) **cumeada** - excremento - carniça - berço - quis
f) **seriema** - proeza - maisena - injeção - azia
g) exótico - **casimira** - êxtase - baço - assessoria
h) imundice** - tocha - faixa - fossa - **eletricista**
i) exegese - **franzino** - através - quota - mixuruca
j) usado - azo - base - fase - **longínquo**

Embigo é forma popular aceita pelo VOLP.
**Imundice, imundícia* e *imundície* são, todas três, formas variantes.

MÓDULO 34

1. Só corrija as palavras erradas:

a) suscitar   b) sucinto   c) chafariz   d) chafurdar   e) pograma
f) poblema   g) procrastinar   h) proguedir   i) guspo   j) areoplano

2. Só acentue as palavras que necessária e absolutamente **devam receber acento gráfico:**

a) projetil   b) reptil   c) residuo   d) xara   e) jaca   f) tuim   g) ruim
h) gratuito   i) circuito   j) ariete

3. Algumas destas frases não estão de acordo com a norma padrão. "Corrija-as":

a) No norte do Brasil fica, entre outros países, o Suriname.
b) Essa é a mulher que sempre sonhei.
c) Amanhã já é dois de dezembro. Como passa os dias!
d) Eu, assim como vocês, viajaremos de primeira classe.
e) Vocês, bem como eu, viajarei na classe executiva.
f) Quanto é hoje? Dez ou onze de maio?
g) Meus vizinhos possuem muitas casas de aluguel: tratam-se dos maiores locatários da cidade.
h) Há vários anos isso não acontecia por aqui.
i) Lurdes virou a blusa no avesso para esconder a sujeira.
j) Embora sendo pobre, doou mil reais ao orfanato.

4. Não há correlação adequada em:

a) nuca – occipital   b) nádegas – glúteo   c) milico – meganha   d) ganso – anserino   e) Correio – postal

5. Deixe as frases gramaticalmente íntegras:

a) Vendi o televisor ... cores e saí ... férias.
b) ... estará ela ... estas horas?
c) Jeni ... supermercado e não encontrava nada, mas ... feira e encontrava tudo.
d) Selma não ... praia ultimamente.
d) Eu não ... cinema hoje porque o filme não é bom.
e) Prefiro praia ... piscina, areia ... cloro.
f) É preferível morrer ... se render, ficar solteiro ... casar.
g) A reunião foi realizada ... nível de diretoria.
h) O Muro de Berlim caiu no final dos anos ...

i) Quantos anos ... amanhã que estamos namorando, Marisa?
j) Quantos anos ... hoje que estamos namorando, Juçara?

6. Algumas destas frases não estão de acordo com a norma padrão. "Corrija-as":

a) Teresa, minha benzinha, roupa que seca no sol seca no vento também.
b) Como você chama, rapaz? Aonde você mora?
c) Você já pagou o colégio este mês? Se não o pagou, não vai poder fazer a prova mensal.
d) O boiadeiro destrinchou muito bem a rês.
e) O professor destrinçou muito bem o assunto, fazendo com que todos o compreendessem.
f) Decolou somente três aviões hoje desse aeroporto. Todos os três caíram no mar.
g) Suas filhas são – disparadas – mais inteligentes que as minhas.
h) Procure não exceder dos limites de velocidade máxima permitida nas rodovias!
i) Não se pode exceder de 600kg neste elevador.
j) Meu time é um caso seriíssimo: não ganha jogo nenhum!

7. Complete as frases com uma das palavras ou expressões propostas entre parênteses:

a) O reitor ... a matrícula do aluno. (diferiu – deferiu)
b) Foi ... a confusão que ele quis arrumar. (flagrante – fragrante)
c) O diretor é um homem de muita ... (discreção – discrição)
d) ... retornar, ela seguiu em frente. (Ao invés de – Em vez de)
e) Ninguém ... socialmente sem muito esforço. (acende – ascende)
f) Os dissidentes políticos soviéticos eram ... para a Sibéria. (degradados – degredados)
g) É ... a dívida interna brasileira. (vultosa – vultuosa)
h) Quem veio ... ajudar gostou; quem veio ... perturbar não. (a fim de – afim de)
i) Ninguém ... o deputado de corrupto. (taxou – tachou)
j) Todos ... o ministro de muito sagaz. (taxaram – tacharam)

8. Passe para o plural o que está em destaque, fazendo todas as alterações necessárias:

a) Aconteceu no domingo muito **jogo** importante pelo campeonato.
b) Ocorre muito **acidente** nesta rodovia.
c) Para você conseguir o passaporte, ainda falta outro **documento**.
d) Faz um **ano** que ela não me escreve nem me telefona.
e) Existe, por acaso, **vida** em outro **planeta**?

EXERCÍCIOS PARA *não errar mais*

f) Haverá **vida** em **planeta** tão distante?
g) Já houve **pessoa** que acreditou que a Terra é plana.
h) Faz **dia** lindo por aqui no verão.
i) O **bate-papo** acabou em quebra-quebra.
j) Veja a alegria dessa **criança**; trata-se de meu **filho**.

9. Em cada série abaixo existe apenas uma palavra incorreta. Encontre-a:

a) vagem - pagem - gorjeio - lixa - graxa
b) receioso - asseado - recheado - vez - nicho
c) demostrar - meretríssimo - freguesia - princesa - poetisa
d) protogonista - esvaziar - sanhaço - babaçu - triz
e) disperdício - disenteria - piscina - písceo - atrás
f) estrupício - efervecente - cortesia - tricampeão - inglesia
g) delapidar - distilaria - rechaçar - berinjela - jeito
h) estigmatismo - mochila - sarjeta - bueiro - coxixo
i) anis - cuscus - salsicha - tição - bucha
j) cabeçário - salafrário - isósceles - moela - goela

10. Algumas destas frases não estão de acordo com a norma padrão. "Corrija-as":

a) As inscrições para o concurso ainda não foram abertas.
b) Foi assinado o acordo brasileiro-paraguaio.
c) O patrão está para Manaus, mas retorna amanhã.
d) Os policiais exorbitaram-se de suas funções.
e) A situação do ex-presidente complica cada vez mais.
f) A garotinha, cujo o pai acabou de falecer, está passando mal.
g) Possa ser que amanhã eu vá à praia.
h) Não deve ser condenado quem elabora em erro.
i) Estou curioso por saber como eles estão de saúde.
j) Estimo em vê-la com saúde, Luísa.

SOLUÇÕES

1. a) suscitar b) sucinto c) chafariz d) chafurdar e) pr**o**grama f) pr**o**blema g) procrastinar h) pr**o**gredir i) **c**uspo* j) **aero**plano
*Cuspo tem cuspe como variante.

2. a) projetil b) reptil c) res**í**duo d) xar**á** e) jaca f) tuim g) ruim h) gratuito i) circuito **j)** ar**í**ete

3. a) **Ao** norte do Brasil fica, entre outros países, o Suriname. (**No** norte do Brasil ficam vários estados, mas não o Suriname, que fica **ao** norte de nossas fronteiras.)

b) Essa é a mulher **com quem** sempre sonhei. (Quem sonha, sonha **com** alguém; usa-se **quem** para pessoas.)
c) Amanhã já **são** dois de dezembro. Como passa**m** os dias! (Se aparecer a palavra *dia*, o verbo, naturalmente, fica no singular: *Amanhã já é dia dois de dezembro*. Os dias sempre passa**m**...)
d) Eu, assim como vocês, **viajarei** de primeira classe. (A concordância se faz com o primeiro elemento, quando está presente a expressão *assim como* ou *bem como*.)
e) Vocês, bem como eu, **viajarão** na classe executiva. (V. a letra *d*.)
f) Quanto**s são** hoje? Dez ou onze de maio? (A pergunta sempre se faz no plural. Outro caso: Que hora**s são**?)
g) Meus vizinhos possuem muitas casas de aluguel: **trata**-se dos maiores locatários da cidade. (Tenho insistindo aqui neste caso, porque os jornalistas brasileiros só usam no plural o v. **tratar**, em situações semelhantes. Nunca se usa no plural *tratar-se de*.)
h) **Havia** vários anos isso não acontecia por aqui. (Se **acontecer** está no pretérito imperfeito, o v. **haver** tem de estar também nesse tempo.)
i) Lurdes virou a blusa **do** avesso para esconder a sujeira. (Existem duas expressões corretas: **do avesso** e **pelo avesso**; *"no" avesso* é invenção.)
j) Embora **seja** pobre, doou mil reais ao orfanato. (Com *embora* não se usa gerúndio; se quiser usá-lo, substitua *embora* por **mesmo**: *Mesmo sendo pobre, ...*)

4. a) nuca – occipital b) nádegas – glúteo **c)** milico – meganha d) ganso – anserino
e) Correio – postal
(*Milico* é o que o povo chama qualquer soldado da polícia militar; *meganha* é qualquer membro da polícia civil.)

5. a) Vendi o televisor **em** cores e saí **de** (ou **em**) férias.
b) **Onde** estará ela **a** estas horas?
c) Jeni **ia ao** supermercado e não encontrava nada, mas **ia à** feira e encontrava tudo.
d) Selma não **tem ido à** praia ultimamente.
d) Eu não **vou ao** cinema hoje porque o filme não é bom.
e) Prefiro praia **a** piscina, areia **a** cloro.
f) É preferível morrer **a** se render, ficar solteiro **a** casar.
g) A reunião foi realizada **em** nível de diretoria.
h) O Muro de Berlim caiu no final dos anos **oitentas**. (Há os que se espantam com este plural, corretíssimo! Os portugueses legítimos que o digam!)
i) Quantos anos **faz** (ou **fará**) amanhã que estamos namorando, Marisa? (O v. **fazer** em orações temporais é impessoal.)
j) Quantos anos **faz** hoje que estamos namorando, Juçara? (V. a letra **i**.)

6. a) Teresa, **meu** benzinho, roupa que seca **ao** sol seca **ao** vento também. (**Meu bem** ou **meu benzinho** serve tanto para homem quanto para mulher; é bem mais confortável qualquer coisa secar **ao** sol que **no** sol...)
b) Como você **se** chama, rapaz? **Onde** você mora? (O v. **chamar** é pronominal neste caso; *aonde* só se usa com verbos que dão ideia de movimento; *morar* não dá.)
c) Você já pagou **ao** colégio este mês? Se não **lhe** pagou, não vai poder fazer a prova mensal. (*Colégio*, neste caso, está por ***dono** do colégio*, mesmo porque você não teve a intenção de comprar a escola...)
d) O boiadeiro **trinchou** muito bem a rês. (**Trinchar** que significa *cortar carne em fatias*.)
e) O professor destrinçou muito bem o assunto, fazendo com que todos o

EXERCÍCIOS PARA *não errar mais*

compreendessem. (Frase correta; **destrinçar** significa *expor minuciosamente, esmiuçar*; o povo, no entanto, usa *destrinchar*.)
f) **Decolaram** somente três aviões hoje desse aeroporto. **Todos três** caíram no mar. (O sujeito de *decolar* é aviões, portanto, plural; **todos três**, e não *todos "os" três*, porque já houve menção dos substantivos a que esse *três* se refere.)
g) Suas filhas são – **disparado** – mais inteligentes que as minhas. (**Disparado** não varia quando significa *de longe*.)
h) Procure não exceder **os** (ou **aos**) limites de velocidade máxima permitida nas rodovias! (**Exceder** não se usa com "de".)
i) Não se pode **exceder 600kg** (ou **a 600kg**) neste elevador. (V. a letra *h*.)
j) Meu time é um caso seriíssimo: não ganha jogo nenhum! (Frase correta; o superlativo sintético de **sério** traz dois **ii**.)

7. a) O reitor **deferiu** a matrícula do aluno. (diferiu – deferiu)
b) Foi **flagrante** a confusão que ele quis arrumar. (flagrante – fragrante)
c) O diretor é um homem de muita **discrição**. (discreção – discrição)
d) **Ao invés de** (ou **Em vez de**) retornar, ela seguiu em frente. (Ao invés de – Em vez de) (O irrecomendável é usar "ao invés de" quando não há ideia de antonímia; portanto, **em vez de** se usa em qualquer caso.)
e) Ninguém **ascende** socialmente sem muito esforço. (acende – ascende)
f) Os dissidentes políticos soviéticos eram **degredados** para a Sibéria. (degradados – degredados)
(*Degradado* é aviltado; **degredado** é que significa desterrado.)
g) É **vultosa** a dívida interna brasileira. (vultosa – vultuosa)
(**Vultosa** = de grande vulto.)
h) Quem veio **a fim de** ajudar gostou; quem veio **a fim de** perturbar não. (a fim de – afim de) (É **a fim de** que equivale a *para*.)
i) Ninguém **tachou** o deputado de corrupto. (taxou – tachou)
(Quando há ideia pejorativa, usa-se **tachar**; quando não há, prefere-se *taxar*.)
j) Todos **taxaram** o ministro de muito sagaz. (taxaram – tacharam)

8. a) **Aconteceram** no domingo muito**s jogos** importante**s** pelo campeonato.
b) Ocorre**m** muitos **acidentes** nesta rodovia.
c) Para você conseguir o passaporte, ainda falta**m** outro**s documentos**.
d) Faz **dois anos** que ela não me escreve nem me telefona.
e) Existe**m**, por acaso, **vidas** em outro**s planetas**?
f) Haverá **vidas** em **planetas** tão distante**s**?
g) Já houve **pessoas** que acredit**aram** que a Terra é plana.
h) Faz **dias** lindo**s** por aqui no verão.
i) O**s** bate-papo**s** acab**aram** em quebra-quebra**s** (ou *quebras-quebras*).
j) Veja a alegria dessa**s crianças**; trata-se de **meus filhos**. (Você está cansado de saber que *tratar-se de* não varia.)

9. a) va**g**em - pa**j**em - gor**j**eio - li**x**a - gra**x**a
b) rec**eo**so - ass**ea**do - rech**ea**do - v**ez** - ni**ch**o
c) demo**s**trar* - mer**ití**ssimo - fregue**s**ia - prince**s**a - poeti**s**a
d) prot**ag**onista - e**s**vaziar - san**h**aço - babaçu - tri**z**
e) de**s**perdício - di**s**enteria - pi**s**cina - pí**s**ceo - atrá**s**
f) estrupício - eferve**s**cente - corte**s**ia - tricampeão - inglesia**
g) d**i**lapidar - d**e**stilaria - rechaçar - berinjela*** - jeito

h) estigmatismo**** - mochila - sarjeta - bueiro - co**ch**icho
i) anis - cuscu**z** - salsicha - tição - bucha
j) cabeç**alho** - salafrário - isósceles - moela - goela
Demostrar é variante de *demonstrar*.
**Inglesia* e *ingresia* são formas variantes.
***O VOLP registra **berinjela**, mas a forma *beringela* não pode ser considerada errônea.
****Estigmatismo* e *astigmatismo* são formas variantes.

10. a) As inscrições **ao** concurso ainda não foram abertas. (*Inscrição* se faz **a**, e não "para".)
b) Foi assinado o acordo **brasilo**-paraguaio. (Em adjetivo composto, *brasileiro* se reduz a **brasilo-**, quando usado como primeiro elemento, algo que nossos jornalistas desconhecem.)
c) O patrão está **em** Manaus, mas retorna amanhã. (Estar "para" algum lugar é invenção popular.)
d) Os policiais **exorbitaram** de suas funções. (O v. **exorbitar** não é pronominal.)
e) A situação do ex-presidente **se** complica cada vez mais. (O v. **complicar** é pronominal.)
f) A garotinha, **cujo pai** acabou de falecer, está passando mal. (Não se usa artigo depois de *cujo*.)
g) **Pode** ser que amanhã eu vá à praia. ("Possa ser" é invenção, principalmente de nordestino.)
h) Não deve ser condenado quem **labora** em erro. (**Laborar** significa *incorrer*.)
i) Estou curioso **de** saber como eles estão de saúde. (*Curioso* rege **de**; ninguém é curioso "por".)
j) Estimo vê-la com saúde, Luísa. (Ninguém estima "em" ver ninguém.)

MÓDULO 35

1. Só corrija as palavras erradas:

a) madeireira   b) xarope   c) xícara   d) chabu   e) barberagem
f) carqueja   g) mostrengo   h) obsessão   i) obcecado   j) estrumbicar-se

2. Só acentue as palavras que necessária e absolutamente **devam** receber acento gráfico:

a) zangão   b) azedo   c) mister   d) teia   e) ateia   f) amnesia   g) pais
h) necropsia   i) autopsia   j) coa

3. Complete convenientemente:

a) Senhor ministro, gostaria de ... fazer uma pergunta: ... Excelência acredita mesmo que ... Majestade, o rei, virá com toda a ... corte?
b) Sendo o carnaval uma das festas ... mais gosto, achei preferível ir ... avenida ... ir para o retiro.

c) As armas ... dispomos e as tropas ... contamos não permitem pensarmos em vitória.
d) O guarda pediu ao motorista ... se identifica...
e) Esses técnicos são excelentes, ... colaboração não podemos prescindir.
f) O trabalho ... ele se dedica é dos mais louváveis, por isso receberá o prêmio ... lhe falei.
g) O time ... você torce não é o mesmo ... eu torço.
h) Após ... interrupção, o juiz procedeu ... leitura da sentença.
i) Após ... briga de torcida, o juiz encerrou o jogo.
j) As declarações do réu, por si ..., já bastam para condená-lo.

4. Não há correlação adequada em:

a) paisinho – paizinho   b) jornal – jornada   c) borboleta – panapaná
d) galo – alectório   e) morte – letal

5. Algumas destas frases não estão de acordo com a norma padrão. "Corrija-as":

a) Tachar de covarde esse homem é o mesmo que tachar Tarzã de marica!
b) Quando entrei de sócio no Palmeiras, quem jogava de goleiro ainda era Leão. Faça as contas: quantos anos fazem?
c) Não cabe, infelizmente, mais dois no carro. Assim, vocês tem de tirar a sorte: quem vencer, irá com nós assistir o jogo.
d) Não saia na rua depois de dez horas da noite, porque estão havendo muitos assaltos por aí!
e) Com os filhos de Heli aconteceu um fato interessante: a menina puxou o pai, e o garoto puxou a mãe.
f) Que tal meu novo óculos, Josina? Não é moderno?
g) Nunca visei propósitos escusos; muito ao contrário, sempre visei o bem deste país.
h) Levei muitas mordidas de mosquito na Amazônia.
i) Quando a garotinha viu a mãe, foi ao encontro dela.
j) O ônibus veio a toda velocidade e foi ao encontro do muro.

6. Acentue o a em destaque, conforme convier:

a) As pessoas se encaminham **a** sessão vesperal do cinema.
b) Nunca respondi **a** nenhum processo na vida.
c) Não há trem **a** estas horas para Campinas.
d) Das 22h **a** zero hora tudo fica muito calmo por aqui.
e) Disse **a** minha irmã que tudo ia **as** mil maravilhas.
f) O avião caiu **a** pequena distância daqui.
g) Vejo um avião **a** distância: não sei se é **a** jato ou é **a** hélice.
h) Acho que o avião está **a** uma distância de dois quilômetros.

i) Acho que o avião está **a** distância de dois quilômetros.
j) Hoje há muito ensino **a** distância por aí.

7. Deixe as frases gramaticalmente íntegras:

a) Moro ... Mato Grosso, e não ... Mato Grosso do Sul.
b) Já fui ... Mato Grosso do Sul, mas nunca ... Mato Grosso.
c) Quem gosta ... Mato Grosso irá gostar também ... Mato Grosso do Sul.
d) Conheço senador ... Mato Grosso e senador ... Mato Grosso do Sul.
e) Estive ... Marrocos, e não ... Zâmbia.
f) Só passei ... Marrocos em direção ... Zâmbia.
g) Já morei ... Guarujá, mas não ... Recife.
h) Não gosto ... Guarujá quando está chovendo.
i) Gosto ... Recife de qualquer jeito, com chuva ou sol.
j) Já morei ... Pernambuco, mas nunca ... Sergipe.

8. Complete com mas ou mais:

a) Dinheiro não traz felicidade, ... ninguém nunca me dá o seu.
b) Sua sugestão é ótima, ... precisa ter aprovação da diretoria.
c) Prefiro estudar Português, ... tenho de estudar também Matemática.
d) Ele é bom garoto, ... anda sempre em más companhias.
e) Ela é tão ingênua, ... tão ingênua, que acreditou quando lhe disseram que a Terra é plana.
f) Vou lhe dizer ... uma vez: não faça ... isso!
g) "Você é vascaíno, ... deveria ser flamenguista": essa foi ... uma das tolices que ele me disse.
h) Vou te deixar ... uma vez, ... logo retornarei a teus braços.
i) Onde lhe disseram que um ... um são dois?
j) Temos de construir um Brasil melhor, ... justo, ... a qualidade de nossos políticos não permite isso.

9. Algumas destas frases não estão de acordo com a norma padrão. "Corrija-as":

a) O Palmeiras já fez dois jogos pelo campeonato paulista; fez gol em ambos jogos.
b) O cão investiu em nós.
c) O acidente foi grave, mas ninguém corre risco de vida.
d) O réu tinha bons antecedentes, inobstante o crime que cometeu.
e) Marisa chegou. Você lembra dela?
f) Embora vivendo bem com a família, a garota queria sair de casa.
g) O pai disse em alto e bom som: neste mês não há mesada.
h) Luísa, Deise, Marisa e Luzia foram minhas alunas; todas quatro são hoje excelentes profissionais.

i) Filipe e Virgílio são estudantes; todos dois pretendem fazer Medicina.
j) Um terço dos nossos bens ficaram com o advogado.

10. Continue:
a) Ele é um marido parasito, vive às custas da mulher.
b) Essas moças são candidatas a faxineiro ou a cozinheiro?
c) Se os jovens fossem mais bem orientados, não haveria tantos marginais pelas ruas.
d) Os ladrões adentraram na casa na calada da noite.
e) A testemunha havia sido industrializada pelo advogado.
f) Mil reais são muito por um bolo de aniversário.
g) O advogado já deu entrada no processo.
h) Corta-se cabelo a domicílio.
i) Fui penalizado por algo que não cometi.
j) A inflação penaliza os mais pobres.

SOLUÇÕES

1. a) madeireira   b) xarope   c) xícara   d) chabu   **e)** barbe**i**ragem   f) carqueja   g) mostrengo   h) obsessão   i) obcecado   **j)** trumbicar-se

2. a) zangão*   b) azedo   c) mister   d) teia   e) ateia   f) amnesia**   g) pais   h) necropsia   i) autopsia***   j) coa
*Zangão existe a par de zângão, embora esta prosódia seja pouco usada.
**Amnesia existe a par de amnésia.
***Existem autopsia e autópsia.

3. a) Senhor ministro, gostaria de **lhe** fazer uma pergunta: **Vossa** Excelência acredita mesmo que **Sua** Majestade, o rei, virá com toda a **sua** corte? (Os pronomes de tratamento são de 3.ª pessoa; usa-se **vossa** quando se fala com a pessoa; **sua**, quando se fala dela.)
b) Sendo o carnaval uma das festas **de que** mais gosto, achei preferível ir **à** avenida **a** ir para o retiro. (Quem gosta, gosta **de** alguma coisa; **ir** pede **a**; **preferível** também.)
c) As armas **de que** dispomos e as tropas **com que** contamos não permitem pensarmos em vitória. (Quem dispõe, dispõe **de** alguma coisa; quem conta, conta **com** alguma coisa.)
d) O guarda pediu ao motorista **que** se **identificasse**. (Usa-se **pedir que** sempre que não houver a ideia de licença subentendida.)
e) Esses técnicos são excelentes, **de cuja** colaboração não podemos prescindir. (Quem prescinde, prescinde **de** alguma coisa; caso de uso do pronome **cuja**, ou seja, colaboração *da qual*.)
f) O trabalho **a que** ele se dedica é dos mais louváveis, por isso receberá o prêmio **de que** lhe falei. (Quem se dedica, se dedica **a** alguma coisa; quem fala, fala **de** alguma coisa.)
g) O time **por que** você torce não é o mesmo **por que** eu torço. (Quem torce, torce **por** um time.)
h) Após **a** interrupção, o juiz procedeu **à** leitura da sentença. (Depois de **após** não se usa a preposição "a"; sendo assim, impossível haver crase; **proceder** é v. transitivo indireto

neste caso, portanto crase, já que o **a** pedido pelo verbo e o **a** de *leitura* formam crase.)
i) Após **a** briga de torcida, o juiz encerrou o jogo. (V. a letra *h*.)
j) As declarações do réu, por si **sós**, já bastam para condená-lo. (A expressão **por si só** é variável, apesar de a mídia brasileira achar o contrário.)

4. a) paisinho – paizinho   b) jornal – jornada   c) borboleta – panapaná   d) galo – alectório   e) morte – letal

5. a) Tachar de covarde esse homem é o mesmo que tachar Tarzã de marica! (Frase correta quanto ao uso do v. **tachar**.)
b) Quando entrei **como** sócio no Palmeiras, quem jogava **como** goleiro ainda era Leão. Faça as contas: quantos anos **faz**? (*Entrar de sócio* e *jogar de goleiro* são italianismos já por demais arraigados em nossa língua cotidiana; quem preferir usar **como** no lugar da prep. *de*, fique à vontade. O v. *fazer* não varia em orações temporais, isso você já está cansado de saber também, se fez todos os exercícios dos módulos anteriores.)
c) Não **cabem**, infelizmente, mais dois no carro. Assim, vocês **têm** de tirar **à** sorte: quem vencer, irá **conosco** assistir a**o** jogo. (A expressão verbal *tirar à sorte* traz sempre **a** acentuado; **conosco** é o pronome oblíquo usado, quando não há palavra reforçativa; e **assistir**, no sentido de *ver*, é transitivo indireto, pede a prep. **a**.)
d) Não saia **à** rua depois d**as** dez horas da noite, porque **está** havendo muitos assaltos por aí! (O v. *sair* pede a prep. **a** neste caso; o nome das horas exige artigo; *estar* é v. auxiliar de *haver* impessoal, portanto não varia.)
e) Com os filhos de Heli aconteceu um fato interessante: a menina puxou a**o** pai, e o garoto puxou **à** mãe. (Puxa-se a**o** pai ou **à** mãe, sempre com a prep. **a**.)
f) Que **tais** meu**s** novo**s** óculos, Josina? Não **são** moderno**s**? (**Tal** varia normalmente neste caso; **óculos** é palavra só usada no plural e, portanto, exige verbo e determinantes no plural. Que tais minhas explicações?)
g) Nunca visei **a** propósitos escusos; muito ao contrário, sempre visei a**o** bem deste país. (**Visar**, no sentido de *desejar*, é v. transitivo indireto que exige **a**.)
h) Levei muitas **picadas** de mosquito na Amazônia. (Só dá mordidas quem tem dentes. Mosquito os tem?)
i) Quando a garotinha viu a mãe, foi ao encontro dela. (Frase correta; **ao encontro de** confere ideia de conformidade.)
j) O ônibus veio a toda velocidade e foi **de encontro** a**o** muro. (Quando a ideia é de choque a expressão é outra: **de encontro a**.)

6. a) As pessoas se encaminham **à** sessão vesperal do cinema. (Quem se encaminha, se encaminha **a**; este **a**, preposição, com o **a**, artigo, de *sessão*, formam crase; portanto, acento.)
b) Nunca respondi **a** nenhum processo na vida. (Antes de palavra masculina não se usa a acentuado.)
c) Não há trem **a** estas horas para Campinas. (Essa expressão é fixa, imutável: *a estas horas*.)
d) Das 22h **à** zero hora tudo fica muito calmo por aqui. (Nome de horas exige artigo; com o **a** exigido pelo *de* + o artigo de *zero hora*, temos crase; portanto, acento.)
e) Disse **a** minha irmã que tudo ia **às** mil maravilhas. (Antes de nome de parentesco não se usa artigo: *minha irmã, meu tio*, etc.; se não há artigo, impossível haver crase; *às mil maravilhas* é locução com palavra feminina; portanto, acento no *a*.)
f) O avião caiu **a** pequena distância daqui. (Sem determinação exata da distância não há por que acentuar o **a**; há, no entanto, quem defenda com unhas e dentes o acento aí.)

g) Vejo um avião **a** distância: não sei se é **a** jato ou é **à** hélice. (A distância não está determinada, exata; portanto, não há acento no **a**; nas locuções seguintes, uma tem elemento masculino e a outra elemento feminino; só esta recebe acento.)
h) Acho que o avião está **a** uma distância de dois quilômetros. (Aqui, embora a distância esteja determinada, temos o artigo indefinido **uma**, que rejeita **a** acentuado.)
i) Acho que o avião está **à** distância de dois quilômetros. (V. as letras *f* e *g*.)
j) Hoje há muito ensino **a** distância por aí. (V. as letras *f* e *g*.)

7. a) Moro **em** Mato Grosso, e não **no** Mato Grosso do Sul. (**Mato Grosso** não exige artigo, ao contrário de **Mato Grosso do Sul**.)
b) Já fui **ao** Mato Grosso do Sul, mas nunca **a** Mato Grosso. (V. a letra *a*.)
c) Quem gosta **de** Mato Grosso irá gostar também **do** Mato Grosso do Sul. (V. a letra **a**.)
d) Conheço senador **por** Mato Grosso e senador **pelo** Mato Grosso do Sul. (**Senador** pede a prep. **por**.)
e) Estive **em** Marrocos, e não **na** Zâmbia. (**Marrocos** não se usa com artigo, apesar da mídia brasileira; Zâmbia sim.)
f) Só passei **por** Marrocos em direção **à** Zâmbia. (V. a letra *e*.)
g) Já morei **em** Guarujá, mas não **em** (ou **no**) Recife. (Nomes de cidade não aceitam artigo, com as exceções de *Recife, Rio de Janeiro, Porto* e *Cairo*.)
h) Não gosto **de** Guarujá quando está chovendo. (V. a letra *g*.)
i) Gosto **de** (ou **do**) Recife de qualquer jeito, com chuva ou sol. (V. a letra *g*.)
j) Já morei **em** Pernambuco, mas nunca **em** Sergipe. (**Pernambuco** e **Sergipe** rejeitam artigo, mas não para alguns "artistas" da nossa mídia.)

8. a) Dinheiro não traz felicidade, **mas** ninguém nunca me dá o seu. (É **mas** que se substitui por *porém*.)
b) Sua sugestão é ótima, **mas** precisa ter aprovação da diretoria. (V. a letra *a*.)
c) Prefiro estudar Português, **mas** tenho de estudar também Matemática. (V. a letra *a*.)
d) Ele é bom garoto, **mas** anda sempre em más companhias. (V. a letra *a*.)
e) Ela é tão ingênua, **mas** tão ingênua, que acreditou quando lhe disseram que a Terra é plana. (V. a letra *a*.)
f) Vou lhe dizer **mais** uma vez: não faça **mais** isso! (Aqui não há equivalência de *porém*.)
g) "Você é vascaíno, **mas** deveria ser flamenguista": essa foi **mais** uma das tolices que ele me disse.
h) Vou te deixar **mais** uma vez, **mas** logo retornarei a teus braços.
i) Onde lhe disseram que um **mais** um são dois?
j) Temos de construir um Brasil melhor, **mais** justo, **mas** a qualidade de nossos políticos não permite isso.

9. a) O Palmeiras já fez dois jogos pelo campeonato paulista; fez gol em ambos **os** jogos. (Não se prescinde do artigo entre **ambos** e um substantivo, mas a mídia brasileira quer porque quer omiti-lo. Normal.)
b) O cão investiu **contra** (ou **sobre**) nós. (O v. **investir** se usa com *sobre* ou *contra*, mas não com "em".)
c) O acidente foi grave, mas ninguém corre risco de vida. (Frase correta; **risco de vida**, assim como **perigo de vida**, é expressão antiga na língua e corretíssima; a mídia brasileira levantou questão sobre sua correção e mudou para *risco de morte*, que está longe de ser errônea, mas...: havia necessidade? Ver pelo em casca de ovo é próprio da mídia esportiva brasileira, que achou também que o termo **plantel** não pode ser

usado em referência a jogadores, apenas a cavalos de raça. E trocaram-na pela errônea "elenco". Como são ingênuos! Como são pobres!)
d) O réu tinha bons antecedentes, **não obstante** o crime que cometeu. ("Inobstante" foi palavra inventada por algum bom "adevogado"...)
e) Marisa chegou. Você **se** lembra dela? (O v. aí é pronominal: **lembrar-se**. Tu **te lembras** disso?, perguntava corretamente Aldemar Vigário ao Professor Raimundo Nonato.)
f) Embora **vivesse** bem com a família, a garota queria sair de casa. (**Embora** não aceita gerúndio.)
g) O pai disse **alto e bom som**: neste mês não há mesada. (A expressão constante nos melhores dicionários é sem a prep. "em"; mas há registro de uso dessa expressão com a preposição ainda no século XIX e até mesmo no castiço Camilo Castelo Branco. Eu a prefiro sem.)
h) Luísa, Deise, Marisa e Luzia foram minhas alunas; todas quatro são hoje excelentes profissionais. (Frase correta; não se usa o artigo antes de nenhum numeral, neste caso, quando os seres já foram mencionados. Mas isso vale para **três** em diante; v. a letra *i*.)
i) Filipe e Virgílio são estudantes; **ambos** pretendem fazer Medicina. ("Todos dois", combinação tão apreciada pelos baianos, não é aconselhável; deve ser substituída por **ambos**, ou então, usar **os dois**.)
j) Um terço dos nossos bens **ficou** com o advogado. (Se no sujeito figurar número fracionário, o verbo concorda com o numerador, no caso **um**; portanto, se fosse *dois terços*, o verbo iria ao plural: *ficaram*.))

10. a) Ele é um marido parasito, vive à custa da mulher. (A locução prepositiva aceitável é **à custa de**, equivalente de *a expensas de*.)
b) Essas moças são candidatas a faxineiro ou a cozinheiro? (Frase correta; depois de **candidatos a** ou **candidatas a** está subentendida a ideia de *cargo*, então os substantivos ficam no masculino singular.)
c) Se os jovens fossem mais bem orientados, não haveria tantos marginais pelas ruas. (Frase correta; antes de particípio usamos de preferência **mais bem**.)
d) Os ladrões adentraram **a** casa na calada da noite. (O v. **adentrar** é transitivo direto.)
e) A testemunha havia sido **industriada** pelo advogado. (Se a testemunha foi manipulada ou orientada, ela foi de fato **industriada**.)
f) Mil reais **é** muito por um bolo de aniversário. (Com **muito** ou **pouco**, usa-se o verbo no singular.)
g) O advogado já deu entrada **ao** processo. (Advogado bom, advogado que honra a profissão que exerce só *dá entrada a* processos.)
h) Corta-se cabelo **em** domicílio. (Se não há ideia de movimento, usa-se *em domicílio*. Veja a diferença: Vou *a domicílio* cortar seu cabelo.)
i) Fui **apenado** por algo que não cometi. (*Penalizado* significa aflito; **apenado** é que significa punido, castigado.)
j) A inflação **apena** sempre os mais pobres. (É **apenar** que significa *onerar, sufocar financeiramente*.)

EXERCÍCIOS PARA *não errar mais*

MÓDULO 36

1. Só corrija as palavras erradas:

a) indentidade   b) atazanar   c) tireoide   d) roleimã   e) volibol
f) acessor   g) acesso   h) assessoria   i) hemácea   j) requejão

2. Continue:

a) jeca   b) sujeira   c) elucidar   d) lesão   e) frontespício   f) nécio
g) impecilho   h) sossobrar   i) radiatividade   j) tição

3. Só acentue as palavras que necessária e absolutamente **devam receber acento gráfico:**

a) pas   b) premio   c) cambio   d) seminu   e) flores   f) meteorito
g) aerolito   h) uirapuru   i) tuiuiu   j) paranoico

4. Algumas destas frases não estão de acordo com a norma padrão. "Corrija-as":

a) O juiz deu cinco minutos de acréscimos, e o gol saiu nesse tempo.
b) Os Estados Unidos advertiram a Rússia para que não se envolva no conflito.
c) O atentado às torres gêmeas aconteceu nesse século.
d) Faça entrarem as visitas!
e) Maus-caracteres é o que não faltam no mundo.
f) Salve o tricolor paulista!
g) Ouvi baterem portas e janelas.
h) Deixe sair todas as crianças!
i) A vida de todas aquelas pessoas estavam em perigo.
j) Foram queimados um milhão de quilos de papel.

5. Complete com s ou z:

a) Essa cartomante tra... seu amor de volta; consulte-a!
b) Tivemos o pneu tra...eiro também furado.
c) O sucesso foi tão grande, que ele bi...ou todos os prêmios.
d) Ele sempre foi um menino de si...o, de juí...o.
e) Um cavalheiro sempre é muito cortê... com todos.
f) A aride... do clima é vi...ível nas plantas e no solo.
g) A seleção de futebol camarone...a venceu todos os seus jogos na Copa do Mundo.
h) As crianças acham gosto...o desli...ar pela rampa.
i) Considero estupide... quando um jogador tira a cami...a quando faz um gol.
j) Só um de...ajeitado poderia pi...ar nas mudas do cafe...al.

6. Complete agora com g ou j:

a) O jejum foi imposto pelo mon...e ou pela mon...a?
b) Lendo um ...ibi, acabou caindo na sar...eta.
c) O estran...eiro não foi ...entil, ao chamá-lo de cafa...este e de ...eca.
d) Na fazenda, comemos ...erimum, ...iló e até caçamos uma ...ia.
e) Não dê gor...eta; quem dá gor...eta ou é otário, ou quer subserviência.
f) Não teve ...eito: sua ma...estade morreu quando plantava uma laran...eira.
g) Ele pode até ser selva...em, mas não é here...e.
h) Seu filho parecia um an...inho comendo can...ica.
i) O lo...ista disse à mulher que não queria a pa...em no seu estabelecimento.
j) Flagrei a me...era comendo ...enipapo.

7. Complete com mal ou mau:

a) Um ... elemento faz ... juízo de todo o mundo.
b) Há algum ... em beijar seu amor na rua?
c) Dele todos falam ..., ainda que não seja um ... homem.
d) O senador maranhense estava em ... lençóis.
e) Para mim, o ano ... começou; para meus inimigos, o ano começou ...
f) Foi um colega ... aceito pelo grupo.
g) Você se comportou muito ..., desejando ... ano-novo a todos.
h) Fui muito ... na prova dos cem metros, mas não sou ... perdedor.
i) Não desejo ... a ninguém, mas a esses aí quero que tenham um ... dia.
j) Pisei de ... jeito e acabei passando um ... dia.

8. Não há correlação adequada em:

a) ânus – anos   b) amigo – amistoso   c) fogo – ígneo   d) norte – boreal
e) sul - austral

9. Algumas destas frases não estão de acordo com a norma padrão. "Corrija-as":

a) O jogador disse que a sua transferência para o futebol europeu está quase definida. Faltam apenas definir alguns detalhes sobre a duração do contrato.
b) Faltam votar ainda dois deputados.
c) As inscrições ao concurso estão abertas, podendo os candidatos dirigirem-se à sede da empresa.
d) Já foi marcada a época dos exames, devendo as provas serem realizadas no período de cinco a vinte de dezembro.
e) Nunca vi tanta perca de gols quanto nesse jogo.
f) Foi muito aplaudida Leila Pereira, a nova presidenta do Palmeiras.
g) Agradeci o rapaz pelo favor que me prestou.

h) Brevemente será incluído na biblioteca coleções de Machado de Assis.
i) Foram atingidas pelo decreto um total de onze áreas nos municípios catarinenses.
j) Nossos esforços resultaram inúteis.

10. Continue:
a) As despesas atingem a milhões de reais.
b) A relação dos desabrigados atingiu a mais de 150 famílias.
c) A mulher implorava para que não a matassem.
d) Recomendei-lhe para que não saísse na chuva.
e) Recomendaram-me para tomar um analgésico e ir deitar.
f) Enquanto católico, sou contra o aborto.
g) Os moradores já tinham salvo os móveis da enchente, quando os bombeiros chegaram.
h) A idade das crianças variava entre cinco a oito anos.
i) A maioria desses carros é vendida por preços que variam entre dez a quinze mil reais.
j) Um dos ministros pediu vistas do processo.

SOLUÇÕES

1. a) id**e**ntidade   b) atazanar*   c) tireoide   **d)** rolim**ã**   e) volibol**   **f)** as**s**essor
g) acesso   h) assessoria   i) hemácea   **j)** reque**i**jão
Atazanar, atanazar e *atenazar* são formas variantes.
**Volibol* e *voleibol* são formas variantes.

2. Continue:
a) jeca   b) sujeira   c) elucidar   d) lesão   e) front**i**spício   **f)** néscio   **g) e**mpecilho
h) so**ç**obrar   i) radiatividade*   j) tição
Radiatividade e *radioatividade* são formas variantes.

3. a) p**á**s   b) premio   c) cambio*   d) seminu   e) flores   f) meteorito   **g)** aer**ó**lito
h) uirapuru   **i)** tuiui**ú**   j) paranoico
*Forma do presente do indicativo do v. *cambiar*.

4. a) O **árbitro** deu cinco minutos de **acréscimo**, e o gol saiu nesse tempo. (Jogo esportivo não tem "juiz", tem **árbitro**; e só mesmo as cabecinhas "iluminadas" usam locução com elemento no plural, como essa: **de acréscimo**.)
b) Os Estados Unidos advertiram a Rússia **de** que não se envolva no conflito. (Quem adverte, adverte alguém **de** alguma coisa, apesar da mídia brasileira usar "para". Normal.)
c) O atentado às torres gêmeas aconteceu **neste** século. (Isto é, no século em que nos encontramos.)

d) Faça **entrar** as visitas! O v. **fazer** exige infinitivo no singular.)
e) Maus-caracteres é o que não **falta** no mundo. (O verbo *faltar* concorda com o pronome *que*, substituto do pronome demonstrativo e predicativo **o**.)
f) Salve, tricolor paulista! (Depois de *salve* se usa vírgula, e não artigo.)
g) Ouvi **bater** portas e janelas. (O v. **ouvir** exige infintitivo no singular.)
h) Deixe sair todas as crianças! (Frase correta: o verbo **deixar** exige o infinitivo no singular. Lembre-se da frase de Jesus: "Deixai vir a mim as criancinhas!".)
i) A vida de todas aquelas pessoas **estava** em perigo. (Sujeito no singular, **vida**, exige verbo no singular.)
j) **Foi queimado** um milhão de quilos de papel. (Só mesmo os "privilegiados" usam verbo no plural com *um milhão*.)

5. a) Essa cartomante tra**z** seu amor de volta; consulte-a!
b) Tivemos o pneu tra**s**eiro também furado.
c) O sucesso foi tão grande, que ele bi**s**ou todos os prêmios.
d) Ele sempre foi um menino de si**s**o, de juí**z**o.
e) Um cavalheiro sempre é muito cortê**s** com todos.
f) A aride**z** do clima é vi**s**ível nas plantas e no solo.
g) A seleção de futebol camarone**s**a venceu todos os seus jogos na Copa do Mundo.
h) As crianças acham gosto**s**o deslizar pela rampa.
i) Considero estupide**z*** quando um jogador tira a cami**s**a quando faz um gol.
j) Só um de**s**ajeitado poderia pi**s**ar nas mudas do cafe**z**al.
*O VOLP registra também *estupideza*.

6. a) O je**j**um foi imposto pelo mon**g**e ou pela mon**j**a?
b) Lendo um **g**ibi, acabou caindo na sar**j**eta.
c) O estran**g**eiro não foi **g**entil, ao chamá-lo de cafa**j**este e de **j**eca.
d) Na fazenda, comemos **j**erimum, **j**iló e até caçamos uma **j**ia.
e) Não dê gor**j**eta; quem dá gor**j**eta ou é otário, ou quer subserviência.
f) Não teve **j**eito: sua ma**j**estade morreu quando plantava uma laran**j**eira.
g) Ele pode até ser selva**g**em, mas não é here**g**e.
h) Seu filho parecia um an**j**inho comendo can**j**ica.
i) O lo**j**ista disse à mulher que não queria a pa**j**em no seu estabelecimento.
j) Flagrei a me**g**era comendo **j**enipapo.

7. a) Um **mau** elemento faz **mau** juízo de todo o mundo. (Sempre usamos **mau** quando podemos trocá-la por *bom*.)
b) Há algum **mal** em beijar seu amor na rua? (Sempre usamos **mal** quando podemos trocá-la por *bem*.)
c) Dele todos falam **mal**, ainda que não seja um **mau** homem. (V. as letras *a* e *b*.)
d) O senador maranhense estava em **maus** lençóis. (V. a letra *a*.)
e) Para mim, o ano **mal** começou; para meus inimigos, o ano começou **mal**. (**Mal** também equivale a *apenas* antes de verbo; v. a letra *b*.)
f) Foi um colega **mal** aceito pelo grupo. (V. a letra *b*.)
g) Você se comportou muito **mal**, desejando **mau** ano-novo a todos. (V. as letras *a* e *b*.)
h) Fui muito **mal** na prova dos cem metros, mas não sou **mau** perdedor. (V. as letras *a* e *b*.)
i) Não desejo **mal** a ninguém, mas a esses aí quero que tenham um **mau** dia. (V. as letras *a* e *b*.)
j) Pisei de **mau** jeito e acabei passando um **mau** dia. (V. a letra *a*.)

8. a) ânus – anos b) amigo – amistoso c) fogo – ígneo d) norte – boreal e) sul - austral

9. a) O jogador disse que a sua transferência para o futebol europeu está quase definida. **Falta** apenas definir alguns detalhes sobre a duração do contrato. (É simples a quem conhece análise sintática: o que falta? **definir** é o que falta; portanto o sujeito é um infinitivo, o verbo não pode ir ao plural.)
b) **Falta** votar ainda dois deputados. (O que falta? **Votar** é o que falta; portanto, verbo no singular.)
c) As inscrições ao concurso estão abertas, podendo os candidatos **dirigir-se** à sede da empresa. (Quando o infinitivo se liga a um gerúndio, fica invariável.)
d) Já foi marcada a época dos exames, devendo as provas **ser** realizadas no período de cinco a vinte de dezembro. (V. a letra **c**.)
e) Nunca vi tanta **perda** de gols quanto nesse jogo. (O substantivo é **perda**; perca é forma verbal e se diz *pêrca*, embora muitos prefiram "pérca".)
f) Foi muito aplaudida Leila Pereira, **o novo** presidente do Palmeiras. (O Palmeiras nunca teve outra presidenta; então é o masculino que se usa.)
g) Agradeci **ao** rapaz **o** favor que me prestou. (Quem agradece, agradece alguma coisa a alguém.)
h) Brevemente **serão** incluíd**as** na biblioteca coleções de Machado de Assis. (O sujeito da oração é *coleções*; portanto, verbo no plural.)
i) **Foi atingido** pelo decreto um total de onze áreas nos municípios catarinenses. (O sujeito é *um total*; portanto, verbo no singular.)
j) Nossos esforços **foram** inúteis. (**Resultar** não é verbo de ligação, apesar do seu uso assim, principalmente no meio jurídico.)

10. a) As despesas **atingem milhões** de reais. (O v. **atingir** é transitivo direto.)
b) A relação dos desabrigados **atingiu mais** de 150 famílias. (V. a letra *a*.)
c) A mulher **implorava que** não a matassem. (Quem implora, implora alguma coisa, e não "para" alguma coisa.)
d) **Recomendei-lhe que** não saísse na chuva. (Quem recomenda, recomenda alguma coisa a alguém.)
e) Recomendaram-me **que tomasse** um analgésico e **fosse** deitar. (V. a letra *d*.)
f) Enquanto católico, sou contra o aborto. (Frase correta; **enquanto** se substitui por *na qualidade de* ou *como*.)
g) Os moradores já tinham **salvado** os móveis da enchente, quando os bombeiros chegaram. (O particípio **salvado** se usa com os verbos *ter* e *haver*; **salvo** se usa com *ser* e *estar*.)
h) A idade das crianças variava entre cinco **e** oito anos. (Com **entre** se usa **e**, e não "a", como faz a maioria dos jornalistas brasileiros.)
i) A maioria desses carros é vendida por preços que variam entre dez **e** quinze mil reais. (V. a letra *h*.)
j) Um dos ministros pediu **vista** do processo. (É **vista** que se usa neste caso.)

MÓDULO 37

1. Só corrija as palavras erradas:

a) aficcionado   b) mitório   c) veredito   d) ortodentista   e) camondongo
f) bujão   g) butijão   h) vigir   i) incenso   j) ombridade

2. Continue:

a) hidravião   b) enxurrada   c) encharcado   d) enchente   e) idoniedade
f) iracível   g) irrequieto   h) êstase   i) bodega   j) estranheza

3. Acentue, quando necessário:

a) Você tem olhos verdes, mas elas tem olhos azuis.
b) Ontem ela não pode vir, mas hoje ela pode.
c) Quando chove, o asfalto desta rua sempre abaula.
d) Ela vem sempre aqui, mas os filhos não vem.
e) Ela ve sempre esses filmes, mas os filhos não veem.
f) Não vou por isso ai, porque não e possivel por isso ai.
g) O povo rotula essa atriz como vilã na novela.
h) A Terra gira e não para.
i) Ela vive naquela baiuca, por isso não liga para a feiura que tem.
j) Ela pela o pelo do gato só pelo prazer de ver os pelos pelo chão.

4. Una todas as palavras que seguem, usando o hífen ou não, conforme convier, fazendo ainda todas as alterações necessárias:

a) sub humano   b) dona de casa   c) mega ataque   d) auto estrada
d) extra classe   e) infra estrutura   f) contra senso   g) sub raça
h) auto ajuda   i) mega sena   j) dia a dia

5. Use acento no a, quando necessário:

a) Muitos fazem questão de viver **a** custa dos pais.
b) Sempre como um bife **a** cavalo, quando posso.
c) Nunca ando **a** cavalo, só ando **a** pé.
d) Respondo apenas **a** quem for educado.
e) Não me refiro **as** que chegaram atrasadas.
f) Fizeram boas referências **a** ti e **a** sua excelência.
g) Os marujos vieram **a** terra para fazer compras.
h) Os marujos chegaram **a** casa, depois de muito tempo no mar.
i) Solicito **a** todos obediência **as** normas da casa.
j) Desde **a** madrugada chove.

6. Algumas destas frases não estão de acordo com a norma padrão. "Corrija-as":

a) Que horas tem aí?
b) Conheço toda a arquitetura mourística.
c) Entreguei-lhe o dinheiro em mãos.
d) O cão, a mulher e as crianças ficaram presas no porão.
e) A Justiça Federal tem um andamento muito rápido no que se refere à emissão de posse.
f) Foi um caso de raros brilho e acontecimento.
g) Fiz entrevista com a distinta senhora e marido.
h) O empresário fechou o ano com um protesto de raras felicidade e oportunidade.
i) Se me permite uma apartezinha rápida, gostaria de falar sobre esse assunto.
j) O jogador se contundiu não tanto pelo choque com o adversário, mas pelo mau estado do gramado.

7. Continue:

a) Há muitos carros pratas pelas ruas.
b) Mogi é palavra de origem tupi-guarani.
c) Não entendo como você, homem letrado, possa viver bem com uma cabocla pé-rapada como Hemengarda.
d) Más-formações congênitas são alterações que ocorrem no desenvolvimento embrionário.
e) O jogador patinou na hora de fazer o gol.
f) Agente véve bem aqui.
g) O padre lhe recomendou para que rezasse dez pai-nossos.
h) A malnutrição pode trazer doenças.
i) O advogado entrou com uma liminar contra essa decisão.
j) Meu advogado não quis entrar com efeito suspensivo dessa medida, que considerei arbitrária.

8. Continue:

a) O Corinthians perdeu por 5 a 0, e os corinthianos estão possessos!
b) Compareci à cerimônia com minha senhora.
c) Os cidadãos ucranianos estão protestando a favor da paz.
d) Toda bola na mão, agora, na grande área é penal.
e) O pagamento será feito em médio e longo prazo.
f) A viúva chorou, ao ponto de desmaiar.
g) Eu lhe telefonei, mas ela ainda não retornou a ligação.
h) Aquele presidente era de descendência árabe.
i) Quando ela entrou, me deu uma piscada.

j) Essa hipótese é comentada com certo receio e temerosidade por anciãos residentes no município.

9. Continue:

a) O lixo de casas e condomínios vão para aterros.
b) O tratamento e a destinação corretos do lixo evitaria que 35% deles fosse despejado em aterros.
c) Da baleia encalhada na praia não restou senão os dentes.
d) Está proibido adoção de crianças no país.
e) Uma das maneiras mais odiosas de refutar os argumentos do opositor estão no emprego de palavras de baixo escalão.
f) A obra e seu respectivo valor será avaliada por especialista.
g) Jogar *games* de computador fazem bem à saúde?
h) Não adianta aspirar por amores impossíveis.
i) Quero casar com ela e que tudo mais vá pro inferno.
j) Ela deu-se o trabalho de vir até aqui para me comunicar o fato.

10. Complete com uma das palavras propostas entre parênteses, conforme convier:

a) Ofereceram-me um buquê de flores ... (flagrantes – fragrantes)
b) Serei fiel ao ... de minha obrigação. (comprimento – cumprimento)
c) Todos os facínoras têm de ... seus crimes na cadeia. (espiar – expiar)
d) Terminado o espetáculo, os ... irromperam em aplausos. (espectadores – expectadores)
e) Assisti à procissão do ... em Belém. (círio – sírio)
f) A situação ficou ... quando chegou a polícia. (ruça – russa)
g) O diretor perdoou-lhe o erro porque era funcionário ... (incipiente – insipiente)
h) Tentou passar ..., mas sua presença era ... (despercebido – desapercebido; flagrante – fragrante)
i) Foi punido por seu comportamento altamente ... (amoral – imoral)
j) Os recém-nascidos são seres inteiramente ... (amorais – imorais)

SOLUÇÕES

1. a) afi**ci**onado **b)** mi**ct**ório **c)** veredito* **d)** ortod**o**ntista **e)** camondongo**
f) bujão g) butijão h) viger i) incenso **j) h**ombridade

*A forma rigorosamente portuguesa é **veredicto**, a única que os portugueses usam; *veredito* é coisa do VOLP.

A forma rigorosamente portuguesa é **camundongo, única que os portugueseses usam; *camondongo* é coisa do VOLP.

EXERCÍCIOS PARA *não errar mais*

2. a) hidravião* b) enxurrada c) encharcado d) enchente e) idon**ei**dade f) irascível
g) irrequieto h) ê**x**tase i) bodega j) estranheza
*Hidravião e hidroavião são formas variantes.

3. a) Você tem olhos verdes, mas elas t**ê**m olhos azuis.
b) Ontem ela não p**ô**de vir, mas hoje ela pode.
c) Quando chove, o asfalto desta rua sempre aba**ú**la.
d) Ela vem sempre aqui, mas os filhos não v**ê**m.
e) Ela v**ê** sempre esses filmes, mas os filhos não veem.
f) Não vou p**ô**r isso a**í**, porque não **é** possível p**ô**r isso a**í**.
g) O povo rotula essa atriz como vilã na novela. (O v. **rotular**, no presente do indicativo: *rotulo, rotulas, rotula,* etc. Portanto, nada de "rótulo, rótulas, etc.")
h) A Terra gira e não para. (Frase correta; a forma do v. *parar* já não tem acento.)
i) Ela vive naquela baiuca, por isso não liga para a feiura que tem. (Tanto *baiuca* quanto *feiura*, depois do Acordo Ortográfico, de 1990, já não recebem acento.)
j) Ela pela o pelo do gato só pelo prazer de ver os pelos pelo chão. (Frase correta; **pelo** pode ser tanto substantivo quanto contração da prep. *per* + o artigo *o*.)

4. a) sub-humano* b) dona de casa c) mega-ataque d) aut**oe**strada d) extra**c**lasse
e) infra**e**strutura f) contra**ss**enso g) sub-raça h) aut**o**ajuda i) mega**ss**ena**
j) dia a dia
*A forma "subumano" que antes tinha registro no VOLP, já não consta no referido vocabulário.
**A Caixa Econômica Federal foi muito infeliz, ao divulgar a forma errônea "mega-sena". *Mega-* só exige hífen antes de h ou de *a*.

5. a) Muitos fazem questão de viver **à** custa dos pais. (A locução *à custa de* é acentuada.)
b) Sempre como um bife **a** cavalo, quando posso. (Antes de palavra masculina não se usa **a** acentuado.)
c) Nunca ando **a** cavalo, só ando **a** pé. (V. a letra *b*.)
d) Respondo apenas **a** quem for educado. (Antes de *quem* não se usa **a** acentuado.)
e) Não me refiro **às** que chegaram atrasadas. (Acentua-se porque **às** = àquelas.)
f) Fizeram boas referências **a** ti e **a** sua excelência. (Antes de pronome pessoal não se usa **a** acentuado.)
g) Os marujos vieram **a** terra para fazer compras. (**Terra**, contrária de *bordo*, não aceita **a** acentuado.)
h) Os marujos chegaram **a** casa, depois de muito tempo no mar. (**Casa** = *lar* não aceita **a** acentuado.)
i) Solicito **a** todos obediência **às** normas da casa. (Antes de nomes masculinos não se usa a acentuado; **obediência** pede **a** e com o **as** da palavra *normas* forma crase; portanto, acento.)
j) Desde **a** madrugada chove. (Depois de **desde** não se usa **a** acentuado.)

6. a) Que horas **são**? ("Que horas tem aí?" é invenção do povo.)
b) Conheço toda a arquitetura **mourisca**.
c) Entreguei-lhe o dinheiro em **mão**. (Há, no entanto, quem defenda com unhas e dentes a expressão "em mãos". Paciência!)
d) O cão, a mulher e as crianças ficaram pres**os** no porão. (Se existe apenas um nome masculino no sujeito composto, os determinantes ficam no masculino.)

e) A Justiça Federal tem um andamento muito rápido no que se refere à **i**missão de posse. [É **imissão** que se usa aí, substantivo do v. **imitir**, que significa fazer (alguém) entrar na (posse) de.]
f) Foi um caso de **raro** brilho e acontecimento. (Adjetivo antes de dois ou mais substantivos sempre concorda com o mais próximo.)
g) Fiz entrevista com a distinta **mulher** e marido. ("Senhora" usada por *mulher* ou *esposa* não é recomendável.)
h) O empresário fechou o ano com um protesto de **rara** felicidade e oportunidade. (V. a letra *f*.)
i) Se me permite **um** apartezinh**o** rápid**o**, gostaria de falar sobre esse assunto. (**Aparte** é palavra masculina.)
j) O jogador se contundiu não tanto pelo choque com o adversário **quanto** pelo mau estado do gramado. (A palavra que corresponde a **não tanto** é **quanto**, e não "mas".)

7. a) Há muitos carros **prata** pelas ruas. (**Prata**, usado como adjetivo, não varia.)
b) Mogi é palavra de origem **tupi**. (Não existe língua "tupi-guarani", mas **grupo** tupi-guarani; o tupi e o guarani são línguas distintas.)
c) Não entendo como você, homem letrado, possa viver bem com uma cabocla pé-rapad**o** como He**r**mengarda. (**Pé-rapado** se usa tanto para homem quanto para mulher.)
d) Más-formações congênitas são alterações que ocorrem no desenvolvimento embrionário. (Frase correta; **má-formação** e **malformação** são formas variantes.)
e) O jogador **patinhou** na hora de fazer o gol. (É **patinhar** que se usa por *escorregar em superfície lisa*, e não "patinar", que é *locomover-se sobre patins*. Há até dicionários que registram "patinar" por **patinhar**. Normal.)
f) A gente vive bem aqui. (*Agente* é espião; "véve" é coisa de quem nunca fui à escola.)
g) O padre lhe **recomendou que** rezasse dez pai-nossos. (Quem recomenda, recomenda alguma coisa, e não "para" alguma coisa.)
h) A malnutrição pode trazer doenças. (Frase correta; **malnutrição** e **má nutrição** se usam corretamente.)
i) O advogado **pediu** uma liminar contra essa decisão. (Só "adevogados" "entram com" liminar...; os advogados preferem **pedir** liminar.)
j) Meu advogado não quis **pedir** efeito suspensivo dessa medida, que considerei arbitrária. (Liminar e efeito suspensivo sempre se **pedem**.)

8. a) O Corinthians perdeu por **o** a **5**, e os corin**ti**anos estão possessos! (Os vencidos sempre saem de 0 a 5, de 1 a 4, de 2 a 3, etc.; os vencedores é que saem de 5 a 0, 4 a 1, 3 a 2, etc. E **corintiano** se grafa sem *h*, algo que os **corintianos** não aceitam de jeito nenhum. Normal.)
b) Compareci à cerimônia com minha mulher. (Marido tem mulher ou esposa, mas nunca "senhora". Diria uma mulher: *Compareci à cerimônia com meu senhor*?)
c) Os cidadãos ucranianos estão protestando a favor da paz. (Frase correta; protesta-se contra ou a favor.)
d) Toda bola na mão, agora, na grande área é **pênalti**. (Tão desaconselhável é usar "penal" por **pênalti** quanto absurdo é assinalar pênalti apenas com um resvalar da bola na mão do zagueiro.)
e) O pagamento será feito em médio e longo **prazos**. (Neste caso **prazo** varia porque se refere a dois adjetivos, embora em português não seja o substantivo que concorde com o adjetivo, mas o contrário.)
f) A viúva chorou, **a** ponto de desmaiar. (É *a ponto de* que se usa quando há ideia consecutiva: *Chorou tanto, que desmaiou*.)

g) Eu lhe telefonei, mas ela ainda não retornou **à** ligação. (O v. **retornar**, nesse significado, é transitivo indireto.)
h) Aquele presidente era de **ascendência** árabe. (Ou seja, seus pais ou avós eram árabes.)
i) Quando ela entrou, me deu uma **piscadela**. (A 6.ª ed. do VOLP registra apenas **piscadela**; nenhum de seus elaboradores, nunca na vida, conseguiu dar, então, nenhuma **piscada**? Chega a ser incompreensível e até assustador ter um vocabulário desses.)
j) Essa hipótese é comentada com certo receio e **temeridade** por anciãos residentes no município. (A 6.ª ed. do VOLP não registra "temerosidade".)

9. a) O lixo de casas e condomínios **vai** para aterros. (O *lixo* é que **vai**, não as casas e condomínios.)
b) O tratamento e a destinação corretos do lixo **evitariam** que 35% deles fosse despejado em aterros. (Sujeito composto geralmente leva o verbo ao plural.)
c) Da baleia encalhada na praia não restou senão os dentes. (Frase correta; depois de *senão* subentende-se *nada*.)
d) Está proibido adoção de crianças no país. (Frase correta; se *adoção* estivesse acompanhada do artigo, teríamos de usar proibid**a**.)
e) Uma das maneiras mais odiosas de refutar os argumentos do opositor **está** no emprego de palavras de baixo **calão**. (**Uma** das maneiras **está**; **calão** é que significa linguagem grosseira; *escalão* é bem outra coisa.)
f) A obra e **seu valor** será avaliada por especialista. (A combinação "seu respectivo" é redundante; ou se usa uma, ou se usa outra, mas não ambas juntas.)
g) Jogar *games* de computador **faz** bem à saúde? (Jogar **faz**.)
h) Não adianta aspirar **a** amores impossíveis. (Aspirar, como v. transitivo indireto, pede **a**.)
i) Quero casar com ela e que tudo **o** mais vá para o inferno. (Caso semelhante ao de *todo o mundo*, em que quase ninguém usa o artigo obrigatório. Não existe apenas "tudo mais".)
j) Ela deu-se o trabalho de vir até aqui para me comunicar o fato. (Frase correta; usamos corretamente *dar-se o trabalho* e *dar-se ao trabalho*, sendo preferível a primeira.)

10. a) Ofereceram-me um buquê de flores **fragrantes**. (flagrantes – fragrantes)
b) Serei fiel ao **cumprimento** de minha obrigação. (comprimento – cumprimento)
c) Todos os facínoras têm de **expiar** seus crimes na cadeia. (espiar – expiar)
d) Terminado o espetáculo, os **espectadores** irromperam em aplausos. (espectadores – expectadores)
e) Assisti à procissão do **círio** em Belém. (círio – sírio)
f) A situação ficou **ruça** quando chegou a polícia. (ruça – russa)
g) O diretor perdoou-lhe o erro porque era funcionário **incipiente**. (incipiente – insipiente)
h) Tentou passar **despercebido**, mas sua presença era **flagrante**. (despercebido – desapercebido; flagrante – fragrante)
i) Foi punido por seu comportamento altamente **imoral**. (amoral – imoral)
j) Os recém-nascidos são seres inteiramente **amorais***. (amorais – imorais)
*Amoral é adjetivo que podemos aplicar a quem é completamente indiferente à moral, por não ter noção do que isso significa, como os recém-nascidos, os índios primitivos, etc. Os que aplicam a palavra por *imoral* se equivocam.)

MÓDULO 38

1. Só corrija as palavras erradas:

a) facismo   b) facínora   c) facinação   d) fascínio   e) artefício
f) protocolizar   g) inegualável   h) madrileno   i) co-réu   j) oleoginoso

2. Continue:

a) cipreste   b) octagésimo   c) gastrintestinal   d) páreo   e) pátio
f) panamericano   g) ascensão   h) ascensorista   i) imbutir   j) detetar

3. Pronuncie corretamente:

a) o **rodão** do trator estava exposto no **lojão**
b) esta rodovia tem um **retão** ali na frente
c) só assisto a jogos no meu **telão**
d) Danilo era um **bolão**, um **cobrão**
e) seleção de **juniores**; os **juniores** do Palmeiras
f) produto que **preteja** a mão da gente
g) um **cervo**, dois **cervos**, veja quantos **cervos** ali!
h) Com uma serra elétrica, **homem esquarteja** ex-mulher.
i) Esse é um repórter que **fareja** a notícia.
j) Por que você **esbraveja** tanto na vida, **homem**!

4. Algumas destas frases não estão de acordo com a norma padrão. "Corrija-as":

a) Você é daqui de Florianópolis?
b) Possuo poucos bens, qual seja dois carros e um terreno.
c) Serão vacinadas crianças de zero a dois anos de idade.
d) Naquela legislatura parece que se reuniram os piores caracteres do país.
e) Pessoas que colecionam jornais e revistas têm em casa uma hemoteca.
f) Minha vizinha é mesmo uma sujeitinha à toa.
g) Ele é o assassino, vez que já confessou o crime.
h) Quando a conheci, ela era ainda uma nenezinha, uma bebezinha.
i) A mapa da mina para entrar nessa retranca do adversário é pelo lado esquerdo da defesa.
j) Estive com os pataxó.

5. Substitua o que está em destaque por uma palavra de sentido equivalente:

a) agir **sem manifestação da vontade**
b) estar na faixa **de idade** para votar

c) amputação **de braço**
d) partido **da minoria**
e) sindicato **dos patrões**
f) partido **da maioria**
g) uivos **de lobo**
h) manchas **da unha**
i) dor **na virilha**
j) urina **com pus**

6. Complete com senão **ou** se não, **conforme convier:**

a) A vida não é nada ... um sopro de ilusão.
b) O que é um livro ... um amontoado de experiências?
c) Liberdade não é nada ... for condicionada, disciplinada.
d) O governo não é ... uma outorga do povo.
e) Não me sobrou ... alguns trocados.

7. Abrevie corretamente:

a) uma hora   b) uma hora e quinze minutos   c) duas horas   d) dois quilômetros   e) dois litros   f) página, páginas   g) apartamento   h) um metro e setenta centímetros   i) dona   j) número

8. Algumas destas frases não estão de acordo com a norma padrão. "Corrija-as":

a) O Guarani perdeu do Corinthians, que perdeu do Palmeiras.
b) Boa vontade e competência são o que não falta no governo.
c) Regina Duarte é uma grande ídola de muitos brasileiros.
d) Tanto no almoço quanto na janta todos sentam na mesa em silêncio, em casa.
e) Juçara é um sósia perfeito de Julia Roberts.
f) Um banhista em Praia Grande foi atingido por um relâmpago.
g) O autor está em vias de concluir a obra.
h) Um telefone celular como este daqui custa caro.
i) Falei com fulano, beltrano e ciclano, mas nada de resolver o caso.
j) Minha filha é ultimoanista de Medicina.

9. Continue:

a) Os combustíveis sofreram majoração de preço por conta da alta do dólar.
b) O réu foi absolvido, posto que não havia provas contra ele.
c) Telefonarei-te amanhã sem falta.
d) Essa é uma pessoa cuja a vida acha-se em perigo.
e) A coisa mais importante agora é o seguinte: vamos fingir que estamos acreditando em tudo o que ela diz.

f) Eu vi tudo sob outro prisma.
g) Temos encontrado-o bêbado todos os dias.
h) Vou dar uma pensada no assunto.
i) Vou dar uma verificada nos seus documentos.
j) O salário mínimo naquela época era de mil e duzentos reais.

10. Substitua o que está em destaque por uma palavra de sentido equivalente:

a) objeto **que é de outrem**
b) professor **que ensina passeando**
c) tempos **de Adão**
d) obra **de Direito**
e) pássaros **de ilha**
f) atividade **de guerra**
g) exposição **de selos**
h) olhos **de águia**
i) expressão **de macaco**
j) teto **de gesso**

SOLUÇÕES

1. a) fa**s**cismo   b) facínora   **c)** fa**s**cinação   d) fascínio   **e)** artifício   f) protocolizar*
g) inigualável   h) madrileno**   i) corréu***   **j)** ole**a**ginoso
*Protocolizar e protocolar são formas variantes.
**Antes da 6.ª ed. do VOLP, era a única forma que designava aquele que nascia em Madri; a partir dessa edição resolveram incluir também madrilenho.
***Esta é a maravilha gráfica que os luminares do Acordo Ortográfico de 1990 acabaram por encontrar; das simples e seculares "co-réu" e "co-ré" hoje só temos lembranças... Que se falar, ainda, de coerdeiro?

2. a) cipreste   **b)** oct**o**gésimo   c) gastrintestinal*   d) páreo   e) pátio   **f)** pan-americano
g) ascensão   h) ascensorista   **i) e**mbutir   j) detetar**
*Gastrintestinal e gastrointestinal são formas variantes; minha preferência é sempre pela primeira.
Em Portugal se usa apenas **detectar (tèc), que era a única forma existente antes da 6.ª ed. do VOLP.

3. Pronuncie corretamente:
a) o **ròdão** do trator estava exposto no **lòjão**
b) esta rodovia tem um **rètão** ali na frente
c) só assisto a jogos no meu **tèlão**
d) Danilo era um **bòlão**, um **còbrão**
e) seleção de **juniôres**; os **juniôres** do Palmeiras
f) produto que **pretêja** a mão da gente
g) um **cérvo**, dois **cérvos**, veja quantos **cérvos*** ali!

EXERCÍCIOS PARA *não errar mais*

h) Com uma serra elétrica, **hômem esquartêja** ex-mulher.
i) Esse é um repórter que **farêja** a notícia.
j) Por que você **esbravêja**** tanto na vida, **hômem**!
*A repetição foi feita de propósito, porque a mídia brasileira não conhece a pronúncia correta desta palavra.
Todo verbo terminado em **-ejar tem o **e** fechado durante toda a conjugação, com exceção de *invejar*.

4. a) Você é aqui de Florianópolis? (A preposição "de", combinada com *aqui* ou com *aí*, em frases assim, é inteiramente dispensável. *Vocês são aí de Floripa?*
b) Possuo poucos bens **quais sejam** dois carros e um terreno. (**Qual** deve concordar com o antecedente, e o verbo **ser** deve concordar normalmente com o consequente.)
c) Serão vacinadas crianças **até** dois anos de idade. (Existirá a criança de zero ano? Esta frase de jornalista, contudo, ganha o troféu: *São histórias sem nexo. Para crianças e adultos "dos 0" aos 80 anos.*)
d) Naquela legislatura parece que se reuniram os piores caracteres do país. (Frase correta, em que alguns usam "caráteres".)
e) Pessoas que colecionam jornais e revistas têm em casa uma **hemeroteca**.
f) Minha vizinha é mesmo **um sujeitinho** à toa. (**Sujeito** não varia nem em referência a mulher, porque é substantivo sobrecomum, a exemplo de *indivíduo*.)
g) Ele é o assassino, **uma** vez que já confessou o crime.
h) Quando a conheci, ela era ainda **um** nenezinh**o**, **um** bebezinh**o**. (V. explicação no módulo 25, 10. g).
i) **O** mapa da mina para entrar nessa retranca do adversário é pelo lado esquerdo da defesa. (Mapa da mina significa caminho mais fácil; houve época em que os jornalistas esportivos brasileiros usavam *"a" mapa da mina*. Eles sempre foram ótimos!...)
j) Estive com os pataxós. (A culpa deste erro quase se ter generalizado é de certos manuais de redação de jornais. Se nossos jornalistas não têm sequer domínio da língua, como querem ter a leviana pretensão de ser legisladores da língua? Nomes de nações indígenas variam normalmente. Ou o célebre poema de Gonçalves Dias tem de mudar para *Os timbira*?...)

5. a) agir **involuntariamente**   b) estar na faixa **etária** para votar
c) amputação **braquial**   d) partido **minoritário**
e) sindicato **patronal**   f) partido **majoritário**   g) uivos **lupinos**
h) manchas **ungueais**   i) dor **inguinal**   j) urina **purulenta**

6. a) A vida não é nada **senão** um sopro de ilusão.
b) O que é um livro **senão** um amontoado de experiências?
c) Liberdade não é nada **se não** for condicionada, disciplinada.
d) O governo não é **senão** uma outorga do povo.
e) Não me sobrou **senão** alguns trocados.
(Como se vê usam-se duas palavras quando a primeira, *se*, equivaler a *caso*, com uso do verbo no presente do subjuntivo: *Liberdade não é nada, **caso** não **seja** condicionada, disciplinada.*)

7. a) 1h b) 1h15min c) 2h d) 2km e) 2L f) pág., págs. ou p., pp. g) ap. ou apart.
h) 1,70m i) d. j) n.º
(Note que não há espaço entre o algarismo e a abreviatura; a abreviatura de **litro**(**s**) é L; a abreviatura de *apartamento* nunca foi "apto." e a de *número* nunca teve tracinho, mas sempre teve ponto, que quase ninguém usa.)

8. a) O Guarani perdeu para o Corinthians, que perdeu para o Palmeiras. (Quem perde, perde **para**, e não "de".)
b) Boa vontade e competência **é** o que não falta no governo. (Neste tipo de frase, a concordância sempre se fará com o predicativo **o**.)
c) Regina Duarte é uma grande ídola de muitos brasileiros. (Frase correta; **ídola** é feminino de *ídolo*, descoberta recente.)
d) Tanto no almoço quanto n**o jantar** todos **se** sentam **à** mesa em silêncio, em casa. ("Janta" é palavra meramente popular; **sentar** é v. pronominal, e os educados sempre se sentarão **à** mesa, ou seja, junto dela, e não nela, em cima dela.)
e) Juçara é um sósia perfeito de Julia Roberts. (Frase correta: sósia é substantivo sobrecomum, a exemplo de *indivíduo* e *sujeito*.)
f) Um banhista em Praia Grande foi atingido por um **raio**. (*Relâmpago* não atinge ninguém; trata-se apenas de um clarão súbito resultante de uma descarga elétrica; já o raio, quando atinge uma pessoa, pode matar.)
g) O autor está em **via** de concluir a obra. (Em rigor, é *em via de* que se usa corretamente por *prestes a, na iminência de*, embora até dicionários registrem também em "vias" de. Normal...)
h) Um telefone celular como este **aqui** custa caro. (Não existe *este "daqui"* nem *esse "daí"*. Um país como **este aqui** não pode passar por tantas crises. Garotas tão lindas quanto **essas aí** do Rio de Janeiro não há.)
i) Falei com fulano, beltrano e **sicrano**, mas nada de resolver o caso. (Essas três palavras, *fulano, beltrano* e *sicrano*, agora são grafadas com inicial minúscula.)
j) Minha filha é **ultimanista** de Medicina. (Não existe "ultimoanista" nem "primeiroanista", "segundoanista", etc.)

9. a) Os combustíveis sofreram majoração de preço por **causa** da alta do dólar. (Há muita gente por aí usando a língua por conta própria... **Por conta de** só se usa corretamente quando há ideia de responsabilidade ou encargo, como em: *Nossos preços são baixos, mas o transporte das mercadorias fica por conta do cliente*. Escreve, porém, um repórter no portal IG: "Se a situação do SBT já estava muito delicada por conta dos péssimos índices de audiência que vinham sendo alcançados, agora é que o negócio vai ficar tenso de vez nos bastidores".
b) O réu foi absolvido, **porque** não havia provas contra ele. (Posto que = embora, e não a "porque": *Viajou, posto que chovesse*.)
c) **Telefonar-te-ei** amanhã sem falta. (Mesmo no início da frase, o português brasileiro prefere a próclise: *Te telefonarei. Me dá um dinheiro aí!*)
d) Essa é uma pessoa **cuja vida** acha-se em perigo. (Não se usa artigo depois de *cuja*.)
e) A coisa mais importante agora é **a** seguinte: vamos fingir que estamos acreditando em tudo o que ela diz. (Se é **coisa**, por que "o" seguinte?)
f) Eu vi tudo **por** outro prisma. (A luz se decompõe passando **pelo** prisma, ou **através do** prisma, mas nunca "sob" o prisma. Sendo assim, também eu só posso ver tudo **por** outro prisma. Ou **através de** outro prisma.)
g) **Temo-lo** encontrado bêbado todos os dias. (Erro crasso é usar ênclise a particípio.)
h) Vou **pensar** no assunto. (Embora seja palavra comum na língua do dia a dia, "pensada" não tem registro em nenhum vocabulário decente.)
i) Vou **verificar** os seus documentos. ("Verificada", também, é palavra inexistente.)
j) O salário mínimo naquela época era de **mil duzentos** reais. (Não se usa "e" depois de *mil* seguido de centena. Nem muito menos vírgula, como faz muita gente. Mas quando a centena termina por dois zeros ou quando começa por zero, o uso do **e** é obrigatório: *O Brasil foi descoberto em mil e quinhentos. Gastei mil e quinze reais, mas só ganho mil e dez*.)

10. a) objeto **alheio**   b) professor **peripatético**   c) tempos **adâmicos**
d) obra **jurídica**   e) pássaros **insulares**   f) atividade **bélica**
g) exposição **filatélica**   h) olhos **aquilinos**   i) expressão **simiesca**
j) teto **gípseo**

MÓDULO 39

1. Só corrija as palavras erradas:

a) chamegão   b) desprevenido   c) signatário   d) dignitário   e) guizo
f) previnir   g) tigela   h) prezado   i) umidecer   j) perônio

2. Continue:

a) piso   b) pisar   c) cadorna   d) supertição   e) intertício   f) frontespício
g) mourisco   h) destrinçar   i) rizoma   j) psicultura

3. Deixe todas as frases gramaticalmente íntegras:

a) A região ... voaremos é reserva indígena.
b) A região ... sobrevoaremos é reserva indígena.
c) Este é o livro ... folhas estão com defeito.
d) Este é o livro ... folhas as crianças estão fazendo aviõezinhos.
e) Falaram-me de um amigo ... feição não lembro.
f) Falaram-me de um amigo ... feição não me lembro.
g) As pessoas ... o cão investiu são turistas.
h) Fiz uma consulta ... dicionário para saber o significado dessa palavra.
i) Prestem atenção ... que eu vou dizer: o mundo corre perigo de uma nova guerra!
j) Todo o mundo condenou a invasão russa ... Ucrânia.

4. Use no plural o que está em destaque, procedendo a todas as modificações necessárias:

a) Proponho que se analise melhor o **fato** e tome-se depois a **medida** cabível.
b) Serviu-se à mesa **fruta** tão fresca quanto possível.
c) Vai anexo à carta **retrato** meu.
d) Vai anexo ao pacote a **nota** fiscal da mercadoria.
e) Basta um **minuto** de distração nesta rodovia para se perder a vida.
f) Não me resta outra **solução** senão esta.
g) Se houver mais **ingresso** para o jogo, venda-o!

h) Deve fazer um **mês** que não durmo direito.
i) Vai existir pouca **chance** de sobrevivência para os alpinistas soterrados na neve.
j) Não havia nenhum **inocente** naquela estória.

5. Complete com o ou lhe, conforme convier:

a) Não ... paguei ontem porque estava duro.
b) Tantos gastos ... desagradaram bastante.
c) Se ela dormiu no cinema, foi porque o filme não ... agradou.
d) Ele não ... cumprimentou, não ... deu a mão?
e) A extensão de prazo do contrato, com majoração de salário, ... agradou.
f) Se você realmente ... ama, Cristina, procure-...!
g) Todos ... obedecem, mas ninguém ... admira.
h) Eu ... vi ontem, mas não ... cumprimentei.
i) Você nem imagina quanto ... quero, Cristina!
j) Leve esse cachorro daqui; não ... quero mais na empresa.

6. Una todas as palavras que seguem, usando o hífen ou não, conforme convier, fazendo ainda todas as alterações necessárias:

a) arqui rival   b) arqui inimigo   c) semi analfabeto   d) semi novo
e) semi vogal   f) tele romance   g) tele educação   h) entre eixos
i) sub gerente   j) extra fino

7. Dê o substantivo correspondente de:

a) frustrar b) mendigar c) rescindir d) decidir e) extrair f) obturar
g) frear h) estrear i) prevenir j) rouco

8. Pronuncie corretamente:

a) O tatu **cavouca** profundamente a terra, procurando abrigo.
b) Veja, ele **treme** de emoção quando fala nela.
c) Ela **espreme** só dois limões para fazer uma limonada.
d) O governo já não **subsidia** o trigo. O **subsídio** ao trigo foi retirado há tempos.
e) Eu não **cavouco** do mesmo jeito que elas **cavoucam**.
f) A presença dela traz **fluidos** positivos.
g) Meu time está no grupo **E** da Copa Libertadores da América.
h) A funcionária da companhia de aviação pedia a todos que se dirigissem ao portão **E** de embarque, no aeroporto.
i) Pessoas que têm mais facilidade com a mão direita se dizem **destros**; com a mão esquerda, canhotos ou sinistros. Há, porém, os **ambidestros**, que usam ambas as mãos com a mesma facilidade.

j) **Paracaima, paina, Elaine, Gislaine, Jaime** e **Bocaina** rimam rigorosamente com **Roraima**.

9. Algumas destas frases não estão de acordo com a norma padrão. "Corrija-as":

a) Essa farmácia leva medicamentos a domicílio.
b) Essa farmácia faz entrega de medicamentos em domicílio.
c) Foram descobertas duzentas milhões de novas estrelas no último século.
d) Alunos que não fizeram o dever não poderão ir ao recreio.
e) Nunca vi uma coisa dessa na minha vida!
f) Um país deste não pode passar por tantas crises.
g) De quem é esse quebra-cabeças?
h) Deixei com ela um cartão de visitas.
i) Será possível que eu não valo nada? Todos acham que eu valo menos do que realmente eu valo.
j) A questã não é essa, a questã é que a Terra é plana.

10. Continue:

a) Desculpem a nossa falha!
b) Os dirigentes procederam o sorteio na sede da CBF.
c) O professor ainda não procedeu a correção das provas.
d) Após ao almoço, costumo tirar minha sesta.
d) A garota pediu para o namorado lhe dar um beijo cinematográfico.
e) Quem mais se sobressaía nas festas era sempre Teresa.
f) Um carro com *design* contemporâneo e toques retrô.
g) O treinador deixou claro uma coisa: só joga para ganhar.
h) Um quinto de toda a produção de alimentos são perdidos durante as viajens.
i) Essa é uma prova inconteste de que houve dolo nesse fato.
j) Dado às circunstâncias, não existe qualquer motivos para pânico.

SOLUÇÕES

1. a) **j**amegão*   b) desprevenido   c) signatário   d) dignitário   e) guizo   **f)** pr**e**venir   g) tigela   h) prezado   **i)** um**e**decer   j) perônio
* "Chamegão" é a palavra usada pelo povo para designar a rubrica firmada na parte inferior de um escrito, a que a língua chama **jamegão**.

2. a) piso   b) pisar   c) cadorna   **d)** super**s**tição   **e)** inter**s**tício   **f)** front**i**spício   g) mourisco   h) destrinçar*   i) rizoma   **j) pisci**cultura**
***Destrinçar** é a forma original portuguesa, que o povo transformou em *destrinchar*, também válida.

** **Piscicultura** é o cultivo de peixes e outros organismos aquáticos. Apareceu no vídeo do programa Globo Rural, recentemente, a pérola "psicultura". Estamos bem de jornalistas?

3. a) A região **sobre a qual** voaremos é reserva indígena. (Quem voa, voa sobre alguma coisa – naturalmente – e o uso de **a qual** se deve à preposição dissílaba.)
b) A região **que** sobrevoaremos é reserva indígena. (Quem sobrevoa, sobrevoa alguma coisa.)
c) Este é o livro **cujas** folhas estão com defeito. (Usamos **cujo** e variações quando o elemento consequente se relaciona, de alguma forma, com o antecedente.)
d) Este é o livro **de cujas** folhas as crianças estão fazendo aviõezinhos. (A presença da preposição se deve ao fato de que a gente faz aviõezinhos **d**as folhas do livro.)
e) Falaram-me de um amigo **cuja** feição não lembro. (Quem lembra, lembra alguma coisa.)
f) Falaram-me de um amigo **de cuja** feição não me lembro. (Já quem **se** lembra, se lembra **de** alguma coisa.)
g) As pessoas **contra as quais** (ou **sobre as quais**) o cão investiu são turistas. (Os cães investem **contra** (ou **sobre**) pessoas. Sobre o uso de **as quais**, v. a letra *a*.)
h) Fiz uma consulta **ao** dicionário para saber o significado dessa palavra. (Quem faz consulta, faz consulta **a** alguma coisa ou a alguém.)
i) Prestem atenção **ao** que eu vou dizer: o mundo corre perigo de uma nova guerra! (Quem presta atenção, presta atenção **a** alguma coisa, e não "em".)
j) Todo o mundo condenou a invasão russa **da** Ucrânia. (**Invasão** se usa com **de**, e não com "a", conforme fez a mídia brasileira por ocasião da invasão russa da Ucrânia. Para essa mídia, existe invasão "a" domicílio...)

4. a) Proponho que se analise**m** melhor o**s fatos** e tome**m**-se depois a**s medidas** cabíve**is**.
b) Servi**ram**-se à mesa **frutas** tão frescas quanto possível. (**Quanto possível** é expressão invariável.)
c) **Vão** anexo**s** à carta **retratos** meus.
d) **Vão** anexa**s** ao pacote as **notas** fiscai**s** da mercadoria. (As letras *c* e *d* mostram que **anexo** é um adjetivo que varia normalmente; e não existe "em anexo".)
e) Basta**m dois minutos** de distração nesta rodovia para se perder a vida.
f) Não me resta**m** outra**s soluções** senão estas.
g) Se houver mais **ingressos** para o jogo, venda-o**s**! (Se fez todos os exercícios até aqui, você já está cansado de saber: o v. **haver** no sentido de *existir*, é impessoal.)
h) Deve fazer **dois meses** que não durmo direito. (Como fazer é v. impessoal, seu auxiliar não varia.)
i) **Vão** existir poucas **chances** de sobrevivência para os alpinistas soterrados na neve. (Existir é v. pessoal; portanto, seu auxiliar varia.)
j) Não havia nenhu**ns inocentes** naquela estória.

5. a) Não **lhe** paguei ontem porque estava duro. (O v. **pagar** é transitivo indireto de pessoa; e o pronome oblíquo que representa o objeto indireto é **lhe**.)
b) Tantos gastos **lhe** desagradaram bastante. (O v. **desagradar** é transitivo indireto sempre.)
c) Se ela dormiu no cinema, foi porque o filme não **lhe** agradou. (O v. **agradar** é transitivo indireto quando o sujeito não é pessoa.)
d) Ele não **o** cumprimentou, não **lhe** deu a mão? (O v. **cumprimentar** é transitivo direto; quem dá a mão, dá a mão **a** alguém, portanto é **lhe** que se usa.)

EXERCÍCIOS PARA *não errar mais*   217

e) A extensão de prazo do contrato, com majoração de salário, **lhe** agradou. (V. a letra *c*.)
f) Se você realmente **o** ama, Cristina, procure-**o**! (Ambos os verbos são transitivos diretos.)
g) Todos **lhe** obedecem, mas ninguém **o** admira. (**Obedecer** é sempre transitivo indireto; **admirar** é sempre transitivo direto.)
h) Eu **o** vi ontem, mas não **o** cumprimentei. (Ambos os verbos são transitivos diretos.)
i) Você nem imagina quanto **lhe** quero, Cristina! (O v. **querer**, no sentido de *estimar*, é transitivo indireto.)
j) Leve esse cachorro daqui; não **o** quero mais na empresa. (O v. **querer**, no sentido de *permitir*, é transitivo direto.)

6. a) arqui**rr**ival   **b)** arqu**i**-**i**nimigo*   **c)** sem**i**analfabeto*   **d)** sem**i**novo   **e)** sem**i**vogal
f) tele**rr**omance**   **g)** tele-**e**ducação**   **h)** entr**e**-**e**ixos**   **i)** su**b**gerente***
j) extra**f**ino****
*Os prefixos **arqui-** e **semi-** só exigem hífen antes de palavra iniciada por **h** ou por **i**.
Os elementos prefixais **tele- e **entre-** só exigem hífen antes de palavra iniciada por **e**.
***O prefixo **sub-** só exige hífen antes de palavra iniciada por **b**, **h** e **r**.
****O prefixo **extra-** só exige hífen antes de palavra iniciada por **a** ou por **h**.

7. a) frustração b) mendicância c) rescisão d) decisão e) extração f) obturação g) freada h) estreia i) prevenção j) rouquidão

8. a) O tatu **cavôuca** profundamente a terra, procurando abrigo.
b) Veja, ele **trême** de emoção quando fala nela.
c) Ela **esprême** só dois limões para fazer uma limonada.
d) O governo já não **subssidia** o trigo. O **subssídio** ao trigo foi retirado há tempos.
e) Eu não **cavôuco** do mesmo jeito que elas **cavôucam**.
f) A presença dela traz **flúidos** positivos.
g) Meu time está no grupo **é** da Copa Libertadores da América. (As vogais isoladas sempre são abertas: vitamina **é**, sangue tipo **ó**, agá dois **ó**, etc. Quando a mídia brasileira vai aprender isso?)
h) A funcionária da companhia de aviação pedia a todos que se dirigissem ao portão **é** de embarque, no aeroporto. (Naturalmente, essa funcionária tem em casa apenas lâmpadas gê "ê"...)
i) Pessoas que têm mais facilidade com a mão direita se dizem **dêstros**; com a mão esquerda, canhotos ou sinistros. Há, porém, os **ambidêstros**, que usam ambas as mãos com a mesma facilidade. (A pronúncia de ambas as palavras sempre foi com **e** fechado; aí veio a 6.ª ed. do VOLP e registrou também como correta a pronúncia com **e** aberto. Talvez por causa dos jornalistas esportivos, que só dizem *déstro* e ainda em referência à perna direita; a palavra, em verdade, só diz respeito à **mão** direita, e não à perna. Eles são ótimos!)
j) **Paracâima, pâina, Elâine, Gislâine, Jâime** e **Bocâina** rimam rigorosamente com **Norâima**. (O ditongo **ai**, antes de fonema nasal, soa **fechado**; mas alguns "artistas" dizem "Roráima", arrumando justificativas sem nenhum sentido para pronunciarem assim. No Nordeste dizem "Eláine", "Gisláine"!)

9. a) Essa farmácia leva medicamentos a domicílio. (Frase correta; o v. **levar** dá ideia de movimento, portanto é ***a*** *domicílio* que se usa.)
b) Essa farmácia faz entrega de medicamentos em domicílio. (Frase correta; *entrega* não dá ideia de movimento, portanto, usa-se ***em*** *domicílio*.)

c) Foram descober**tos** duzen**tos** milhões de novas estrelas no último século. (**Milhão** é palavra masculina; a mídia brasileira precisa saber disso.)
d) Alunos que não fizeram **os deveres** não poderão ir ao recreio. (No sentido de *tarefa*, usa-se *dever* no plural.)
e) Nunca vi uma coisa dessa**s** na minha vida! (Usa-se no plural o pronome demonstrativo seguido de **um** ou **uma** + substantivo.)
f) Um país deste**s** não pode passar por tantas crises. (V. a letra *e*.)
g) De quem é esse quebra-**cabeça**? (No singular, *quebra-cabeça*; só no plural é que se usa *quebra-cabeças*.)
h) Deixei com ela um cartão de **visita**. (Caso idêntico ao anterior.)
i) Será possível que eu não **valho** nada? Todos acham que eu **valho** menos do que realmente eu **valho**. (**Valho** é a forma correta do v. *valer*.)
j) A ques**tão** não é essa, a ques**tão** é que a Terra é plana. (Quem usa "questã" tem mesmo que dizer que a Terra é plana...)

10. a) Desculpem-**nos d**a nossa falha! (Neste caso, o v. **desculpar**, além de pronominal, exige a preposição **de** ou, mais recentemente, *por*.)
b) Os dirigentes procederam **ao** sorteio na sede da CBF. (O v. proceder é transitivo indireto.)
c) O professor ainda não procedeu **à** correção das provas. (V. a letra *b*.)
d) Após **o** almoço, costumo tirar minha sesta. (**Após** não aceita preposição posposta.)
d) A garota pediu **que** o namorado lhe **desse** um beijo cinematográfico. (*Pedir para* só se constrói quando há a ideia de licença: *Pedi para sair*. Do contrário, usa-se **pedir que**.)
e) Quem mais **sobressaía** nas festas era sempre Teresa. (O v. **sobressair** não é pronominal. Um dicionarista, porém, teve a infelicidade de classificá-lo assim. Como tudo o que é ruim se dissemina com maior facilidade, vê-se muito por aí seu uso com pronome oblíquo, lamentavelmente.)
f) Um carro com *design* contemporâneo e toques retrô. (Frase correta; **retrô** não varia nunca.)
g) O treinador deixou clar**a** uma coisa: só joga para ganhar. (O adjetivo se refere a **coisa**, palavra feminina.)
h) Um quinto de toda a produção de alimentos **é perdido** durante as via**g**ens. (Número fracionário exige concordância com o numerador; **viagem**, substantivo, se escreve com **g**.)
i) Essa é uma prova **incontestável** de que houve dolo nesse fato. (*Inconteste* não é sinônimo de *incontestável*.)
j) **Dadas as** circunstâncias, não existe qualquer **motivo** para pânico (ou: não **existem quaisquer** motivos para pânico).

MÓDULO 40

1. Só corrija as palavras erradas:

a) excrescência   b) misselânea   c) fraticídio   d) opróbio   e) alíseos
f) cíleos   g) capus   h) alisar   i) deslizar   j) lazanha

2. Continue:

a) perpicácia   b) prostrar   c) granfino   d) abstêmico   e) aerosol
f) primazia   g) muquirana   h) rodamoinho   i) regozijo   j) extorcionário

3. Continue:

a) borborinho   b) entiado   c) ancioso   d) pretencioso   e) calcáreo
f) estripulia   g) inadiplente   h) tocha   i) terraplenagem   j) chuchu

4. Algumas destas frases não estão de acordo com a norma padrão. "Corrija-as":

a) O jogo foi assistido por um cem número de torcedores.
b) Conseguimos nos mantermos em pé.
c) Aprender línguas estrangeiras é útil, na medida em que possamos praticá-las constantemente.
d) O filme é bom, por isso sugiro-lhe que o assista.
e) Ao chegar, cumprimentamos todo o mundo.
f) Dá gosto de ver esse time jogar.
g) Temos de encarar de frente os problemas.
h) Esse carro vende bem nas cores prata, cinza e preto, mas encalha nas cores micos: laranja e mostarda.
i) O presidente mora no Palácio do Alvorada.
j) Chove besteiras por aí.

5. Complete as palavras dadas, conforme convier:

a) Era descobert... assim, a maior mina de petróleo brasileira.
b) Encontramos suj... a sala e todos os quartos.
c) Os hóspedes encontrarão arrumad... as camas e o banheiro.
d) Dedico a você, Cristina, etern... amor e dedicação.
e) Achei muito estranh... a fisionomia e os trejeitos do rapaz.
f) Lurdes sempre foi pessoa de amor e ódio passageir..., mas Juçara é de sentir amor e ódio etern...
g) Mantenho viv... a esperança e a coragem.
h) Julguei desnecessári... as recomendações e o conselho.

i) Todos aqui acham necessári... a viagem e as férias antecipadas.
j) Foi iniciad... com meia hora de atraso a votação no Congresso.

6. Algumas destas frases não estão de acordo com a norma padrão. "Corrija-as":

a) Meu aniversário vai cair de segunda-feira neste ano.
b) Essas meninas não têm nada de bobo nem de ingênuo.
c) O time tomou dois gols e agora terá de correr atrás do prejuízo.
d) Embora o zagueiro estivesse com ambos os braços juntos ao corpo, o árbitro marcou pênalti.
e) Este elevador serve só o primeiro e segundo andar.
f) Este elevador serve só o primeiro e o segundo andar.
g) Mais de um bilhão de pessoas vive na China e na Índia.
h) Mediante ao documento apresentado, pude entrar.
i) Antes de que vocês pensem mal de mim, vou explicar o que ocorreu.
j) Entro no trabalho de 1h e saio de 8h.

7. Não há correlação adequada em:

a) casa – formiga   b) andorinha – hirundino   c) calcanhar – talar
d) chá – teáceo   e) cegonha – ciconídeo

8. Algumas destas frases não estão de acordo com a norma padrão. "Corrija-as":

a) No quintal de casa, há dois pés de jabuticabeira.
b) Os repórteres vão agora repercutir os vestiários dos dois times.
c) O Brasil não está imune à crise, mas o brasileiro não tem nenhuma razão para panicar, como estão panicando os correntistas dos países desenvolvidos.
d) Chegaram uma série de perguntas sem cabimento.
e) Daqui um pouquinho estaremos de volta.
f) Não aconteceram ainda a maioria das previsões dessa astróloga.
g) A maioria das previsões dessa astróloga ainda não aconteceram.
h) Ficaram ainda uma porção de assuntos a ser tratados na próxima reunião.
i) Estão ainda em vigor uma série de leis da época do regime militar.
j) Vieram à tona um bocado de questões já esquecidas.

9. Complete convenientemente, desprezando o uso de o qual (e variações):

a) Este é o dicionário ... sempre faço minhas consultas.
b) Qual é o estado ... Vossa Excelência é deputado?
c) Qual é o estado ... Vossa Excelência é senador?

d) São muitas as pessoas ... ele tem ódio.
e) Essa era a rua ... estava situado o armazém.
f) Eram coisas ... já estávamos acostumados.
g) Luísa é uma pessoa ... você é muito parecida.
h) Essas eram notícias ... estávamos curiosos.
i) Esse é um vinho importado ... os nossos já são equivalentes ou até superiores.
j) Eu não me lembrava do nome do bairro ... éramos residentes.

10. Use o verbo em destaque no presente do indicativo, conforme convier:

a) Os Estados Unidos **ser** um país onde se sente o dedo da Justiça.
b) *Os Lusíadas* **ser** de Camões, *Os Três Mosqueteiros* **ser** de Alexandre Dumas, mas *Os Ratos* **ser** de Dyonélio Machado.
b) As greves que **estar** havendo são políticas.
c) Quantas pessoas ainda **faltar** entrevistar?
d) Sou uma pessoa que não **dizer** mentiras.
e) Sou uma das pessoas que não **gostar** de brincadeiras de mão.
f) Elisa é daquelas mulheres que nunca **ajudar** ninguém.
g) Sou daqueles que não **perdoar** aos que não **ter** bom senso.
h) Casas Pernambucanas **ser** uma empresa de grande porte.
i) **Fugir**-me a voz e a cor.
j) **Acabar** de chegar uma série de produtos importados no supermercado.

SOLUÇÕES

1. a) excres**c**ência   **b)** mis**c**elânea   **c)** fratri**c**ídio   **d)** opróbrio   **e)** alísios   **f)** cílios   **g)** capu**z**   h) alisar   i) deslizar   **j)** la**s**anha

2. a) perspicácia   b) prostrar   **c)** grã-fino   **d)** abstêm**io**   **e)** aero**ss**ol   f) primazia   g) muquirana   h) rodamoinho*   i) regozijo   **j)** extorsionário
*Rodamoinho é alteração e forma variante de *redemoinho* e *remoinho*.

3. a) burburinho   **b)** enteado   **c)** ansioso   **d)** pretensioso   **e)** calcário   f) estripulia*   **g)** inadim**p**lente   h) tocha   i) terraplenagem**   j) chuchu
*Estripulia é alteração e forma variante de *estrepolia*.
**É a única forma legitimamente correta; o VOLP, no entanto, registra ainda *terraplanagem*, forma que nenhum dicionário sério registra.

4. a) O jogo foi **visto** por um **sem**-número de torcedores. (*Assistir* é v. transitivo indireto, e só os verbos transitivos diretos têm voz passiva. Faz-se uma exceção a *obedecer*, que, mesmo transitivo indireto, usa-se na voz passiva: *O pai foi obedecido pelo filho*.)
b) Conseguimos nos manter em pé. (Nas locuções verbais, só varia o primeiro verbo, ou seja, o auxiliar, ficando invariável o verbo principal. Neste caso, o sujeito de ambos os verbos é rigorosamente o mesmo.)

c) Aprender línguas estrangeiras é útil, na medida em que possamos praticá-las constantemente. (Frase correta; o uso de *na medida em que* é um modismo dispensável, mas acabou vingando no português brasileiro. Só se usa tal expressão por *desde que*, e não por "à medida que".)
d) O filme é bom, por isso sugiro-lhe que assista **a ele**. (Como afirmamos na letra *a*, o v. **assistir** é transitivo indireto nessa acepção; como não admite como complemento o pronome "lhe" ou "lhes", usamos **a ele** e suas variações.)
e) Ao **chegarmos**, cumprimentamos todo o mundo. (Este é um problema generalizado na mídia brasileira. Os jornalistas não variam o infinitivo antecedido de **ao** por nada. Usarem a vírgula? Que esperança!)
f) Dá **gosto ver** esse time jogar. (O uso da preposição "de", neste caso, configura construção eminentemente popular, a exemplo de *Agora ela inventou de ser tribalista!* A gramática condena, mas a verdade é que tal inclusão realça a comunicação.)
g) Temos de encarar os problemas. (Encarar "de frente" nos parece um pouco de mais...)
h) Esse carro vende bem nas cores prata, cinza e preto, mas encalha nas cores **mico**: laranja e mostarda. (**Mico**, quando usada como adjetivo, por *desagradável*, não varia. Portanto, paga mico aquele que a varia...)
i) O presidente mora no Palácio d**a** Alvorada. (Parece incrível, mas ainda há jornalista brasileiro que não sabe sequer o nome correto da residência oficial do presidente da República.)
j) Chove**m** besteiras por aí. (Usado em sentido figurado, o v. **chover** varia normalmente, assim como seus auxiliares. ***Estão*** *chovendo críticas ao treinador rubro-negro*.)

5. a) Era descobert**a** assim, a maior mina de petróleo brasileira.
b) Encontramos suj**os** a sala e todos os quartos. (O predicativo do sujeito tem de concordar com a totalidade dos substantivos; se houver apenas um de gênero masculino, o adjetivo fica no masculino plural.)
c) Os hóspedes encontrarão arrumad**os** as camas e o banheiro. (V. a letra *b*.)
d) Dedico a você, Cristina, etern**o** amor e admiração. (Atenção: neste caso, o que temos não é um predicativo, mas um adjetivo simples; e os adjetivos simples concordam sempre com o elemento mais próximo.)
e) Achei muito estranh**os** a fisionomia e os trejeitos do rapaz. (V. a letra *a*.)
f) Lurdes sempre foi pessoa de amor e ódio passageir**os**, mas Juçara é de sentir amor e ódio etern**os**. (Ambos são adjetivos simples, mas os substantivos são antônimos; neste caso, o adjetivo tem de ir ao plural obrigatoriamente.)
g) Mantenho viv**as** a esperança e a coragem. (V. a letra *a*.)
h) Julguei desnecessári**os** as recomendações e o conselho. (V. a letra *a*.)
i) Todos aqui acham necessári**as** a viagem e as férias antecipadas. (V. a letra *a*.)
j) Foi iniciad**a** com meia hora de atraso a votação no Congresso.

6. a) Meu aniversário vai cair **numa** segunda-feira neste ano. (Nenhum aniversário cai "de".)
b) Essas meninas não têm nada de bobo nem de ingênuo. (Frase correta: depois de **nada de** ou de **alguma coisa de**, o adjetivo não varia; há, no entanto, os que advogam a tal concordância atrativa neste caso, admitindo a variação. Normal...)
c) O time tomou dois gols e agora terá de **inverter** o prejuízo. (Correr atrás do "prejuízo" é bem criação de jornalistas como os nossos, ou seja, sem noção.)
d) Embora o zagueiro estivesse com ambos os braços **junto a**o corpo, o árbitro marcou pênalti. (**Junto a** é uma locução prepositiva, e as locuções prepositivas não variam.)
e) Este elevador serve só o primeiro e segundo **andares**. (Em sequências assim, se o artigo não estiver repetido, o substantivo tem de ir ao plural, obrigatoriamente.)

f) Este elevador serve só o primeiro e o segundo andar. (Frase correta; note a repetição do artigo: o primeiro e **o** segundo.)
g) Mais de um bilhão de pessoas vive na China e na Índia. (Frase corretíssima; **mais de um** exige o verbo sempre no singular; não importa a lógica, importa a sintaxe.)
h) Mediante **o** documento apresentado, pude entrar. (**Mediante**, assim como *perante*, dispensa a presença de outra preposição.)
i) **Antes que** vocês pensem mal de mim, vou explicar o que ocorreu. (A locução conjuntiva é **antes que**, e não *antes "de" que*. Diz-se o mesmo de *depois que*.)
j) Entro no trabalho **à** 1h e saio **às** 8h. (Em Fortaleza, principalmente, usam "de" em vez de **à** ou **às** neste caso, o que não convém **mesmo**!)

7. a) casa – formiga b) andorinha – hirundino c) calcanhar – talar d) chá – teáceo e) cegonha – ciconídeo

8. a) No quintal de casa, há dois pés de **jabuticaba**. (São duas as possibilidades: ou você tem dois *pés de jabuticaba*, ou você tem **duas jabuticabeiras**; uma terceira hipótese está afastada.)
b) Os repórteres vão apresentar **a repercussão dos** vestiários dos dois times. (Os jornalistas brasileiros estão a inventar mais esta: o verbo **repercutir** como transitivo direto, classificação que nenhum dicionário sério registra. Eles são ótimos!)
c) O Brasil não está imune à crise, mas o brasileiro não tem nenhuma razão para **entrar em pânico**, como estão **entrando em pânico** os correntistas dos países desenvolvidos. (Esta frase foi dita por um empresário brasileiro. O milagre está em que não foram os nossos jornalistas...)
d) **Chegou** uma série de perguntas sem cabimento. (Como pode usar no plural o verbo que tem como sujeito posposto o singular *uma série*? Mas há jornalistas que fazem isso. Sem o menor constrangimento.)
e) Daqui **a** um pouquinho estaremos de volta. (A frase sem a preposição é típica de apresentador de programa de televisão despreparado, o que abunda por aí. **Daqui** ou **daí** sempre pedem **a**.)
f) Não **aconteceu** ainda a maioria das previsões dessa astróloga. (Como pode usar no plural o verbo que tem como sujeito posposto o singular *a maioria*? Mas há jornalistas que fazem isso. Sem o menor constrangimento.)
g) A maioria das previsões dessa astróloga ainda não aconteceram. (Agora a frase está correta, porque no sujeito aparece um coletivo partitivo: **a maioria de**, seguido de complemento no plural. O verbo no plural só não é possível quando antecede o coletivo partitivo.)
h) **Ficou** ainda uma porção de assuntos a ser tratados na próxima reunião. (V. as letras *d* e *f*.)
i) **Está** ainda em vigor uma série de leis da época do regime militar. (A frase com o verbo no plural é de um jornalista. Normal...)
j) **Veio** à tona um bocado de questões já esquecidas.

9. a) Este é o dicionário **a que** sempre faço minhas consultas. (Quem faz consulta, faz consulta **a**.)
b) Qual é o estado **por que** Vossa Excelência é deputado? (*Deputado* rege a preposição **por**.)
c) Qual é o estado **por que** Vossa Excelência é senador? (**Senador** rege a preposição **por**.)
d) São muitas as pessoas **a quem** ele tem ódio. (Quem tem ódio, tem ódio **a** alguém; usa-se **quem** com pessoas.)
e) Essa era a rua **em que** estava situado o armazém. (*Situado* rege **em**.)
f) Eram coisas **a que** (ou **com que**) já estávamos acostumados. (*Acostumado* rege **a** ou **com**.)

g) Luísa é uma pessoa **com quem** você é muito parecida. (*Parecido* rege **com**.)
h) Essas eram notícias **de que** estávamos curiosos. (*Curioso* rege **de**, e não "por".)
i) Esse é um vinho importado **a que** os nossos já são equivalentes ou até superiores. (*Equivalente* e *superior* regem **a**.)
j) Eu não me lembrava do nome do bairro **em que** éramos residentes. (*Residente* rege **em**.)

10. a) Os Estados Unidos **são** um país onde se sente o dedo da Justiça.
b) *Os Lusíadas* **são** de Camões, *Os Três Mosqueteiros* **são** de Alexandre Dumas, mas *Os Ratos* **é** de Dyonélio Machado. (Nomes de obras clássicas iniciados por artigo no plural levam o verbo ao plural; não sendo clássica a obra, o verbo fica no singular.)
b) As greves que **está** havendo são políticas. (O v. auxiliar não varia quando acompanha **haver** impessoal.)
c) Quantas pessoas ainda **falta** entrevistar? (O verbo fica no singular, porque seu sujeito é **entrevistar**, e não "pessoas".)
d) Sou uma pessoa que não **diz** mentiras. (**Uma pessoa que** deixa o verbo sempre na 3.ª pessoa do singular.)
e) Sou uma das pessoas que não **gostam** de brincadeiras de mão. (Não sou apenas eu quem não gosta de brincadeiras de mão, por isso o verbo vai ao plural.)
f) Elisa é daquelas mulheres que nunca **ajudam** ninguém. (Aqui não há dúvida, o verbo vai ao plural, embora alguns jornalistas esportivos usem o singular. Normal.)
g) Sou daqueles que não **perdoam** aos que não **têm** bom senso. (V. a letra *f*.)
h) Casas Pernambucanas **é** uma empresa de grande porte. (Se não há artigo no plural, o verbo fica no singular. Outro exemplo: *Casas Bahia* **está** *liquidando estoques*.)
i) **Fogem**-me a voz e a cor.
j) **Acaba** de chegar uma série de produtos importados no supermercado. (V. a letra *d* no exercício 8 deste módulo.)